Lange · So hat Ihr Reisefilm Erfolg

Hellmuth Lange

So hat Ihr Reisefilm Erfolg

*Unter Mitarbeit von Achim Lange
und anderen Schmalfilm-Amateuren*

2., überarbeitete Auflage

Mit 531 Abbildungen

Fachverlag Schiele & Schön GmbH

CIP-Kurztitelaufnahme der Deutschen Bibliothek
Lange, Hellmuth
So hat Ihr Reisefilm Erfolg
unter Mitarb. von Achim Lange u. a.
Schmalfilm-Amateuren
2., überarb. Aufl.
Berlin: Schiele & Schön, 1976
  ISBN 3-7949-0268-8

ISBN 3 7949 0268 8

© 1976 Fachverlag Schiele & Schön GmbH,
Markgrafenstraße 11, D-1000 Berlin 61

Alle Rechte vorbehalten

Druck: Color Druck G. Baucke, Berlin 49,
und Buchdruckerei R. Schröter, Berlin 61

Printed in Germany

INHALTSVERZEICHNIS

	Text	Bilder
Erster Teil: Kurze Dramaturgie des Reisefilms		
1. Kann man den Zufall beim Reisefilm bändigen?	15–17	
2. Ungewöhnliche Bildgestaltung	18–21	25–29
3. Bildgestaltung mit Licht und Schatten	22–24	31–33
4. Architekturen machen uns die meisten Sorgen	37–39	34–36
5. Unsere Angehörigen als Darsteller	40–41	49–53
6. Passanten sind kostenlose Statisten	42–43	54–55
7. Etwas Humor kann nicht schaden	44–46	56–58
8. Regen legt unsere Kamera nicht lahm	47–48, 73	59–60
9. Gesellschaftsausflüge sind fertige Drehbücher	74–76	61–66
10. Man darf mit der Kamera nicht ängstlich sein	77–78	67–72
11. Formale Reisefilm-Gestaltung	79–87	
A. Die Waagerechte	79–81	
B. Die Senkrechte	81–82	
C. Die Diagonale	83–84	
D. Die gebogene Linie	84–86	
12. Immer etwas Neues	88	
Zweiter Teil: Der Einzelgänger auf Reisen		
1. Die Droschkenfahrt	91–92	97–99
2. Die Fontäne	93	100–101
3. Rund um einen Platz	94–95	102–103
4. Der Blick fürs Detail	96, 109–110	104–105
5. Die große Episode oder der Glücksfall	111–113	105–106
6. Ein roter Faden ist sehr wichtig	114–116	107–108
Dritter Teil: Unterwegs		
1. Die Verkehrsmittel im Reisefilm	119–120	
2. Unser Auto als Filmstar	121–132, 157–162	133–156

		Text	Bilder
	A. Einleitung	121–122	133
	B. Garage und Tankstelle	123–124	134–137
	C. Auf der Landstraße	125–127	138–141
	D. Während der Fahrt	128	142–143
	E. Picknick	129–130	144–145
	F. Panne	131–132, 157	146–147
	G. Effekte	158	148
	H. Der Mann am Steuer	159–160	150–151
	I. Und wie steht es mit den Titeln?	161–162	154–156
3.	Ein Film von der Christlichen Seefahrt	163–168, 181–192	169–180, 193–204
	A. Frachtschiff oder Passagierschiff?	163–164	
	B. Auf hoher See	165–167	170–177
	C. Die Besatzung	168, 181	178–179
	D. Die Passagiere	182–183	180, 193
	E. Effekte	184	194–196
	F. Land in Sicht	185–186	197
	G. Hafenbetrieb	187–188	198–200
	H. Titel im Film von der Christlichen Seefahrt	189–192	201–204
4.	Die Eisenbahn spielt auch mit	205–216, 229–240	217–228, 241–252
	A. Was darf man — was darf man nicht?	205–206	
	B. Der Bahnhof als Filmschauplatz	207–209	219–220
	C. Die Strecke	210–211	220–221
	D. Unsere Darsteller	212–213	222–223
	E. Die Details dürfen wir nicht übersehen	214	224
	F. Effekte und Superszenen bei der Eisenbahn	215–216	225–227
	G. Der Schienenbus — Retter in vielen Nöten	229–230	228
	H. Die Vogelfluglinie	231–233	241–243
	I. Wir vertonen unseren Eisenbahnfilm	234–235	
	K. Titel wie Sand am Meer	236–240	244–247
5.	Wir filmen im Flugzeug	253–264	265–276
	A. Was darf man — was darf man nicht?	253–254	
	B. Der Flugplatz	255–257	265–267
	C. Wir besteigen das Flugzeug	258–259	268–269
	D. Wir filmen während des Fluges	260–261	270–273
	E. Titel und Trick	262–263	274–275
	F. Wir vertonen unseren Luftreisefilm	264	

	Text	Bilder
Viertel Teil: Unsere Filmausrüstung auf Reisen		
1. Das Filmmaterial	279–281	
2. Filmkamera und Zubehör	282–284	
3. Wir überschreiten die Grenze	285–286	
Fünfter Teil: Der Filmschnitt des Reisefilms		
1. Ordnung bei den Reiseaufnahmen	289–292	301
A. Der chronologische Reisefilm	290	
B. Der thematische Reisefilm	291	
C. Der dramaturgische Reisefilm	291–292	
2. Was schneidet man heraus?	293–294	
3. Wie überbrückt man Lücken?	295–296	302–310
4. Fehlendes dreht man nach	297–300	310–312
Sechster Teil: Wegweiser durch dieses Buch	315–335	

Bildquellen-Nachweis

Deutsche Bundesbahn:	Abb. 421—436, 448
Erich Diestelmann:	Abb. 164—169, 241—243
Franckh'sche Verlagshandlung:	Abb. 244—246, 274—277
Dietmar Goerlich:	Abb. 38—39, 45, 50, 67—68, 70, 73
Achim Lange:	Abb. 3, 5—6, 16—19, 24, 32—33, 48—49, 51—52, 55, 57—61, 65—66, 69, 71—72, 96, 99, 100, 103—104, 150—157, 170—226, 235—240, 247,—271, 281—315, 328—333, 335, 337—349, 351—363, 391—414, 416—420, 444, 447, 461—464, 478—482, 488—489, 492—493, 497—499, 501—509, 517—519, 522—527, 530—531
Hellmuth Lange:	Abb. 1—2, 4, 7, 11—15, 25—31, 34—37, 40—44, 46—47, 56, 62—64, 76—89, 93—95, 97—98, 101—102, 118—149, 158—163, 227—230, 334, 336, 350, 364—380, 415, 439—443, 445—446, 455, 458—459, 465—475, 487, 490—491, 494—496, 500, 510, 511—516, 520—521, 528—529
Lufthansa:	Abb. 456—457, 460, 476—477
Daimler-Benz AG:	Abb. 231—234
Norddeutscher Lloyd:	Abb. 245, 272—273, 278—280, 316—317
Osram:	Abb. 90—92
Hans-Günther Schacht:	Abb. 322—327, 381—382, 385—386
Renate Schubert:	Abb. 8—10, 53—54, 74—75
Georg Westermann Verlag	Abb. 387—390
Zeitschrift „Pfiff"	Abb. 384

Vorwort

Der Reisefilm ist des Schmalfilmers liebstes Kind!

Aber wie das mit den Lieblingskindern nun einmal so ist: sie sind oft auch Sorgenkinder. Welche Sorgenkinder die Reisefilme sind, davon kann manch Schmalfilmer ein Lied singen.

Wieviele nette Filmideen hatte man sich ausgedacht, als man zu Hause, umgeben von vielen bunten, verheißungsvollen Prospekten, in Reisefilm-Zukunftsphantasien schwelgte!

Und dann?

Dann kam doch alles ganz anders!!

Der Zufall... das Wetter... das Phlegma... die Unschlüssigkeit... die vielen Ereignisse, die über den Urlauber hereinprasselten...

Ach ja, es gibt so viele Dinge, die uns von unseren Plänen, Hoffnungen und Erwartungen fernhalten. Im Leben... im Urlaub... und beim Filmen ganz besonders.

Die Unsicherheit und Unschlüssigkeit vom Schmalfilmer bei seinen Filmaufnahmen im Urlaub und auf Reisen fernzuhalten, das ist die Aufgabe dieses Buches

So hat Ihr Reisefilm Erfolg,

das wir der großen Gilde der Schmalfilmer nunmehr vorlegen.

Es hat mehr als vier Jahre gedauert, das Bildmaterial für unser Buch zusammenzutragen; denn die meisten Fotos sind extra für diesen Zweck aufgenommen worden. Insgesamt waren es mehr als 5000 Bilder, die auf diese Weise zusammenkamen und 531 wurden dann ausgesucht, um das zu demonstrieren, was im Sinne unserer Aufgabe von Bedeutung war. Ein erster informierender Blick auf unser Inhaltsverzeichnis wird Ihnen die Vielseitigkeit dieses Buches anschaulich machen. Wir glauben sagen zu können, daß nichts vergessen wurde, was für den filmenden Urlauber von Bedeutung sein könnte:

Ob er allein reist oder in Gesellschaft... ob er fliegt oder in See sticht... ob er sich der Eisenbahn anvertraut oder seinem Auto... ob er nur knipsen will oder seine Filme bildmäßig gestalten möchte... ob er seine Titel selbst aufzunehmen pflegt oder die Vertonung bevorzugt... über alles dies (und noch viel mehr) wird ihn unser Buch gründlich unterrichten.

Wir haben ihm ein handliches Format gegeben, damit Sie es mit auf Reisen nehmen können, falls Sie der Meinung sind, es könnte nicht schaden, sich auch unterwegs noch Rat zu holen. Und wir haben hier und da — an den Kapitelenden und zwischen den Abbildungen — etwas Platz gelassen, damit Sie sich Ihre eigenen Einfälle notieren können. Vielleicht kommen Ihre Ideen für den diesjährigen Film zu spät, weil Ihnen erst beim Schnitt einfällt, was Sie noch besser hätten machen können, aber im nächsten Jahr gibt es wieder einen Urlaub, und da ist es dann doch sehr gut, wenn Sie Ihre Einfälle zur Hand haben, ohne erst noch lange unter Ihren Notizen und Papieren suchen zu müssen.

Wenn unsere Arbeit mit dem Erscheinen dieses Buches auch einen Abschluß gefunden hat, so besagt das nicht, daß wir an dem Thema „Reisefilm" nicht weiter gearbeitet hätten. Weitere Kapitel sind bereits in Vorbereitung und warten auf ihren Vorabdruck im „Schmalfilm". Vielleicht haben aber auch Sie eine besonders hübsche Idee für Ihren Reisefilm ausgeknobelt. Behalten Sie dann Ihren Einfall nicht für sich, sondern teilen Sie ihn uns mit. Sicher wird mancher Leser dankbar sein, wenn er auch von Ihren Erfahrungen profitieren kann.

Und nun noch etwas anderes: Als wir den Plan zu diesem Buch faßten, begannen wir alle Amateur-Reisefilme, die uns vor Augen kamen, mit besonderem Interesse zu betrachten und auf ihre Plus- und Minuspunkte auszuwerten. Dabei waren es zwei Fehler, die uns vor allen anderen als sehr häufig auffielen:

1. In weitaus den meisten Filmen fehlte es an Großaufnahmen. Halbnah-Einstellungen kamen schon etwas häufiger vor, aber mit Großaufnahmen war es oft recht schlecht bestellt. Manche Amateure sagten uns, sie hätten nicht den Mut gehabt, den Menschen, die sie in ihrem Urlaub trafen, mit der Kamera nahe auf den Pelz zu rücken.

2. Viele Filme waren wesentlich zu lang. Da in den Urlaubsfilmen (von Ausnahmen abgesehen), nicht viel Handlung vorhanden ist, muß das Interesse der Zuschauer fast ausschließlich von der Bildgestaltung wachgehalten werden. Aber selbst die schönsten Bilder vermögen eine Story nicht auf lange Zeit zu ersetzen.

Wenn Sie sich die Vermeidung dieser beiden Fehler für den nächsten Urlaubsfilm fest vornehmen, haben Sie schon viel erreicht, um einen guten und sehenswerten Film von Ihrer Reise mit nach Hause zu bringen.

Und nun wünsche ich Ihnen eine anregende Lektüre und recht viel Nutzen aus diesem Buch.

Hellmuth Lange

Erster Teil

Kurze Dramaturgie des Reisefilms

1. Kann man den Zufall beim Reisefilm bändigen?

Sehr viele Reisefilme — um nicht zu sagen: die meisten — leiden daran, daß der Amateur glaubt, nicht recht voraus planen zu können, weil die Filmereignisse mehr oder weniger dem Zufall überlassen bleiben müssen.

Er kennt vorher die örtlichen Gegebenheiten nicht oder nur sehr flüchtig, so daß er also keine rechte Vorstellung davon hat, in welchen Schauplätzen sich sein Urlaubsfilm abspielen wird.

Er weiß nicht, welches Wetter ihn erwartet, wenn er an Ort und Stelle ist. Das geplante Picknick mit Badeeinlage am See kann nicht stattfinden, weil der Himmel grau in grau ist, und die Temperatur unsere Mitwirkenden frösteln macht.

Seine Darsteller wollen durch die Filmerei möglichst nicht belästigt werden, und daher kann er Szenenfolgen mit einer sich logisch entwickelnden Handlung gar nicht erst in Erwägung ziehen.

Kurzum: es gibt Schwierigkeiten über Schwierigkeiten, und in den meisten Fällen läuft die Geschichte dann doch darauf hinaus, daß man einfach aus dem Stegreif filmen und sich auf das verlassen muß, was einem vor die Kamera läuft ... und damit wären wir dann wieder beim Zufall.

Nun kann man natürlich leicht sagen, man muß eben so planen, daß sich die Planungen bequem auswechseln lassen, wenn sich aus irgendeinem Grunde eine Änderung notwendig macht. Das, liebe Freunde, ist doch mehr oder weniger graue Theorie.

Zweifellos gibt es Amateure, die einen wesentlichen Teil ihres Urlaubs mit geduldigem Warten verbringen, bis die Szenerie und die Ereignisse genau so werden, wie sie sich das vorgestellt und in ihrem Drehbuch notiert haben, und die dann auch Filme nach Hause bringen, die das Herz der Zuschauer lachen lassen, aber ... diese Amateure sind doch sehr, sehr, sehr in der Minderheit. Und für sie sind diese Zeilen auch nicht gedacht.

Sie brauchen sie gar nicht. Wenn sie sich zu einer so ernsten und gewichtigen Auffassung von der Schmalfilmerei durchgerungen haben, dann beherrschen sie aus eigenen Erfahrungen die Materie bereits so gut, daß man ihnen kaum noch etwas Neues sagen kann.

Wir wenden uns heute vielmehr an die große Schar der anderen, an jene, die von den Ereignissen überrumpelt werden, und die zwar stets die besten Absichten haben, aber nicht die Ausdauer, nicht die Zeit und schon gar nicht die Besessenheit, die nun einmal das Allerwichtigste ist, wenn man die Spitze erklimmen will.

Die Schriftleitung der Zeitschrift „Schmalfilm" bekommt sehr oft Filme eingesandt mit der Bitte, doch zu sagen, was man im Urlaub hätte besser machen können, ohne daß die Filmerei sich nun gleich zum Tyrannen für sämtliche Ferientage aufschwingt.

Das ist für viele Amateure doch wohl das Entscheidende: sie wollen zwar filmen, aber gleichsam im Vorübergehen, so wie man vielleicht ein fröhliches Liedchen vor sich hinpfeift, wenn man sich besonders wohl fühlt und das Gefühl hat, daß das Leben doch eine wunderschöne Sache sei.

Es muß allerdings zugegeben werden, daß dieses Filmen aus dem Stegreif eine dumme Geschichte werden kann. Man verliert sehr leicht den Überblick und bringt zum Schluß nichts anderes nach Hause, als eine Reihe von jenen Knipsszenen, die zwar belebtes Leben zeigen, aber keinen Inhalt haben.

Das ist so, als wenn man an einer festlich gedeckten Tafel ein bißchen herumnascht, statt richtig zu essen. Man hat nichts Rechtes davon und bekommt das nervös machende Gefühl, man hätte eine gute Gelegenheit nutzlos vertan.

Nun verstehen wir unter Szenen mit Inhalt nicht etwa eine Filmhandlung, die logisch aufgebaut ist und sich demzufolge fortlaufend entwickelt. Dann wären wir ja wieder bei den Drehbuchfilmen.

Nein, wir meinen damit Szenen, in denen sich irgend etwas abspielt. Die Kinder, die wir aufgenommen haben, stehen nicht nutz- und tatenlos am Rande des Schwimmbassins herum ... sie wetteifern vielmehr miteinander, wer den besten Kopfsprung zustande bringt. Die Frau Gemahlin und die halbwüchsige Tochter schlendern nicht ziellos über einen Wochenmarkt, sie kaufen an einer Bude eine Strick-Kappe, halten sich gegenseitig den Spiegel und probieren die Käppchen auf und so weiter ... und so weiter ... und so fort.

Wenn man sich zunächst einmal auf solche Szenen mit Inhalt konzentriert, ist man schon ein ganzes Stück weiter und die Gefahr, daß in unserem Reisefilm nichts geschieht, ist schon wesentlich geringer geworden.

Der Wunsch, Geschehnisse zu filmen, darf uns daher nicht einen Augenblick verlassen. Davon müssen wir immer ausgehen, wenn wir die Filmkamera in die Hand nehmen.

Das war auch für uns der Hauptgrundsatz als wir daran gingen, dieses Buch für unsere Leser und Freunde zusammenzustellen.

Wir haben im Laufe der Zeit fünf Kameraleute auf Reisen geschickt, und zwar ohne jede Vorbereitung. Ohne Drehbuch, ohne Notizen, ohne irgendeinen Plan über den Filminhalt.

Sie bekamen nur den Auftrag mit auf den Weg, Bilder nach Hause zu bringen, deren sich der Filmamateur, wenn er sie in seinem Film hätte, nicht zu schämen brauche und die aus diesem oder jenem Grunde interessant oder bemerkenswert oder effektvoll sind.

Ich glaube, damit hatten wir eine Situation geschaffen, die genau der entspricht, der sich auch die meisten Schmalfilmer gegenüber sehen, wenn sie die Kamera in die Bereitschaftstasche tun und auf Reisen gehn. Zwei unserer Kameraleute hatten zudem kaum Erfahrungen, was das Filmen anbetrifft; sie waren noch im allerersten Stadium des Herumtastens und konnten schon aus diesem Grunde nicht mit zu hochtrabenden Plänen aufwarten.

Also auch von dieser Seite findet der Leser hier keine blasse Theorie, sondern tatsächlich das Ergebnis von Filmarbeiten, die wahrscheinlich ziemlich genau jenen entsprechen, denen auch er sich zu unterziehen pflegt.

Nun ist mit solchen Aufnahmen der Zufall noch keineswegs gebändigt, aber wir haben ihn doch immerhin so in der Gewalt, daß er uns nicht mehr völlig überrumpeln kann. Selbst, wenn wir etwas ganz anderes filmen müssen, als wir gern gefilmt hätten, wir haben immerhin Szenen, in denen etwas geschieht, und die daher das Interesse unserer Zuschauer wachhalten.

Welchen Inhalt wir nun unseren Szenen geben könnten, das werden die nachfolgenden Kapitel und ihre Bilder zeigen.

2. Ungewöhnliche Bildgestaltung

Fangen wir mit der Feststellung an, daß das Bild, das der filmerfahrungsreiche Herr A von einer Straßenecke aufnimmt, viel wirkungsvoller sein wird als die gleiche Szenerie, die der in Fragen des Bildaufbaus arglose Herr B gedreht hat.

Jede Szenerie ist ein Ausschnitt aus der Natur, und es dürfte leicht einleuchten, daß man diesen Ausschnitt geschickt, aber auch ungeschickt wählen kann.

Viele Dinge spielen dabei eine Rolle, w i e wir unsere Szene auf das Filmband bekommen.

Wichtig ist z. B., was wir mit dem Hintergrund anfangen. Wenn er wirkungsvoll ist, kann er dem Bild einen guten Abschluß geben; wenn er dagegen wirr und häßlich-unruhig ist, kann er uns glatt die Ereignisse im Vordergrund, auf die es uns vielleicht allein ankommt, erschlagen.

Ist der Hintergrund häßlich, wird man unbedingt versuchen, ihn nicht mit ins Bild zu bringen. Geht das nicht, kann man vielleicht die Schärfe so legen, daß sie nach hinten schnell abklingt und damit den Hintergrund weniger vorherrschend macht.

Nichtssagende Szenerien kann man verbessern, indem man versucht, dem Bild irgendeinen besonderen aufnahmetechnischen Schick zu geben. Dazu eignet sich sehr gut ein Blick durch Türen, Torbögen, Durchgänge (Abb. 1 und 2), Fenster, und zwar so, daß das Fensterkreuz mit ins Bild kommt, an Markisen vorbei usw.

Ist die Umrahmung schwarz, so daß wir also später auf der Leinwand ein Bild in einem ganz abweichenden Format haben, weil der Rest abgedeckt ist, so macht sich das meist sehr gut, da ja das Querrechteck des Filmbildes nicht immer gerade sehr günstig ist (oft ganz und gar nicht günstig bei porträthaften Großaufnahmen).

Unsere Abb. 3 zeigt eine Straße, die nicht gerade sehr dekorativ ist. Durch die angeschnittene Markise und die durch sie verursachte schwungvolle Linienführung im oberen Bilddrittel wird aber das Interesse des Zuschauers auf den Vordergrund gelenkt, so daß er den eintönigen Hintergrund völlig übersieht.

Eine solche Bildeinstellung kann uns z. B. gute Dienste leisten, wenn wir unsere Angehörigen gern einmal wieder im Film zeigen möchten.

Bei diesen Bildern von der Familie müssen wir ja immer um eine interessante Bildgestaltung bemüht sein; denn wenn wir notgedrungen in unseren Filmen schon immer dieselben Menschen zeigen müssen, wollen wir das nicht auch noch in den gleichen Szenerien tun.

Immer die gleichen Menschen in den gleichen Szenerien, das ist ein bißchen viel für unsere Zuschauer, selbst wenn sie noch so geduldig und großzügig sind.

Für solche Szenen ist es also sehr gut, wenn man sich immer eine Reihe von möglichst ausgefallenen Einstellungen gedanklich auf Vorrat hält. Wir finden diese auf Wochenmärkten, an Schaufenstern und Vitrinen, unter Markisen, an Durchblicken. Wir können den Horizont höher oder tiefer legen als normal; wir können mit Gegenlicht operieren und das Bild durch Schatten aufteilen, und wir können die Kamera schräg nach unten oder schräg nach oben neigen und unsere Darsteller somit aus einem ungewöhnlichen Blickwinkel anvisieren.

Der ungewöhnliche Blickwinkel ist überhaupt eine Methode, die uns — natürlich mit Maßen angewandt — sehr behilflich auf der Suche nach wirkungsvollen Szenen sein kann. Weil wir die Szenerien so sehen, wie wir sie nur selten zu sehen pflegen. Und das Ungewöhnliche ist ja immer interessanter als das Altgewohnte.

Da geht die Familie aus dem Hotel, um mit der Straßenbahn zum Zoologischen Garten zu fahren (das ist auch schon wieder ein Filmthema). Der Kameramann bleibt noch im Zimmer und filmt durchs Fenster hinunter auf die Straße (Abb. 4), auf der die Familie entlanggeht. Schon haben wir wieder eine Szene, die unseren Zuschauern sicher gefallen wird.

Kommen wir in die Verlegenheit, Fernsichten aufnehmen zu müssen, gilt unser besonderes Augenmerk der Nähe; denn Fernsichten ohne Vordergrund sehen recht verloren und dürftig aus.

Für diese Vordergrund-Betonung reichen manchmal schon ein paar Eisenstangen aus (Abb. 5) oder ein Fahnenmast oder die Zweige eines Baumes oder eine Laterne oder ein Materl usw.

Wir können auch unsere Darsteller mit zur Belebung der Vordergrundszenerien der Totalen heranziehen. Auch hierfür ist unsere Abb. 5 ein gutes Beispiel. Der Mann braucht ja nicht so lange stehen zu bleiben, wie die Szene dauert. Er kann uns vielmehr dazu verhelfen, der Szene Leben und Bewegung zu geben.

Sehr gut macht sich auch, wenn unser Bild plastisch wirkt, also eine räumliche Tiefe vortäuscht. Das wird immer dann der Fall sein, wenn entweder der Blick tief ins Bild hineingeführt wird (Abb. 7) oder wenn sich die Szenerien in mehreren hintereinanderliegenden Ebenen aufbauen, wie etwa bei unserem Schaufensterdurchblick (Abb. 6).

Wie stark dieser räumliche Eindruck bei entsprechender liniarer und optischer Gestaltung sein kann, verrät unsere Szene mit dem Gang eines D-Zug-Wagens. Die Tiefenwirkung wird hier nicht allein durch den weit ins Bild hineinführenden Gang erreicht, sondern auch durch die an- und abschwellende Schärfe, wobei hier noch bemerkenswert ist, daß die Hauptunschärfe im Bildvordergrund liegt, eine Bildgestaltung, die man gemeinhin zu vermeiden suchen wird. Aber das in die Tiefe des Bildes dringende Auge nimmt diese Vordergrundschärfe bewußt nur wahr, wenn sich der Verstand ausdrücklich darauf konzentriert; ist das nicht der Fall, sieht das Auge ins Bild hinein und die Vordergrunddetails treten dagegen zurück.

Ein weiteres Problem, zu einer effektvollen Bildgestaltung zu kommen, ist ein vom Üblichen abweichender Bildaufbau.

Der gedankenlose Knipser wird fast immer Bilder aufnehmen, in denen sich Himmel und Erde die Waage halten. Das führt dann dahin, daß bei seinen Bildern jeder Teil ungefähr die Hälfte einnimmt, was ihnen vielleicht eine gewisse Ausgeglichenheit vermittelt, in praxi aber doch zu recht langweiligen Aufnahmen führt.

Die goldene Mitte ist eben keineswegs immer eine goldene Mitte. Die Bilder gewinnen wesentlich, wenn entweder der Himmel oder die Erde einen beherrschenden Anteil einnehmen.

Wir brauchen das hier nicht weiter auszuführen. Wir haben drei Bildbeispiele zusammengestellt (Abb. 8—10), bei denen einmal das Motiv, eine Personengruppe, genau in der Mitte sitzt; das zweite Mal ist sie dicht an den oberen Bildrand gerückt, so daß also sehr viele Schneespuren im Vordergrund zu sehen sind; das dritte Mal schließlich wurde die Skifahrergruppe nach unten geschoben, damit sich ein gewaltiger Himmel darüber wölbt.

Jeder kann nun selbst entscheiden, welches der drei Bilder ihm am besten gefällt. Wahrscheinlich wird es das sein, das im Aufbau die größte Harmonie zeigt.

Unsere Aufzählung der Möglichkeiten einer das Übliche möglichst vermeidenden Bildgestaltung kann natürlich nicht vollzählig sein; denn praktisch gibt es fast für jede Szene einen Weg, sie so zu gestalten, daß sie aus dem allgemeinen Trott der Wald-, Feld- und Wiesenaufnahmen herausfällt. Sie wird aber immerhin die Richtung gezeigt haben, in die unsere Überlegungen gehen sollten, wenn wir uns im Urlaub daranmachen, einen Film von unseren Reiseerlebnissen zu drehen, und das ist es, worauf es uns hier in erster Linie ankommt.

3. Bildgestaltung mit Licht und Schatten

Heutigentags kann man dem Filmmaterial sehr viel zumuten. Viel mehr, als man sich meist getraut.

Der Belichtungsspielraum ist beim Schwarz-Weiß-Film sehr beträchtlich, und er meistert daher auch Lichtgegensätze von erheblichem Umfang. Auch beim Farbfilm ist heute der Belichtungsspielraum schon so groß, daß geringfügige Fehlbelichtungen keine nennenswerte Rolle mehr spielen.

Die Technik der Kodak-Instamatic-Fotokamera beruht ja zu einem großen Teil auf dem beträchtlichen Belichtungsspielraum des heutigen Farbfilmmaterials; denn nur so ist es möglich gewesen, bei den einfachen Modellen mit zwei Belichtungszeiten von $^1/_{90}$ resp. $^1/_{40}$ Sek. auszukommen und keinerlei Blende in die Kamera einzubauen.

Wer schon einmal mit dieser Kamera gearbeitet hat, wird zugeben müssen, daß die Leistungen beachtlich sind und auch Leute zufriedenstellen können, die gewohnt sind, recht hohe Anforderung an die Qualität ihrer Farbbilder zu stellen.

Aber kehren wir nunmehr zu unserem Thema Bildgestaltung mit Licht und Schatten zurück:

Wir haben hier ein Bildbeispiel von einer Rhein-Dampferfahrt (Abb. 12), das diese gute Durchzeichnung von Licht und Schatten sehr schön demonstriert.

Auf dem Tisch im Vordergrund sind deutlich Einzelheiten zu erkennen, obwohl es hier bereits ziemlich dunkel ist. Trotzdem zeigt auch die helle Ferne immer noch Details und wirkt nicht wie überbelichtet, sondern wie eine Szene im hellen Schein der Sommersonne.

Diese weitgespannte Tonskala gibt uns nun die Möglichkeit, Bilder aufzunehmen, die gleichzeitig zart und duftig, aber dennoch kraft- und ausdrucksvoll sind.

Wir haben hier zwei Bildbeispiele von Aufnahmen direkt in die Sonne (Abb. 14 und 15). Natürlich handelt es sich um einen diesigen Tag, bei dem die Sonne zum Teil hinter einer Dunstschicht verborgen war, aber immerhin ist der Sonnenball dennoch verhältnismäßig hell, und es spricht für die gute Lichthoffreiheit unseres heutigen Materials, daß es keinerlei Überstrahlungen gibt. Das erhobene Bein des Denkmal-Pferdes, das praktisch den Sonnenrand „berührt", zeigt, was heute von der lichttechnischen Seite her bei unseren Aufnahmen möglich ist.

Man darf dabei gegebenenfalls auch nicht davor zurückschrecken, den Vordergrund lieber etwas unterzubelichten, um zu verhindern, daß der Himmel zu stark überbelichtet wird.

Wir haben hierfür ein gutes Beispiel mit der See-Szenerie (Abb. 16). Wenn man genau hinsieht, wird man merken, daß die Personen im Vordergrund unterbelichtet sind. Wären sie allein Bild, würde unsere Szene kaum befriedigen, da aus dem Gesicht des Mannes, den wir im Profil sehen, die Zeichnung fast völlig verschwunden ist. Betrachtet man aber das Bild als Ganzes, fällt diese Unterbelichtung gar nicht mehr auf. Im Gegenteil, jetzt wirkt die Personengruppe als Schwerpunkt gegenüber dem sehr zarten und bei aller Wolkenzeichnung doch recht hellen Himmel.

Ist die Wolkendecke sehr ausgeprägt, kann man die Blende getrost noch weiter zudrehen. Das Schlimmste, was einem dabei passieren kann, ist, daß man am hellen

Titelwerkstatt des Schmalfilmers
Wer Spaß daran hat, seine Filme abwechslungsreich zu betiteln, der wird an diesem Buch seine Freude haben; denn dies ist — in Stichworten — der Inhalt:
Worum es geht / Unser Handwerkszeug / So arbeiten wir / Wir entwerfen Hintergründe / Autorenmarke / Familienfilm (Titelvorschläge, Textvorlagen, Illustrationen) / Kinderfilm (desgl.) / Wochenendfilm (desgl.) / Reisefilm (desgl.) usw.
Dazu: 17 Blicke in fremde Titelwerkstätten / Alphabete zum Nachzeichnen / Einbelichten von Titeln / Endetitel etc.
148 Seiten / 371 Abbildungen.

Nachmittag eine ausgesprochene Abendszenerie bekommt (Abb. 17), und so was läßt sich meist immer noch verwenden, evtl. als Ausklang und Schlußapotheose unseres Films.

Und bei dieser Gelegenheit wollen wir uns gleich an die alte, in diesem Zusammenhang aber sehr wichtige Regel erinnern: Im Zweifelsfalle belichten wir lieber unter als über. Überbelichtete Szenen sind fast immer verloren, leicht unterbelichtete dagegen kann man sehr häufig noch ganz gut verwenden, evtl., indem man sie als Übergang von Tages- zu Nachtszenen verwendet.

Ist die Wolkendecke nicht sehr ausgeprägt, tut man immer gut daran, das eigentliche Motiv verhältnismäßig dunkel zu halten, wie wir es mit den Windmühlenflügeln getan haben (Abb. 18). Falls notwendig kann man hier sogar bis zum Silhouetteneffekt gehen.

Im Farbfilm gibt es das Problem Wolken im hier geschilderten Sinne natürlich nicht. Selbst wenn keine Wolken vorhanden sind, der Himmel also strahlend blau ist, hat das Bild immer noch — durch die Himmelsbläue — einen Abschluß.

Wohl aber kann dieses Himmelsblau so dominierend sein, daß es uns die anderen Farben des Bildes zerschlägt. Aus diesem Grunde sollte der Farbfilm-Amateur kein zu strahlendes Sommerwetter wünschen. Bedeckter Himmel ist für ihn meist viel besser. Und bedeckter Himmel mit blauen Löchern von nicht allzu großer Ausdehnung wäre ideal.

Vom Regen ganz zu schweigen, aber der bleibt einem anderen Kapitel vorbehalten.

Abb. 1: Ausgefallene Bildformate haben eigentlich immer Erfolg, denn sie bringen schon von der Form her etwas Neues.

Besonders im Reisefilm brauchen wir eine auffällige Bildgestaltung, weil wir oft mit Allerweltsmotiven arbeiten müssen, die vom Inhaltlichen her unseren Zuschauern manchmal nicht viel zu sagen wissen.

Hinzu kommt noch, daß wir bei unseren Aufnahmen doch in sehr starkem Maße vom Wetter abhängig sind. Manches schöne Motiv müssen wir auslassen, weil die Lichtverhältnisse ungünstig sind. So kann es uns z. B. passieren, daß wir das Gebäude, das für unseren Film besonders wichtig ist, zu einer Zeit vor die Linse bekommen, da die Fassade tief im Schatten liegt, während die Sonne so ungünstig dahinter steht, daß wir eine ganz schräge Aufnahmerichtung wählen müssen, um die Aufnahme überhaupt zu ermöglichen, was der Bildwirkung nun ganz und gar nicht gut tut. Da ist es dann wichtig, daß wir bei jenen Szenen, bei denen wir die Gestaltung besser in der Hand haben,

unser Bestes versuchen, um den schlechten Eindruck, den ungünstige Szenen vielleicht auf unser Publikum machen könnten, zu verwischen.

Das ausgefallene Bildformat ist natürlich nur ein Mittel der Bildgestaltung. Wir kommen im Laufe dieses Buches und der Bilder noch auf zahlreiche andere Möglichkeiten zu sprechen. (Unsere Aufnahme stammt aus einem Lokal am Spitzing-See/Bayern).

Abb. 2: Auch bei Sehenswürdigkeiten, die schon sehr bekannt geworden sind, kann uns eine Bildumrahmung dazu verhelfen, der Szenerie ein neues Gesicht zu geben, wie hier der Blick auf die Stadt Dubrovnik von der Stadtmauer aus.

Abb. 3: Markisen, Hausvorsprünge usw. helfen uns ebenfalls, einen ungewöhnlichen Bildausschnitt auf die Leinwand zu bringen. Der ist besonders wichtig, wenn es sich um Personenaufnahmen handelt, die keinen besonders interessanten Handlungsinhalt haben. Und das wird bei unseren Reisefilmen sehr oft der Fall sein.

Natürlich wird man nicht immer dieselbe Bildgestaltung wählen. Wenn in jeder zweiten Szene unseres Reisefilms eine Ladenmarkise vorkommt, wird das Publikum bald genug davon haben. Auch hier tut also Abwechslung not.

Abb. 4: Die Dinge der Welt verändern sich wesentlich, wenn wir sie aus einem ungewöhnlichen Bildwinkel betrachten. So wird, wie in unserem Bildbeispiel, aus einer nicht besonders attraktiven Münchener Straße ein Bild, das den Zuschauern doch gefallen dürfte.

Abb. 5: Ganz einfache Details können manchmal dazu dienen, einen Blickfang ins Bild zu bringen. Das ist besonders dann wichtig, wenn die eigentliche Szene, wie hier unsere wässerige Fernsicht, nicht sonderlich interessant ist.

Abb. 6: Aufmerksamkeit erregt auch jede Szene, die sich in mehreren Ebenen staffelt. Sie wirkt besonders plastisch.

Diese Aufnahme ist auch ein Beispiel für das Filmen durch Fensterscheiben, worauf wir später noch zu sprechen kommen.

Abb. 7: Man gewöhne es sich gar nicht erst an, immer alle Aufnahmen mit der kleinstmöglichen Blende zu machen. Filter können daher sehr nützlich sein (Gelbfilter im Schwarz-Weiß-Film und Graufilter im Farbfilm), um eine größere Blende verwenden zu können, falls die Kamera keine verstellbare Sektorenblende hat, mit deren Hilfe sich die Belichtungszeit verkürzen läßt. Manchmal genügt auch schon die Wahl eines geschickten Standpunktes, um einen größeren Tiefen-Effekt zu erzielen.

Abb. 8—10: Es ist nicht gleichgültig, wo und wie wir unsere Darsteller aufbauen. Diese drei Bildbeispiele zeigen, wie sehr sich der Bildcharakter und damit die Aussage der Szene verändern kann, je nachdem, ob wir unsere Personengruppe in die Mitte stellen oder an den unteren resp. oberen Bildrand. Die Mitte wäre die übliche Allerwelts-Einstellung. Personen, an den unteren Bildrand gesetzt, wirken etwas verloren, weil sich die Weite des Himmels über sie wölbt.

Bei der Personengruppe, die wir dicht an den oberen Bildrand gerückt haben, sieht es ganz so aus, als ob die Menschen, die wir dort zeigen, über den Dingen stehen und mit den Ereignissen des Lebens fertig zu werden wissen.

◄ Abb. 11: Verwegene Blickrichtungen können uns manchmal geradezu aufregende Szenen bescheren, selbst wenn unser Motiv nur ein Denkmal ist.

Bei dieser Aufnahme ist sogar ein verhältnismäßig ungünstiger Standpunkt gewählt worden, denn das Pferd verrät sich nur durch seine Beine als Pferd. Sonst ist es nichts weiter, als ein schwarzer Kreis mit ein paar Anhängseln.

Der ganze Effekt der Aufnahme rührt von dem Gegensatz: Schwerer, schwarzer Denkmalskoloß gegen sonnig durchleuchtete Wolken.

Im übrigen hat auch das Denkmal in dieser Perspektive eine ausgesprochen temperamentvolle Beweglichkeit, so daß also die Szene schon aus diesem Grunde wirken dürfte.

Wenn man zu den Amateuren gehört, die sehr viel Liebe und Sorgfalt an ihre Aufnahmen verwenden, wird man diese Aufnahme vom Stativ und im Einergang machen, damit die Wolken hinter dem Denkmal vorüberziehen. Natürlich wird man den Einergang nicht so wählen, daß die Wolken über den Himmel förmlich dahinjagen, das würde unnatürlich aussehen. Es genügt, wenn auch in einer verhältnismäßig kurzen Szene zu erkennen ist, daß sich die Wolken am Himmel bewegen.

Abb. 12: Ein Beispiel für den großen Gradationsumfang, den heutzutage unser Filmmaterial hat. Und zwar nicht nur das Schwarz-Weiß-Material, sondern auch die Farbfilme.

Man sollte daher nicht zögern, ihn öfter einmal auszunutzen, weil die Bewältigung solcher Lichtgegensätze ebenfalls zu wirkungsvollen Szenen führt.

Leider mußten wir bei den Filmen, die wir zu sehen bekamen, fast immer feststellen, daß die Amateure nicht sehr wagemutig sind und sich nur dann an die Aufnahme machen, wenn der Belichtungsmesser eine Blende zeigt, die nichts Schlimmes fürchten läßt.

Manchmal (wenn man einigermaßen geschickt ist, sogar recht häufig) bekommt man selbst dann noch gute Aufnahmen, wenn der Belichtungsmesser gar nicht mehr reagiert. Sehen Sie sich bitte daraufhin gleich einmal die beiden Abbildungen 14 und 15 an.

Abb. 13: Sogar Nebelaufnahmen können im Reisefilm überaus reizvoll sein. Die Verschleierung der Ferne, die Autos, die vorsichtig mit Licht fahren und die schnell aus dem grauen Nichts des Hintergrundes auftauchen, geben solchen Aufnahmen viel Stimmung.

Abb. 14—15: Hier haben wir zwei Szenen, bei denen die ermittelte Belichtung soweit verlassen wurde, daß aus Tagesszenen Nachtaufnahmen geworden sind. Besonders trifft das für die linke Aufnahme zu.

Man sollte nie vergessen, daß die Fotografie ein Spiel mit Licht und Schatten ist. Aus diesem Grunde können auch sehr oft unterbelichtete Aufnahmen von ganz besonderem Reiz sein. Bedingung ist allerdings, daß die Unterbelichtung, d. h. die Schwere des Bildes eine logische Begründung im Bildinhalt findet. Eine Gartenpartie, bei der man kaum etwas erkennen kann, dürfte diese Voraussetzung nicht erfüllen.

Abb. 16: Hier ist nochmals ein Bild mit unterbelichtetem Vordergrund. Er wurde notwendig, damit die Wolkenstimmung gut herauskommt. Für Leute, die eine Kamera mit eingebautem Belichtungsmesser haben, erfordert ein solches Bild etwas Nachdenken, da man von der automatisch ermittelten Messung abgehen muß.

Abb. 17—18: Dies sind noch zwei weitere Beispiele für Effekte mit Licht und Schatten. Man kann sich gar nicht oft genug klarmachen, daß nicht immer die ganz korrekt belichtete Szene das Beste aus dem Motiv herausholt.

Aber das soll um Himmels willen nicht heißen, das man jede belichtungstechnisch verpatzte Szene in seinem Film läßt, mit der Entschuldigung, daß damit etwas Besonderes ausgedrückt werden soll.

Unterbelichtung — um eine solche wird es sich meist handeln — muß im Szeneninhalt ihre Begründung finden. Alle sonstigen, nicht korrekt belichteten Filmteile schneide man ohne Gnade und Barmherzigkeit heraus. Es sei denn, daß sie etwas wirklich Einmaliges und Unersetzliches und überaus Wichtiges zeigen. Dann könnte man vielleicht eine Ausnahme machen. Aber wann kommt es im Leben eines Schmalfilmers schon einmal vor, daß er etwas aufnimmt, daß der Mitwelt (und Nachwelt!?) unbedingt erhalten bleiben muß?

Abb. 19—24: Eine Architektur kann auch als Leitmotiv dienen, wie es diese Bildserie aus der holländischen Stadt Vlissingen zeigt, und wie es im Text näher erläutert ist.

Auch für zusammenfassende Kommentare bei der Vertonung, wir kommen darauf im Kapitel über „Schiffsreisen" noch zu sprechen, sind zusammenfassende Reportagen wie diese sehr gut zu verwenden. Die zahlreichen Blicke auf das gleiche Objekt geben uns die Möglichkeit, die einzelne Einstellung sehr kurz zu halten. Wir bieten daher unserem Zuschauer in verhältnismäßig kurzer Zeit viele Bildausschnitte. Trotzdem wird dieser Filmteil lang genug, um in mehreren Sätzen wichtige Erläuterungen zu besonderen Geschehnissen unseres Films zu geben.

So haben wir es in der Hand, unseren Film aus einer anspruchslosen persönlichen Berichterstattung zu einem Werk mit größerem Tiefgang zu machen.

Abb. 25—28: Architekturen erfordern viel Aufnahmeraffinesse, wenn man sie so in den Film bringen möchte, daß sie nicht wie Dias wirken, sondern Filmszenen werden.

4. Architekturen machen uns die meisten Sorgen

In unseren Filmszenen muß sich immer etwas bewegen, sonst wird die Sache bald langweilig. Architekturen sind aber etwas Lebloses, und daher haben wir mit ihnen auch den meisten Kummer.

Verzichten wir in unserem Reisefilm auf die berühmten oder wenigstens bekannten Gebäude, haben wir das unbehagliche Gefühl, keinen vollständigen Bericht von unserem Reiseziel gegeben zu haben. Bringen wir sie aber alle in den Film hinein, sind wir bald so weit, daß wir statt einen Film zu drehen den Dia-Leuten Konkurrenz machen.

Was kann man also tun, um aus dieser Zwickmühle herauszukommen?

Wir haben uns ein berühmtes Gebäude vorgenommen, nämlich das Holsten-Tor in Lübeck (Abb. 25—28). Das ist nun ganz gewiß ein toter Bau, dem man nur sehr schwer Leben einhauchen kann.

Ja, wirklich? Ist das so schwierig?

Unsere Bilder dürften zeigen, daß man sich da doch ganz gut helfen könnte, und zwar dadurch, daß man die Umgebung mit einbezieht und diese lebendig zu halten versucht. Das kann zum Beispiel geschehen, indem man die Aufnahme aus einem Laden oder wie in unserem Fall (Abb. 25) aus einem Restaurant heraus macht. Schwierig ist dabei, das wollen wir gern zugeben, die Belichtung. Man muß sich überlegen, ob man auf den Hintergrund oder auf den Vordergrund belichten will, wobei Belichtung auf den Vordergrund vielleicht effektvoller wäre, Belichtung auf den Hintergrund aber unsere Absicht, eine Schilderung einer berühmten Architektur zu geben, besser entsprechen würde.

Wir haben einen Mittelweg gewählt, um zu zeigen, daß es auch auf diese Weise sehr gut geht.

Kann man ganz und gar kein Leben rund um seine Architektur bringen, dann versuche man es mit einem raffinierten Bildausschnitt, wie wir es schon in anderem Zusammenhang besprochen haben. Auch in diesem Beispiel verwandten wir die Markise eines Ladens (Abb. 26), und man wird sicher finden, daß sich die Aufnahme ganz dekorativ macht. Das Dekorative ist wichtig.

Wenn wir nämlich unseren Zuschauern interessante Bilder vorsetzen, vergessen sie wahrscheinlich, daß es sich um leblose Szenen handelt.

Aber natürlich dürfen wir nicht nur solche Szenen mit interessantem Bildaufbau, aber dürftigem Handlungsinhalt bringen, dann wären wir ja doch wieder bei den Dias.

Rettung bringt uns in den meisten Fällen der Straßenverkehr (Abb. 27—28), der aber natürlich so eingesetzt werden muß, daß er nicht bildbeherrschend wird, sondern Beiwerk bleibt. Sonst wandert nämlich das Interesse unseres Publikums von dem Gebäude auf die Menschen, und in diesem Falle wäre uns das sicher nicht recht.

Wenn man sich nun noch einmal unsere vier Bilder vom Holstentor ansieht, wird man merken, daß wir das Gebäude aus verschiedenen Richtungen aufgenommen haben, und das ist etwas, was Sie möglichst auch tun sollten. Sie können dann nämlich die einzelnen Szenen verhältnismäßig kurz halten, zeigen trotzdem das fragliche Gebäude sehr gründlich und bieten den Zuschauern sehr viel Abwechslung.

Dieses Rund-Herumtasten um die Motive ist bei Stadtszenen überhaupt zu empfehlen. Auch dann, wenn man Aufnahmen in einer Stadt macht, die nicht sehr bekannt ist, und die auch nicht allzu viele Sehenswürdigkeiten hat.

Wir bringen hier noch einen sechsteiligen Bildbericht aus der kleinen holländischen Hafenstadt Vlissingen (Abb. 19—24). Wenn man von dem Hafen absieht, gibt es hier wirklich nicht viele Motive, von denen man sagen könnte, sie wären besondere Knüller für unsere Kamera. Vlissingen ist ein kleines Städtchen mit holländischer Sauberkeit, aber damit ist schon alles gesagt.

Trotzdem ist es unserem Kameramann gelungen, einen Bildbericht zusammenzubringen, der ganz interessant ist, weil er in dem Turm so etwas wie ein Leitmotiv gesehen hat, um das er seine Aufnahmen kreisen läßt. Das genügt schon, um die Aufmerksamkeit der Zuschauer zu fesseln. Wenn er dann noch ein paar Großaufnahmen von Passanten, Straßenhändlern oder dergleichen einbaut, hat er alles getan, was sich in seinem Fall nur tun läßt.

Wichtig ist bei solchen Berichten auch, daß die einzelnen Szenen möglichst unterschiedlich sind, damit wirklich immer wieder ein völlig neuer Bildeindruck entsteht. Achten Sie bitte darauf, daß keine unserer Szenen Leben zeigen (vom Flattern der Fahnen und dem Rascheln der Blätter abgesehen), aber daß man das, wenn der Film abläuft, wahrscheinlich kaum empfinden wird. Man hat ja bei solchen zusammenhängenden Szenen auch den großen Vorteil, daß man die einzelne Einstellung verhältnismäß kurz halten kann, so daß der Zuschauer gar nicht auf den „dummen" Gedanken kommt, allzu sehr über den Szeneninhalt nachzudenken.

In diesem Zusammenhang wäre noch darauf hinzuweisen, daß in Paris schon einmal ein Kameramann einen ähnlichen Einfall gehabt hat. Er hat nur solche Straßenszenen aufgenommen, bei denen irgendwo und irgendwie der Eiffelturm mit im Bild war, um zu zeigen, wie sehr dieser Turm auch heute noch die Stadt beherrscht und von wie vielen Stellen aus man ihn sehen kann.

Ziehen wir also für uns aus unseren Bildbeispielen die Konsequenz, daß man mit den Architekturen besser fertig wird, wenn man sie mit kurzen Szenen von verschiedenen Standpunkten aus anpeilt, statt eine einzige und dann entsprechend längere Szene zu drehen.

Als Personenstaffage können uns übrigens auch sehr gut die fliegenden Händler dienen, die mit Zeitungen, Ansichtskarten, Blumen oder Obst handeln. Wenn es sich um wirklich berühmte Gebäude handelt, findet man bestimmt Angehörige vom ambulanten Gewerbe in ihrer Nähe, denn die sind ja immer dort, wo sich die Fremden zeigen, und Fremde treten nun einmal hauptsächlich bei den Sehenswürdigkeiten in Scharen auf.

Da sie sowieso Ansichtskarten schreiben werden (wer täte das nicht), können Sie vielleicht den Einkauf der Karten gleich als Vorwand nehmen, um eine belebte Szenerie in den Vordergrund zu bekommen.

Und dann sollte man es sich zum Prinzip machen, nicht unbedingt a l l e Sehenswürdigkeiten in seinem Reisefilm zeigen zu wollen. Ganz vollständig kann man ja doch nicht sein, sonst bekommt man einen Bandwurm von Film, den sich keiner ansehen will. Also, wenn man schon weglassen muß, dann kommt es auf ein bißchen mehr auch nicht an.

E i n e Sehenswürdigkeit, besonders hübsch und abwechslungsreich gezeigt, wird unseren Zuschauern bestimmt besser gefallen, als wenn wir an einem Dutzend berühmter Bauten ganz, ganz oberflächlich mit unserer Filmkamera „herumkratzen".

5. Unsere Angehörigen als Darsteller

Beträchtliche Schwierigkeiten bereitet den Amateuren bei der Aufnahme der Reisefilme die Unterbringung der Angehörigen in der „Filmhandlung". Nicht alle Familienmitglieder sind bereit, sich mit Proben und Wiederholungen für die Aufnahmen abzufinden, und meist muß daher der arme Kameramann diese Aufnahmen gleichsam nebenbei abwickeln, d. h. ohne daß eine besondere „Handlung" von den Angehörigen gespielt wird.

Es gibt natürlich auch Familien, in denen alle, angefangen von der Gattin bis zum kleinsten Sprößling, mit fanatischem Eifer mit von der Partie sind, und wo man sich erst wohlfühlt, wenn die Szenen ausführlich durchgesprochen und gründlich probiert worden sind.

Aber, machen wir uns nichts vor: Diese Familien sind in der Minderheit ... in einer verschwindenden Minderheit noch dazu.

Die weitaus meisten Amateure gehören zu der anderen Gruppe, zu den Stegreiflern, und so hat uns hier die Frage zu beschäftigen: Was kann man tun, damit die Aufnahmen schnell und reibungslos von Hand gehen, aber trotzdem so werden, daß sie auch dem Außenstehenden gefallen!?

Die wichtigste Regel, die wir beherzigen sollten, lautet: Keine Szene darf gestellt wirken, der Zuschauer muß vergessen, daß es sich um einen Film handelt, der mit einem größeren oder minderen Aufwand an Lust und Liebe und Nachdenklichkeit gedreht wurde. Der Zuschauer muß vielmehr das Gefühl haben, Zeuge eines sich gerade abspielenden Ereignisses zu sein.

Wir beherzigen diese Regel bereits, wenn wir es uns abgewöhnen, die Darsteller vor der Kamera aufzubauen. Wir müssen sie irgendwie beschäftigen, wobei auch schon eine nachdenkliche Betrachtung eines Architekturdetails eine Beschäftigung sein kann.

Ganz gut klappt die Sache, wenn wir die Szenerie, die Landschaft, die Straße mit in die Aufnahme einbeziehen. Dazu genügt manchmal schon ein Zaun (Abb. 32), der der Aufnahme Effekt und Tiefe gibt, und der gleichsam als Rahmen für die aufzunehmende Person gelten kann.

Stellen Sie sich einmal vor, daß in unserem Bildbeispiel der Mann sich plötzlich umdrehen und dann, am Zaun entlang auf die Kamera zukommen würde. Dieses Bild müßte doch von den üblichen und üblen reinen Spaziergang-Aufnahmen erfreulich abweichen. Bei extremen Fernsichten kann uns ein Familienangehöriger gleich auch noch dazu dienen, der Szene einen Vordergrundakzent zu geben (Abb. 33), damit die Ferne noch ferner aussieht, das Auge aber nicht verloren über all zu winzige Hintergrunddetails hinweggleiten muß.

Eine andere Möglichkeit, die Ferne und unsere Darsteller in Beziehung zueinander zu setzen, besteht darin, daß wir verschiedene Szenen ineinanderschachteln, und zwar einerseits die landschaftlichen Fernsichten, andererseits die personalen Naheinstellungen (Abb. 34—37).

Diese Methode hat zudem noch den Vorteil, daß wir sowohl die Landschaft wie die Personengruppen in den verschiedensten Blickrichtungen aufnehmen können und daher zu besonders großem Abwechslungsreichtum kommen. Wir haben hier eine Parallele zu der gleichen Methode bei der Aufnahme berühmter Gebäude. Das Holstentor haben wir auf ganz ähnliche Weise filmisch gestaltet.

Auch die städtische Landschaft können wir in dieser Art mit ins Bild einbeziehen, sei es in der beschriebenen getrennten Methode, die Ferne und Nähe gesondert erfaßt, sei es in kombinierten Szenen, wie wir es hier an einem Panorama der Stadt Bonn zeigen (Abb. 38).

Sogar ein Detail kann uns als Staffage für unsere Personenaufnahmen dienen, es muß sich nicht gerade um so ein kriegerisches Gebilde wie eine Kanone handeln (Abb. 39). Manchmal genügt bereits das aus einem Rohr gebogene Geländer des Einstiegs eines kleinen Motorbootes, das wir als Umrahmung für ein Damenporträt verwenden können (Abb. 40).

Damit wollen wir es mit den Bildbeispielen zum Thema „Mitwirkung unserer Angehörigen im Reisefilm" genug sein lassen. Sie können ja doch nur eine Auswahl sein, weil die Möglichkeiten, wie man sich hier helfen kann, ohne Zahl sind.

Wichtig war uns nur zu zeigen, daß es hier gilt, pfiffig zu sein, indem wir uns bemühen, immer einen Weg zu finden, der es uns ermöglicht, die Personen in einen interessanten Schauplatzrahmen zu setzen. Interessant im Hinblick auf den Bildaufbau, die Licht- und Schattenführung, die Aufnahmerichtung oder — Idealfall! — im Hinblick auf alle drei Möglichkeiten gleichzeitig.

6. Passanten sind kostenlose Statisten

Schüchtern darf man nicht sein, wenn man einen guten Reisefilm drehen will, der auch unserem Publikum gefällt. Vor allem darf man sich durch Passanten nicht einschüchtern lassen.

Die Erfahrung zeigt, daß das Schlimmste, was einem passieren kann, ein bitterböser Blick ist, aber man muß dann eben so fix sein, daß die Aufnahme schon „im Kasten ist", bevor es dazu kommt.

Passanten sind nämlich für uns überaus wichtig. Zunächst einmal bieten sie das, was ein Film unbedingt und unter allen Umständen braucht: Leben und Bewegung. Sie machen die Architektur erträglich, und sie lassen das steinerne Meer der Großstädte nicht ganz so steinern wirken,

Außerdem aber bringen sie in unsere Szenenfolge wenigstens ein bescheidenes Maß an Inhalt, und wir waren uns ja schon im ersten Kapitel darüber klar geworden, daß wir Inhalt nicht gut entbehren können, wenn unsere Reisefilme nicht — man verzeihe den harten Ausdruck — stinklangweilig werden sollen.

Wie vielseitig und abwechslungsreich unsere Passantenbilder sein können, das zeigen besser als viele Worte die Bildbeispiele, die wir diesem Kapitel beifügen (Abb. 44 bis 55).

Ganz besonders wichtig sind solche Aufnahmen für den alleinreisenden Filmer, also den Junggesellen oder die Jungesellin. Ohne fremde Personenstaffage kommen diese überhaupt nicht aus, wenigstens so lange, bis sie Reisebekanntschaften gemacht haben, wobei es dann immer noch fraglich ist, ob diese auch so filmbesessen sind und sich geduldig als Darsteller einsetzen lassen.

Doch dies ist ein Kapitel für sich. Wir kommen darauf noch an anderer Stelle dieses Buches zu sprechen. Allerdings sollte man sich vor einem hüten, wozu die Versuchung — wie wir eingestehen müssen — recht groß ist: Man sollte nicht eine Personenstaffage an die andere reihen und glauben, daß schon alles für den Film getan ist, wenn die Szenen nur recht lebendig sind.

Auch hier — es läßt sich leider nicht umgehen, daß wir uns oft wiederholen müssen, aber diese Wiederholungen zeigen doch wenigstens, wie eng alles miteinander verbunden ist — auch hier also tun wir gut, wenn wir jede Begebenheit zu einer kleinen Story, die nur aus drei oder vier Einstellungen zu bestehen braucht, ausbauen.

So kann die Aufnahme der Schülerlotsen weitergeführt werden zu Szenen, die den lebhaften Straßenverkehr zeigen. Die drei Mädchen vor dem Springbrunnen können zu einer feuchten Studie mit sprudelndem Wasser und am Beckenrand badenden Spatzen werden.

Die einsame Dame beim Kurkonzert kann als Vorspann zu Szenen dienen, die zeigen, daß die Saison schon vorüber ist und die wenigen noch verbliebenen Kurgäste sich recht einsam und verlassen fühlen.

Die jungen Mädchen, die sich nach der Autobusfahrt aus einer Steinhägerflasche stärken lassen, finden wir vielleicht am Rande einer Skiwiese wieder, wo sie ihre ersten Laufversuche in der weißen Pracht machen.

Es gibt so viele Möglichkeiten, die hier gezeigten Bilder zu Bildgeschichten auszuweiten, und es wäre vielleicht eine ganz gute Übung, wenn der Leser ein paar Minuten daran wenden würde, um das in Gedanken zu tun. Er wird dann nämlich sehr schnell spitz kriegen, worauf es ankommt, und das wird dem nächsten Reisefilm zweifellos sehr gut tun.

Nun soll keineswegs verkannt werden, daß man schnell arbeiten muß, wenn man ungezwungene Aufnahmen von fremden Personen haben will.

Wer in seiner Kamera ein Fix-Focus-Objektiv hat, ist fein heraus, denn er bekommt von etwa 2 m bis ∞ alles scharf auf seinen Film.

Wer aber ein Objektiv mit Einstellfassung hat, tut gut daran, sich für solche Fälle eine Schnappschußeinstellung festzulegen.

Meist gibt die Gebrauchsanweisung darüber Aufschluß: Ist das nicht der Fall, zieht man eine Tiefenschärfentabelle zu Rate.

Diese leistet uns auch gute Dienste, wenn es darauf ankommt, einen unschönen Hintergrund durch Unschärfe zurückzudrängen.

7. Etwas Humor kann nicht schaden

Daß Humor mit vielem versöhnt, wird kaum jemand bestreiten. Auch für unsere Filme trifft das zu. Geht es in ihnen amüsant und humorvoll zu, ist der Zuschauer gern bereit, sonstige Fehler zu verzeihen, falls er sie überhaupt bemerkt hat, was noch sehr fraglich ist; denn Humor hat auch die wunderbare Eigenschaft, von anderen Dingen abzulenken.

Ich glaube, hierüber kann man nur einer Meinung sein.

Die Frage ist nun die: wie kommt man zu humorvollen, vergnüglichen Szenen? Sinn für Humor ist nicht jedem in die Wiege gelegt worden. Damit scheidet erfundener Humor für sehr viele — mangels Begabung — bereits von vornherein aus.

Bliebe also noch der natürliche Humor, also der Humor, der am Rande der Straßen, die wir mit unserer Kamera abgrasen, gewachsen ist.

Erste Frage: Gibt es ihn überhaupt?

Antwort: O ja! Und noch dazu viel häufiger als man ahnt. Unsere Bilder, die ganz dem Zufall entsprangen, dürften Beweise dafür sein.

Zweite Frage: Wie findet man ihn?

Antwort: Indem man sich umsieht. Sicher haben Sie schon oft von ihren Familienmitgliedern auf Ausflügen und Wanderungen gehört: Guck mal, das putzige Schild... oder: Der Schatten vom Hausgiebel sieht aus wie eine Hexe.

Irgend etwas dieser Art ist ihnen bestimmt schon über den Weg gelaufen, aber wahrscheinlich haben Sie nicht daran gedacht, die Situation zu filmen.

Sehen Sie, da liegt der Fehler!

Man muß schnell schalten, wenn man Zeuge einer witzigen Szene wird. Und auf jeden Fall muß man filmen. In irgendeiner Art wird sich die Szene schon unterbringen lassen. Wenn nicht in diesem Film, nun gut, dann im nächsten oder übernächsten.

Da entdeckten wir bei einem Spaziergang durch Ratzeburg an einer Bank (oder war es die Sparkasse?) das Standbild eines Bürgers, das seinen Zustand kurz vor Ultimo zeigt, also mit leeren Taschen (Abb. 56). Na, das ist doch bestimmt eine Szene, die von Ihrem Publikum belacht werden würde. Sie muß ja nicht unbedingt mitten in der Stadtbeschreibung erscheinen. Sie paßt auch wunderbar an den Schluß des Films. Etwa so:

Schlußtitel: Reise und Film sind aus und wir sind ...

Bild des Mannes mit den leeren Taschen.

Jedes weitere Wort, sei es auf Band gesprochen oder im Titel niedergeschrieben, erübrigt sich.

Ihre Leute aber lachen noch, nachdem das Licht längst wieder angegangen ist.

Dabei brauchen Sie die Szene nicht so aufzunehmen, wie wir es hier getan haben, also als Totale. Das geschah ja nur, damit Sie die ganze Szenerie sehen. Sie können getrost so nahe herangehen, daß das bankrotte Männeken die ganze Leinewand in der Höhe füllt. Um ehrlich zu sein: Noch etwas anderes hat uns bestrickt, aus dieser Szene eine Totale zu machen: der Schatten des Mannes. Wir fanden es recht spaßig, daß das Männchen schon dünn und mager und verhungert aussieht, daß aber sein Schatten ihn noch rund und prall zeigt.

Wenn man etwas philosophisch angehaucht ist, könnte man hierin sogar so etwas wie eine Symbolik sehen: Der Mensch kann in der Unrealität eines Traumes oder einer Vision noch prall und wohlgenährt sein, in der Realität des Daseins aber bereits eine sehr miekrige Rolle spielen.

Auf einer sonntäglichen Dampferfahrt an der holländischen Küste war es recht ungemütlich, und Madame hatte eiskalte Füße. Es fiel zunächst gar nicht weiter auf, daß ihr Mann sie wärmen mußte (Abb. 57). Wenn man die Sache aber ein bißchen größer ins Bildfeld bringt (Abb. 58), übersieht niemand aus Ihrem Publikum die amüsante kleine Episode.

Bei der gleichen Reise entdeckte unser Kameramann auch noch das holländische Plakat, das für Kohlen werden sollte (Abb. 59), wenn man hiervon einen Ausschnitt bringt (Abb. 60) und setzt diese Szene hinter Abb. 58, hat man gleich eine ganze Filmstory erzählt.

Man hätte es natürlich noch anders machen können, indem man die Familienangehörigen so vor das Ko(h)lenplakat stellt, daß nur die Hände über ihren Häuptern zu sehen sind, nicht aber die Schrift. Ich möchte wetten, daß die eine Hälfte des Publikums lachen würde, weil sie den Witz in der Sache sieht, die andere Hälfte ist vielleicht erschrocken, weil sie denkt, sie wäre mitten in eine Kriminalhandlung hineingeraten.

Wir müssen übrigens noch darauf hinweisen, daß man Szenen, selbst wenn sie nur einen Funken Witz haben, im Film viel witziger empfindet, als wenn man sie in natura sehen würde.

Wir haben hier ein Bild, das aus einem Laden aufgenommen worden ist, dessen Schaufenster wegen der Sonne verhängt worden ist, aber nicht ganz. Über dem Stoff sieht man die Köpfe der vorübergehenden Passanten (Abb. 61). Wenn Sie sich das Bild ansehen, werden Sie an ihm gar nichts Besonderes finden, das Publikum im Heimkino findet aber die vorbeiwandernden Köpfe umwerfend komisch und lacht noch, wenn der Film schon längst wieder zum Ernst des Alltags zurückgekehrt ist.

Es wurde bereits darüber diskutiert, warum das so ist, und wir glauben, es gibt dafür eine Erklärung: In der Natur ist das Schaufenster ein kleiner Ausschnitt aus einer großen Szenerie. Die Sache wird zur Bagatelle, die man kaum beachtet. Das dürfte übrigens auch der Grund sein, daß so viele Amateure und Fotografen so manche filmens- und knipsenswerte Szene einfach übersehen; sie dringt ihnen gar nicht ins Bewußtsein. Man hat so viel zu sehen, daß man sich mit der Einzelheit gar nicht aufhält.

Auf der Filmleinewand aber sieht man nur einen Ausschnitt. Man muß auf die Köpfe sehen, ob man will oder nicht (wenn man sich nicht gerade mit seinem Nachbarn unterhält, aber das tut man als höflicher Mensch natürlich nicht). Und da entdeckt man dann plötzlich, daß die Szene fast schon etwas Geisterhaftes an sich hat.

Genau das gleiche geschieht bei der Szene mit Madame, die sich an Bord eines Ausflugsdampfers ihre Beine sonnt (Abb. 62).

Schließlich haben wir noch ein Bild von einer sehr eigenartigen Blumenvase (Abb. 64). Sie wurde in Kopenhagen aufgenommen, und man sagte mir, daß es sich um eine dänische Spezialität handele. Mithin wäre es also etwas Typisches und würde schon dadurch in unseren Reisefilm gehören.

Die Zuschauer allerdings halten das Ding für einen guten Witz und amüsieren sich königlich, genauso wie über manche Dinge, die ich vor Jahren einmal auf dem Flohmarkt in Paris aufgenommen hatte.

Streng genommen sind dies natürlich keine Filmaufnahmen. Es sind Dias, die wir ja in unseren Filmen möglichst vermeiden wollten.

Aber ganz, ganz ausnahmsweise könnte man vielleicht ein Auge zudrücken. Vorausgesetzt, die Szene hat andere Verdienste. In diesem Falle solche humoristischer Art.

8. Regen legt unsere Kamera nicht lahm

Vor Jahren hat einmal jemand gesagt: Ohne Sonne gibt es keinen guten Film! Und diese Behauptung ist alle Jahre hindurch haften geblieben.

Es muß dabei zugegeben werden, daß sie durch den Berufsfilm genährt wird, weil man in den Filmzeitschriften immer wieder liest, die Außenaufnahmen zum Film Sowieso wären sehr zeitraubend gewesen, weil man immer wieder lange auf die Sonne hätte warten müssen.

Aber auch beim Berufsfilm warten nicht alle Regisseure auf Sonnenschein. Das tun hauptsächlich die von der süßlichen Unterhaltungsproduktion; denn bei einer nichtssagenden Handlung kann man sich Bilder im trüben Grauton des Schlechtwetters nicht leisten, weil dann die dürftige Handlung ganz und gar trübsinnig wirkt.

Aber schon die Kriminalfilmproduzenten wissen die besonderen Stimmungen des schlechten Wetters sehr zu schätzen; und gar die französischen Regisseure der Neuen Welle finden nichts dabei, wenn die Heldinnen und Helden der Handlung sich in einem Wolkenbruch eiligst an einem Haus entlangschlängeln müssen. Im Gegenteil: sehr oft kommt der mehr oder weniger bedrückende Charakter der Regensituation ihren dramatischen Absichten stark entgegen.

Nun wollen wir gewiß nicht wünschen, daß Ihr nächster Urlaub verregnen sollte, nur damit Sie ausgiebig in Schlechtwetter „schwimmen" können. Sonne ist schon etwas Herrliches und für den Urlaub gar nicht zu entbehren.

Also nur für den Fall, daß Sie mit dem Wetter Pech haben sollten, beherzigen Sie die Erfahrung, daß Regenszenen ihren Reiz haben ... sagen wir besser: haben k ö n n e n. Dann nämlich, wenn man es versteht, sie aufnahmetechnisch zu meistern.

Wir bringen hier eine Folge von neun Bildern (Abb. 65—73), die recht unterschiedliche Situationen zeigen.

Wenn man aufmerksam ist, kann man aus ihnen gleich einige wichtige Tips ablesen, etwa folgende:

Soweit es irgend möglich ist, beziehe man das Pflaster mit in die Bildgestaltung ein. Das gibt Spiegelungen und Reflexe, die unsere Bildszene ungemein beleben können. Sehr gut zeigen das die eine Straßenszene und die Aufnahme auf dem Bahnsteig.

Regenschirme dienen nicht nur dazu, uns selbst und unsere Kamera vor den Regengüssen zu bewahren, sie können auch, wie zwei weitere Bildbeispiele sehr schön zeigen, mit zur Bildgestaltung, vor allem zur Vordergrundbelebung herangezogen werden. Man bekommt dadurch recht originelle Bildausschnitte, die schon von der formalen Seite her aus dem Üblichen herausfallen. Daß die Schirmträger im Vordergrund dabei unscharf abgebildet werden, weil die Tiefenschärfe nicht groß genug ist (wegen der offeneren Blende), stört kaum. Es entspricht ja auch dem natürlichen Eindruck, wie wir bereits in anderem Zusammenhang erwähnt haben.

Auch bei Regenaufnahmen sollte man nicht vergessen, den Szenen einen guten Bildaufbau mit auf den Weg zu geben. Wir haben da ein Bild, das einen Blick durch einen Autosalon auf die Straße zeigt. Beachten Sie bitte, wie klar die Straße wiedergegeben worden ist, obwohl die Aufnahme doch durch zwei Scheiben gemacht wurde (also nicht aus dem Laden heraus, sondern von vor dem Laden durch einen Winkel des Raumes hindurch ... mittleres Bild).

Und damit sind wir bei einem Thema angelangt, über das wir unbedingt noch ein paar Worte sagen möchten:

Auf Reisen wird man oft in die Verlegenheit kommen, Aufnahmen durch Scheiben hindurch machen zu müssen. Etwa aus der fahrenden Eisenbahn oder durch die Windschutzscheibe eines Autos oder durch Schaufensterscheiben oder durch die Scheiben der Kabine einer Seilschwebebahn.

Wenn Sie einen Fachmann fragen, wird er Ihnen todsicher sagen, daß diese Aufnahmen oft vorbei gelingen, weil es mit der Schärfe beträchtlich hapert. Diese Scheiben sind meist nicht sehr sauber — sie sind sogar ausgesprochen schmutzig bei Dampfeisenbahnen, wo sich Ruß und Feuchtigkeit manchmal zu einer Art Schmiere vereinigen, die vom optischen Standpunkt aus geradezu beängstigend wirkt — und Schmutz mindert die optische Leistung unserer Objektive.

Diese Behauptung stimmt zweifellos, aber lassen Sie sich trotzdem nicht einschüchtern, sondern riskieren Sie ohne Zittern und Zagen die Aufnahme; und Sie werden sehen, daß es meist recht gut klappt.

Wir haben unter unseren Bildbeispielen eine Aufnahme, die durch eine völlig beregnete Scheibe im Zug gemacht worden ist, und Sie werden zugeben müssen, daß es noch recht gut gegangen ist.

Die Unschärfe des Bildes kommt nämlich nicht auf das Konto der Scheibe, sondern überwiegend aufs Konto des Kameramannes, der die Ferne unscharf eingestellt hat, weil ihm die Unschärfe besser zur Schlechtwetter-

Diese drei Abbildungen sollen zeigen, wie man Schauplatzdetails mit Aufnahmen der Angehörigen verbinden kann, um unseren Schilderungen einerseits einen reportagehaften Charakter zu verleihen, ihnen andererseits aber auch ein persönliches Relief zu geben.

Abb. 29: Das Lokal, in dem wir einen Imbiß zu uns genommen haben. Möglicherweise ist es im Reiseführer erwähnt und hat geschichtliche Bedeutung. Vielleicht ist es gut, man macht die Aufnahme erst, nachdem man gespeist hat, dann kann man darauf verzichten, wenn uns die Gaststätte nicht wert erscheint, in unserem Film mitzuwirken. Unser Beispiel stammt aus Soest.

Abb. 30: Parkanlagen, Schaufenster, Cafévorgärten, Springbrunnen sind ebenfalls gute Rahmen für die Familienaufnahmen. Besonders Wasser belebt solche Szenen sehr.

Abb. 31: Für Kinder sind Spielplätze und Vergnügungsstätten ein guter Hintergrund. Dort sind sie so beschäftigt, daß sie alles um sich her vergessen und daher besonders natürliche Aufnahmen abgeben. Wir fanden dieses Motiv im Tivoli in Kopenhagen.

Abb. 32—33: Unsere Angehörigen treten in fast allen unseren Filmen auf. Diese Beschränkung auf wenige Darsteller zwingt uns, immer neue Szenerien und Bildeinstellungen zu suchen, damit unser Publikum sich unsere Filme nicht zu schnell übersieht. Hier muß man zweigleisig denken, d. h. man muß sich einmal auf die Führung der Darsteller konzentrieren, damit sie sich filmgerecht bewegen, und zweitens muß man auf die Bildgestaltung ein besonderes Gewicht legen.

Abb. 34—41: Hier sind noch einige weitere Beispiele, die zeigen, wie man seine Darsteller geschickt in ein wirkungsvolles Milieu setzen kann. Die Abb. 34 bis 37 zeigen zudem noch, wie man durch eingestreute landschaftliche Zwischenschnitte aus einer kurzen Rast einen Handlungsvorgang machen kann.

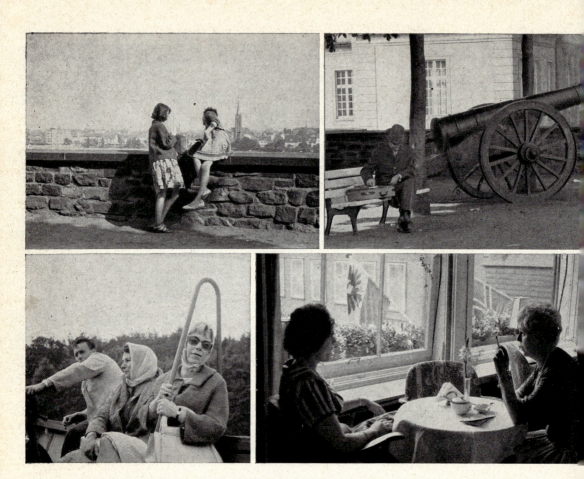

Die Abb. 38 bis 41 zeigen auch noch die Einbeziehung von Schauplatzdekor in die Szenerie.

Abb. 42—43: Treppen sind ein ausgezeichnetes Hilfsmittel, um unsere Darsteller ins rechte Licht zu stellen. Sie haben nämlich die große Annehmlichkeit, daß sie das Bild in der Tiefe zusammendrücken (sie ähneln darin den Tele-Objektiven). Auch wenn unsere Mitwirkenden noch eine Reihe von Stufen zu gehen haben, sind sie am Anfang der Szene längst nicht so weit von der Kamera entfernt wie bei einer Szene auf ebenem Boden. Außerdem geben Treppen interessante Bilder ab, wie unsere Beispiele von der Stadtmauer von Dubrovnik (links) und aus der Altstadt von Cannes (rechts) zeigen.

Abb. 44—52: Wie wichtig Passanten für die Gestaltung unserer Filmszenen sein können, das beweisen hoffentlich die Bilder, die wir hier zusammengetragen haben. In fast allen Szenen haben wir irgendeinen Handlungsvorgang, der sich allerdings nicht immer bei den Passanten abspielt, sondern manchmal auch im Hintergrund. Wenn man sehr viele solcher Personenszenen bringt, kann man ruhig auch einmal eine unbelebte Architektur in den Film mogeln, ohne daß dieser sofort langatmig wird.

Abb. 53—54 (links): Es gibt ungezählte Möglichkeiten Passanten in den Film zu bringen. Wichtig ist nur, daß sie unbefangen bleiben. Am besten ist es, wenn sie gar nicht merken, daß sie gefilmt werden.

Abb. 55 (unten): Auch die Straßenhändler können eine gute Staffage für uns abgeben; besonders jene, die sich in der Nähe von Sehenswürdigkeiten angesiedelt haben.

Abb. 56: Wenn wir nach humorvollen Szenen Ausschau halten, können uns sehr oft kleine Skulpturen dienlich sein. Manchmal verhelfen sie uns sogar dazu, in den Film eine neue Pointe zu bringen, wie es z. B. bei diesem Mann mit den leeren Taschen ohne weiteres möglich ist.

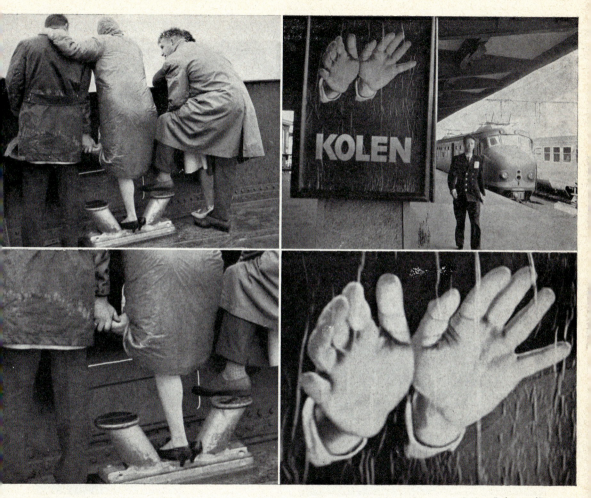

Abb. 57—60: Auch kleine Episoden, die wir am Rande erspähen oder Plakate geben uns oft den Rahmen für eine amüsante Handlungsepisode.

Abb. 61: Warum diese Szene im Film viel lustiger wirkt als dieses Foto, ist ausführlich im Text erklärt.

Abb. 62: Schnappschüsse wie dieser finden in unserem Privatkino immer ein dankbares Publikum.

Abb. 63: Kinder sind zu jedem Unfug bereit, wenn wir nur mitmachen wollen.

Abb. 64: Was wir über die Skulpturen sagten, gilt manchmal auch für Dinge, die wir auf den Märkten oder in den Kunsthandlungen finden.

Abb. 65—73: Wie effektvoll Regen sein kann, das zeigt unsere Bildtafel, obwohl die einzelnen Abbildungen aus Raumgründen sehr klein gehalten werden mußten. Lassen Sie sich nicht einreden, daß nur sonnige Bilder auf der Leinwand wirken; das strahlende Leuchten der Sonne wird übrigens bei sehr vielen Regenaufnahmen durch die hellen Reflexe des Bodens ersetzt.

Abb. 74—75: Diese beiden Bilder sollen nur dazu dienen, zu zeigen, daß man getrost auch einmal Aufnahmen durch Scheiben machen darf, wenn es gar nicht anders geht. Solche Szenen sind immerhin noch viel besser, als wenn wir gar keine Aufnahmen von einer so romantischen Sache wie einer Fahrt mit der Drahtseilbahn gemacht hätten.

Abb. 76: Prospekte, wie unser Bildbeispiel, aber auch Plakate, ausgeschnittene Anzeigen usw. können nicht nur als Titelvorlage dienen. Sie können dem Zuschauer gleichzeitig eine Beschreibung des Filminhalts oder wenigstens des Inhalts der auf diesen Titel folgenden Szenen geben.

Abb. 77: Dasselbe gilt für Fahrkarten, die auch noch den Vorteil haben, daß sie zugleich das Reisedatum und damit die Entstehungszeit unseres Films festhalten.
Hier hat man außerdem ein Stück Nostalgie, sowohl, was die Preise anbetrifft, als auch die kabarettistischen Darbietungen. Auch das ist ein Reiz des Films: Vergehendes zu konservieren.

Abb. 78—81: Schon die Fahrt bei den Gesellschaftsausflügen gibt sehr oft interessante Filmszenen, wie hier z. B. bei unseren Aufnahmen, die einen besonderen Reiz durch die Spiegelung bekommen.

Abb. 82—85: Man muß sich bei solchen Ausflügen nur bemühen, immer wieder etwas neues für die Kamera zu finden. Man sollte sich daher nicht gleich beim ersten Motiv, das einem über den Weg läuft, so festfressen, daß man nicht loskommt und nachher kein Filmmaterial mehr hat.

Abb. 86—89: Varieté-Szenen müssen abwechslungsreich sein; wir sollten daher mit den einzelnen Nummern nicht gleich einen halben Film füllen. (Unsere Aufnahmen wurden in dem — inzwischen geschlossenen — Varieté Georgspalast in Hannover gemacht.)

Abb. 90 (vorige Seite): Hier ist deutlich zu sehen, wie groß der Bereich ist, den die Osram-Xenon-Lampe bestrahlt. Man findet eine ganze Reihe Aufnahmestandpunkte, ohne daß man die Blende verändern müßte. Für die Gründlichen hier die Aufnahmedaten für alle drei Bilder: Filmempfindlichkeit 27 DIN / Blende 1,9 / $^{1}/_{30}$ Sekunde.

Abb. 91—92: Zwei Detailaufnahmen von der gleichen Szenerie. Die Handlung spielt in Berlin vor dem Bahnhof Zoologischer Garten.

Aber wir müssen nicht immer Xenonlampen zur Verfügung haben, um auch unsere nächtliche Urlaubswelt für den Film zu erschließen. Es würde zu weit führen, auch dieses Thema hier ausführlicher zu behandeln.

Abb. 93: Wasserspiegelungen wären ein weiteres Thema für die Unternehmungslustigen. Besonders wenn man Farbfilm in der Kamera hat, und wenn das Wasser etwas Bewegung zeigt. Es hat schon Amateure gegeben, die haben einen ganzen Film von Spiegelungen und Reflexen gedreht und ihre Zuschauer damit begeistert.

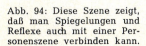

Abb. 94: Diese Szene zeigt, daß man Spiegelungen und Reflexe auch mit einer Personenszene verbinden kann.

Diese und die folgenden Seiten bringen einige Abbildungen, die etwas Mut von uns erfordern.

Abb. 95 (links): Diese Szene allerdings erfordert keinen Mut, sondern ein anständiges Trinkgeld.

Abb. 96 (rechts): Und das ist das Ergebnis, wenn der Kameramann keinen Mut aufbringt. Er erfaßt seine Personen von hinten. Solche Szenen sind nicht sehr attraktiv.

Abb. 97—98 (unten): Bei dieser Buckingham-Palast-Wache braucht man nicht mutig zu sein. Man kann unbedenklich filmen; denn die Soldaten sind Kummer gewohnt und nehmen von Passanten nicht die geringste Notiz. Sie sind geradezu ideale Darsteller in unserem London-Film.

Abb. 99 (Seite 69): Auch zu solchen Aufnahmen gehört Mut, nämlich aufnahmetechnischer. Hier verläßt man sich am besten nicht zu sehr auf seinen automatischen Belichtungsmesser, sondern korrigiert die Messung, um den silbrigen Hauch der Szenerie voll zu erhalten.

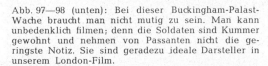

Abb. 100 (Seite 70): Wer schläft, der sündigt nicht. Auch nicht, indem er sich vor unserer Kamera unbeherrscht benimmt. Wenn das Schnurren unserer Kamera ihn allerdings weckt, ist es mit der Friedfertigkeit wahrscheinlich vorbei.

Abb. 101 (Seite 70): Man kann die mitreisenden Passagiere auf unserem Schiff auch so erwischen. In unserem Fall war das sogar besonders lustig, weil das Strohhütchen im Rhythmus der Atemzüge auf- und niederschwankte.

Abb. 102 (rechts): Auch solche Aufnahmen kosten ein Honorar an den Künstler für seine Mitwirkung. Wenn man dabei nicht zu knickerig ist, kann man jedoch eine ganze Geschichte von diesem Sujet erzählen.

Abb. 103 (Seite 71): Wieder eine Aufnahme, die belichtungstechnische Exaktheit erfordert. Der Hintergrund ist für das Hauptmotiv im Vordergrund sehr hell. Also Blendenkorrektur bei automatischen Kameras.

Abb. 104 (Seite 72): Ob solche Aufnahmen natürlich werden, hängt ganz davon ab, wie wir uns zu den Leutchen, die wir filmen wollen, einstellen. Ein freundlicher Plausch und ein paar Zigaretten wirken da manchmal Wunder.

stimmung zu passen schien. Daß es sich wirklich so verhält, kann man in dem Originalbildabzug, an dem Fensterrahmen sehen, an dem die Schrift des Schildes „Nicht hinauslehnen" sehr scharf ist, was beweist, daß die Schärfe sehr weit nach vorn — in den vordersten Vordergrund — gelegt wurde.

Damit Sie aber sehen, wie scharf Bilder durch Glasscheiben werden können, bringen wir noch zwei weitere Bildbeispiele. Es handelt sich um einen Blick auf den Ort St. Gilgen aus der Kabine einer Schwebebahn, die Sie auf einem der Bilder sehen können (Abb. 74—75).

Also, haben Sie keine Furcht, Ähnliches zu versuchen, wenn es wirklich einmal not tut.

Natürlich wird man solche Aufnahmen nicht zur Gewohnheit werden lassen, aber da man ohne sie im Reisefilm doch kaum auskommt, ist es ganz gut, zu wissen, daß man auch nicht allzu ängstlich sein sollte.

Damit einem Reflexe, die sich auf der Scheibe gebildet haben, keinen Streich spielen, sollte man das Objektiv fest gegen die störende Scheibe pressen.

Viel schlimmer ist es übrigens, wenn uns Schmutz oder Regentropfen auf die Vorderlinse des Objektivs geraten. Das gibt dann fast immer Schärfedifferenzen, und daher sollte man aufpassen — gerade bei Regenaufnahmen ist das wichtig —, daß das Objektiv immer geschützt ist.

9. Gesellschaftsausflüge sind fertige Drehbücher

Wenn Sie Ihr Feriendomizil an einem einzigen Ort aufschlagen, dann sind Sie — zumindest, was e i n e Episode für Ihren Reisefilm anbetrifft — fein heraus.

Beherzigen Sie den Tip und studieren Sie gleich vom ersten Urlaubstag an die örtliche Tageszeitung sehr eifrig, um sich dann mit dem netten, hübschen Fräulein im Reisebüro bekannt zu machen. Beides soll den Zweck haben, Sie rechtzeitig zu unterrichten, wenn irgendwo in die nähere oder weitere Umgebung ein Ausflug oder eine Gesellschaftsfahrt stattfindet.

Ist das der Fall, versäumen Sie bitte nicht, sich sofort dafür anzumelden, selbst wenn diese Expedition ein kräftiges Loch in Ihre Reisekasse reißen sollte. Sie bekommen auf einer solchen Fahrt nämlich gleich ein ganzes komplettes Drehbuch vorgesetzt, das Sie nur in der Reihenfolge des Ablaufs in seinen Höhepunkten aufzunehmen brauchen, um einen Film zu bekommen, der ganz sicher nicht ganz schlecht werden wird; denn er hat ja das, was wir beim Reisefilm besonders zu schätzen wissen: Leben und Abwechslung. Der Vorschlag, auf diese Weise einen Reisefilm oder zumindest eine Episode für einen Reisefilm zu drehen, ist nicht neu. Wir haben ihn schon offeriert, als wir das Filmbuch: „So sollte man filmen" herausbrachten. Der ganze Inhalt dieses Buches, das sich mit allen wichtigen Problemen der Amateurfilmerei befaßt, rollt sich an einem einzigen Wochenendausflug ab, und wer das Buch kennt, wird zugeben, daß dieser Ausflugsfilm recht abwechslungsreich und vielseitig geworden ist. Jedenfalls haben uns das viele Leser bestätigt, und daher möchten wir diesen Tip hier mit einem neuen Ausflug und mit einem neuen Ziel noch einmal wiederholen.

Das gesamte Bildmaterial dieses Kapitels wurde an einem Mittwochnachmittag von 13.25 Uhr bis 18.15 Uhr aufgenommen. (Auch die Abbildung 7 — Zugschaffner — gehört eigentlich in diese Serie.)

Das Programm dieser Fahrt bestand aus folgendem:

1. Fahrt mit dem D-Zug von Braunschweig nach Hannover.

2. Einstündige Stadtrundfahrt im Autobus.

3. Zweieinhalbstündiger Varieté-Besuch.

Anschließend hätte man dann, falls das Filmmaterial nicht alle ist, noch Zeit genug, auf einem Stadtbummel weitere Aufnahmen zu machen.

Das dürfte doch wohl wirklich für eine hübsche, abgerundete Filmepisode ausreichen.

Die Sache geht schon damit an, daß wir leicht und ohne Umständlichkeit den Haupttitel für die Reiseepisode mit aufnehmen können. Entweder filmen wir das Plakat, das für die Veranstaltung wirbt oder nehmen die Zeitungsanzeige, einen Handzettel, das Programm usw. mit nach Hause und nehmen diese im Titelgerät auf. Wenn wir keines besitzen, schicken wir unsere Dokumente an eine Titel- und Umkehranstalt und lassen uns die Titel ganz nach unseren Wünschen anfertigen.

Wir haben dafür einen Handzettel genommen (Abb. 76), auf dem gleich alles Wichtige gesagt ist, bis zum Preis. Dann folgt eine Aufnahme der Teilnehmerkarte, und da diese verschiedene Abschnitte hat, kann der Zuschauer gleich lesen, was den Expeditionsteilnehmern geboten wurde (Abb. 77).

Sehen Sie, auch dies wird uns aufnahmefertig serviert, wenn wir eine Gesellschaftsfahrt als Filmthema wählen.

Wie weit man nun die Eisenbahnfahrt in dem Film ausspinnen wird (Abb. 78—80), das hängt davon ab, wie weit wir in anderen Filmen dieses Thema bereits vorgehabt haben. Ist das ausreichend geschehen oder geschieht es an anderer Stelle des Reisefilms, wird man sie ganz fortfallen lassen oder sich mit Andeutungen begnügen.

Wie wäre es z. B. mit einer Wirbelmontage, die mit einer Handvoll sehr kurz geschnittener Aufnahmen das Thema „Fahren" ganz allgemein umschreibt. Das ist dann gleich etwas, bei dem man seinem Gestaltungswillen die Zügel schießen lassen kann, vorausgesetzt natürlich, daß so etwas wie Gestaltungswille und raffinierter Filmschnitt bei Ihnen überhaupt auf dem Programm steht. Muß ja nicht unbedingt, nicht wahr!?

Dann sind wir beim Bus. Wir begnügen uns mit zwei allgemeinen Einstellungen, aber natürlich kann man auch diese Episode weiter ausspinnen. Vielleicht ein paar Großaufnahmen der Familienangehörigen einschneiden usw.

Außerdem wird man hier einige Aufnahmen besonderer Sehenswürdigkeiten der Stadt einfügen. Wenn es aus dem Bus während der Fahrt nicht geht, vielleicht macht man dann nach der Varieté-Veranstaltung schnell noch einen Bummel und holt diese Szene nach.

Und dann kommt die Varieté-Veranstaltung. Hier sucht man sich natürlich das aus, was am filmwirksamsten ist: Jongleure, Tänzer, Akrobaten usw. Man muß ja nicht das ganze Programm auf den Film bannen, einige Ausschnitte, die aber so aufgenommen sind, daß die Sache Schick hat, tun es völlig.

Zu klären wäre noch die Frage, ob man überhaupt solche Aufnahmen machen darf. Ohne Erlaubnis natürlich nicht, das ist wohl klar. Also geht man zum Geschäftsführer und bittet ihn, es zu gestatten. Er wird es sicher tun, vorausgesetzt, daß die Vorstellung nicht gestört wird. Daher noch einen Rat: Machen Sie keine Aufnahmen, wenn die Musik ganz leise ist oder gar völlig schweigt. Sie ahnen nicht, wie laut eine Kamera schnurrt, wenn sonst alles mucksmäuschenstill ist.

Das wäre es dann.

Vielleicht meint der Reisegott es mit Ihnen besonders gut und beschert Ihnen an Ihrem Urlaubsort noch eine weitere Gesellschaftsfahrt ganz anderer Art, und wenn Sie dann beides miteinander verbinden, kommen Sie zu einem Film, der Ihnen ans Herz wachsen wird, weil er besonders interessant, abwechslungsreich und unterhaltsam ist.

Wenn Sie zu den Amateuren gehören, die ihre Filme vertonen, kommen Sie bei diesem Film auch zu einer recht vielseitigen Tonkulisse.

10. Man darf mit der Kamera nicht zu ängstlich sein

Für viele Schmalfilmamateure ist der Urlaub die einzige Zeit, da sie sich etwas ausführlicher und gründlicher mit ihrer Filmkamera beschäftigen. Und so bleibt es dann nicht aus, daß sie sich manchmal recht kniffligen Problemen gegenübersehen oder, anders ausgedrückt, daß sie so manches liebe Mal etwas filmen möchten, weil es effektvoll und interessant zu werden verspricht, sich aber nicht getrauen, es nun auch tatsächlich zu filmen, weil sie befürchten, es könnte doch nichts Rechtes daraus werden. Hier möchte der Verfasser allen Urlaubsfilmern zurufen: Seid nicht zu ängstlich! Meist geht es besser als ihr denkt!

Vor allem, wenn man sich immer an die Regel hält: Weiß man nicht genau, welche Blende die richtige ist, dann nimmt man die kleinere; denn es ist besser, unter- als überzubelichten (wenigstens beim Umkehrfilm). Auch kräftiger unterbelichtete Szenen kann man manchmal noch verwenden, etwa als Abendstimmung am Schluß des Films.

Zu den Aufnahmen, die eine gewisse Aufnahmeverwegenheit erfordern, gehören vor allem Nachtaufnahmen. Andererseits haben wir hier ein Thema, das uns besonders wirkungsvolle Szenen beschert; denn die Kombination schwere dunkle Schatten mit hellen funkelnden Lichtern ist für die Projektion recht günstig. Aber Nachtaufnahmen gehören zu einem Thema, auf das wir hier nicht ausführlich eingehen wollen, das haben wir bereits im Buch „Wir filmen auf nächtlichen Straßen" getan. Wir müssen hier aber darauf hinweisen, da die Nachtfilmerei gerade für den Urlaubsfilm eine erhebliche Bedeutung haben kann, weil sie allvertrauten Dingen oft ein ganz neues Gesicht gibt.

Darüber hinaus möchten wir zu diesem Thema hier noch etwas nachtragen, damit Sie sehen, was man heute auf nächtlichen Straßen mit seiner Kamera erreichen kann: Manche Plätze in Großstädten werden zur Zeit in rascher Folge mit Lampen extremster Lichthelligkeit ausgerüstet. Es handelt sich dabei um Xenon-Lampen aus dem Produktionsprogramm der Firma Osram. Sehr oft reicht eine einzige Lampe aus, um einen ganzen Platz mit strahlender Helligkeit zu versehen. Wenn Sie bei unserer Abb. 92 die obere Bildkante unmittelbar über die Köpfe der beiden Personen legen, werden Sie kaum darauf kommen, daß es sich hier um eine Kunstlichtaufnahme handelt.

Solche Osram-Xenon-Anlagen gibt es außer in Berlin (unsere Aufnahme) bereits in einer ganzen Reihe von Städten.

Aber nicht nur bei Aufnahmen mit künstlichen Lichtquellen sollte man eine Portion Courage aufbringen, auch sonst kann ein wenig Mut zum Experiment nicht schaden.

Wir sprachen bereits darüber, daß man sich nicht scheuen sollte, Aufnahmen durch Glasscheiben, Schaufenster, Eisenbahn usw. zu machen, wenn man glaubt, ein bemerkenswertes Motiv gefunden zu haben.

Selbst aus dem trübseligsten Grau eines Nebeltages kann man oft noch die eine oder andere Szene für seinen Film herausholen. Man muß aber sorgfältig die Belichtungszeit ermitteln, denn Nebel ist manchmal heller, als es den Anschein hat.

Hat man Motive mit sehr starken Lichtgegensätzen (sonnenbeschienene Straßen mit schweren Schlagschatten), so sollte man versuchen, sich so zu stellen, daß eins von beiden (entweder das Licht oder der Schatten) ein Übergewicht hat. Auf jeden Fall belichtet man auf die Lichter, d. h. man filmt mit kleiner Blende und überläßt die Schatten sich selbst. Belichtet man nämlich auf die Schatten, werden die Lichter so hell, daß die Motivdetails alle Zeichnung verlieren. Besonders aufpassen müssen hier Leute mit halb- oder vollautomatischen Kameras, weil der eingebaute Belichtungsmesser den Durchschnittswert ermittelt.

11. Formale Reisefilm-Gestaltung

Man kann jeden Film von zwei Gesichtspunkten aus gestalten. Erstens vom Inhalt her, wobei die Ereignisse im Mittelpunkt unserer Überlegungen stehen, und zweitens vom Formalen her, wobei wir unser Hauptaugenmerk auf die lineare Bildgestaltung lenken.

Ideal ist es, beide Möglichkeiten miteinander zu verschmelzen, um durch eine zweckmäßige Formgebung den Bildinhalt zu unterstützen. In der Fotografie ist diese Methode schon seit langem bekannt. Im Film — vor allem natürlich im Amateurfilm — wird dagegen die Formgestaltung fast immer vernachlässigt, d. h. der Filmamateur konzentriert sich fast ausschließlich auf den Szenen-Inhalt. Damit aber läßt er eine sehr interessante Möglichkeit, seinen Filmszenen eine tiefere Wirkung zu verleihen, außer acht, und aus diesem Grunde erscheint es uns wichtig, hier einmal einen kurzen Überblick über diese Seite der Filmgestaltung zu geben, die gerade für den Reisefilm mit seiner Häufung von Allerweltsmotiven ihre besondere Bedeutung hat.

A. Die Waagerechte

Das Querrechteck des Filmbildes führt notgedrungen dazu, daß die waagerechte oder horizontale Linie besonders betont wird. Hier liegt nun die große Gefahr, daß wir das Bild in mehrere Streifen „schneiden", wenn wir eine zu starke Häufung von waagerechten Linien bringen. Dieser Gefahr müssen wir zunächst einmal ausweichen. Das kann z. B. dadurch geschehen, daß wir uns mehr seitlich zum Motiv aufstellen, wodurch wir Diagonale ins Bild bekommen, die dann natürlich nicht mehr parallel laufen, sondern sich irgendwo im nahen oder fernen Hintergrund (das hängt von unserem mehr oder weniger seitlichen Aufnahmestandpunkt ab) schneiden.

Die gleiche Gefahr des Bildzerschneidens tritt auch dann ein, wenn wir nur eine waagerechte Linie haben, diese aber durch den Bildmittelpunkt laufen lassen. Solche Aufnahmen wirken fast immer in irgendeiner Weise unbefriedigend.

Hier hilft man sich damit, daß man die trennende Waagerechte ins obere oder untere

Abb. 105: Waagerechte Linien schneiden das Bild oft in zwei oder mehrere Teile. Das befriedigt unseren Schönheitssinn nicht.

Drittel verlegt. Damit verleiht man dem einen Bildteil ein Übergewicht gegenüber dem anderen, und damit wird die Querteilung des Bildes längst nicht mehr so auffällig.

Abb. 106: Tiefliegende waagerechte Trennung gibt dem Bild einen Ausdruck von Weite und Großzügigkeit.

Nun kann man aber noch einen Schritt weitergehen und die motivtrennende Waagerechte an einen Bildrand legen. Sagen wir an den unteren. Das sind dann Aufnahmen, die — beim Landschaftlichen — einen sehr hohen und bildbeherrschenden Himmel bekommen. Aufnahmen dieser Art wirken auf der einen Seite pompös, auf der anderen verloren.

Wenn wir also etwa zeigen wollen, wie unsere Familie die Flucht vor einer herauf-

Abb. 107: Hochliegende waagerechte Trennung bringt einen beherrschenden Vordergrund und verbindet daher den Zuschauer besonders stark mit den Geschehnissen.

ziehenden Wetterwand ergreift, so können wir keine bessere Bildform finden, als die mit einem sehr tief liegenden Horizont. Das Bedrohende des Himmels läßt durch sein räumliches Übergewicht die dahineilenden Menschen am unteren Bildrand noch kleiner und verlorener wirken. Auch Architekturaufnahmen können so besonders wuchtig gestaltet werden.

Machen wir es umgekehrt, indem wir den trennenden Motivstrich möglichst weit nach oben legen, so bringen wir das Hauptmotiv sehr nahe an die Zuschauer heran. Während die hohe Ferne des vorigen Beispiels die Personen gleichsam der Kamera weiter entrückt, rückt sie die extrem niedrige Ferne unseres jetzigen Beispiels gleichsam nach vorn. Wasserspiegelungen werden auf diese Weise besonders effektvoll. Aber auch Schatten können so zu einem eindrucksvollen Leben erwachen, beispielsweise, indem wir im oberen Bildteil die Füße eiliger Passanten zeigen, ihre Körper aber als Schatten nach vorn ziehen.

B. Die Senkrechte

Das für senkrecht verlaufende Motive nicht gerade günstige Querrechteck unserer Filmleinwand sollte uns dazu veranlassen, den Motiven mit Hochformat besondere Aufmerksamkeit zu widmen.

Hierzu gehört in erster Linie zunächst einmal der Mensch.

Wer nur mit einem einzigen Reisepartner in den Urlaub fährt, wird sich oft in die Lage versetzt sehen, diesen einen Menschen nun

Abb. 108: Bei unserem Hauptmotiv — dem Menschen — sind senkrechte Linien vorherrschend. Es ist nicht immer ganz leicht, diese Senkrechten in den Waagerechten des Film-Querrechtecks unterzubringen.

auch allein in eine bestimmte Szenerie stellen zu müssen. Betonen wir nun hierbei durch eine geschickte Motivauswahl die Senkrechten, so wird das Bild sofort einen geschlossenen Eindruck machen, während sich die aufgenommene Person bei einem wesentlich von Waagerechten bestimmten Bild recht verloren vorkommen würde.

Es ist auch leicht einzusehen, daß bei einer Bildgestaltung, die hauptsächlich von den Waagerechten lebt, alle Szenen, die in besonderem Maße senkrecht orientiert sind, stark auffallen müssen. Der raffinierte Filmer wird also seine Szenenauswahl auch einmal von dieser Überlegung bestimmt sein lassen. Jeder kennt die ausgezeichnete Wirkung, die ein Flaggenwald, wie wir ihn bei jeder einigermaßen bedeutenden Ausstellung antreffen, auf der Leinwand hat. Hier ist die

Abb. 109: Das ist ein typisches Bild mit betonten Senkrechten, die allerdings — durch die wehenden Fahnentücher — auch eine seitliche Ergänzung erfahren.

Senkrechte durch die Flaggenmaste überaus stark betont, so daß die Waagerechten kaum noch eine Rolle spielen.

Aus dem gleichen Grunde wirken auch Szenen, die etwa die Fassade eines Wolkenkratzers zeigen, immer sehr stark, obgleich doch die beträchtliche — durch das Neigen der Kamera entstandene — Verzerrung sehr stören müßte. In Wirklichkeit nimmt aber der Zuschauer diese Verkantung kaum zur Kenntnis.

Man könnte also fast von einem Hunger nach senkrecht gestalteten Motiven sprechen. Folgen mehrere solcher Aufnahmen aufeinander, sagen wir, indem wir eine Spielerei mit Linien und Formen, aufgenommen an einem Hochhaus, bringen, dann ist unser Publikum, wenn sonst nur alles mit unseren Aufnahmen in Ordnung ist, fast immer sehr bei der Sache.

Führt uns die Urlaubsreise in eine Stadt, in der es interessante moderne Bauten gibt, bei denen ja die Aussagekraft der Linie sehr bewußt von den Architekten zur Wirkungsgestaltung eingesetzt wird, können wir ruhig einmal gegen das Gesetz sündigen, daß ein Film in erster Linie Leben und Bewegung ist. Allein durch die Linienführung werden solche Szenen wenigstens für ein Weilchen unsere Zuschauer in ihren Bann ziehen.

Abb. 110: Ein weiteres Beispiel für senkrechte Linienführung, die ebenfalls eine waagerechte Ergänzung (in den Fensterreihen) findet.

C. Die Diagonale

Die dritte Möglichkeit der linearen Gestaltung ist die Diagonale. Sie hat zwei Anwendungsmöglichkeiten, von denen wir die eine häufiger, die andere seltener für die Szenengestaltung verwenden können.

Die wichtigere für uns ist dann gegeben, wenn wir seitlich zur Aufnahmerichtung verlaufende Bewegungen ins Bild bringen müssen.

Es ist bekannt, daß Fahrzeuge, die sich quer zu unserem Aufnahmestandpunkt bewegen, leicht unerwünschte Effekte im Gefolge haben. Die Bewegung wird dann nicht fließend, sondern ruckweise, da die Bewegungsfortschritte von Bild zu Bild zu groß sind, als daß sie noch Anschluß aneinander finden könnten. Das Fahrzeug fährt dann nicht mehr, es springt, was manchmal sehr häßlich aussehen kann.

Wir vermeiden dies, indem wir einen mehr seitlichen Aufnahmestandpunkt wählen, da dadurch der Weg, den das Fahrzeug auf dem Film zurücklegt, wesentlich kleiner wird. Damit erreichen wir aber noch einen weiteren Vorteil: Unser Bild bekommt räumliche Tiefe ... es wirkt plastischer, was für die

Abb. 111: Diagonale Linien, die sich in der Tiefe des Bildes zu schneiden scheinen, geben den Aufnahmen räumliche Tiefe, also Plastik.

Bildgestaltung von nicht zu unterschätzendem Vorteil ist.

Die zweite Art der diagonalen Linienführung erzielen wir bei verkanteter Kamera. Für den Spielfilm kann das manchmal von dramaturgischer Bedeutung sein. Die Dinge der Welt scheinen über einen Mann, der sich auf der Flucht befindet, zu stürzen und unterstreichen damit die Angst, die ihn gepackt hat.

Im Reisefilm kann man diese Wirkung nur in besonderen Fällen erzielen: In einem Traum stehen die Mühen und Plagen des Alltags gegen den armen erholungshungrigen Menschen auf. Oder: Ein Unwetter zieht herauf und unsere Angehörigen suchen schnell noch einen Zufluchtsort zu erreichen. Oder: Wir lösen die Fahrt in die Ferien in eine turbulente Wirbelmontage auf, in der

Abb. 112: Durch Verkanten der Kamera können wir manchmal unsere Bildaussage unterstützen. Aber das muß mit Vorsicht — und nur selten! — geschehen. Unmotivierte Verkantung wirkt ausgesprochen störend.

die Gleise und Telegrafendrähte der Eisenbahn wie wild diagonal über die Leinwand jagen.

Aber das sind — wie gesagt — nur Ausnahmefälle, die nur dem zur Verfügung stehen, der auch dem Reisefilm einen besonderen Effekt der Filmgestaltung zu geben weiß.

Wesentlich häufiger sind die Möglichkeiten bei Architekturstudien. Hier kann die diagonale Linienführung manchmal eine ausgesprochen ornamentale Bedeutung bekommen. Besonders bei den — schon erwähnten — modernen Bauten mit ihren großen Fensterfronten. Aber auch bei alten Schlössern, zinnengekrönten Mauern usw. Diese Art der Aufnahmetechnik hat nämlich noch den Vorteil, daß sie die durch die Kameraneigung entstehenden stürzenden Linien weniger störend in Erscheinung treten läßt.

D. Die gebogene Linie

Als letzte Möglichkeit steht uns dann noch die gebogene Linie zur Verfügung, die in ihrer Vollkommenheit zum Kreis führt. Es ist leicht einzusehen, daß eine solche Linienführung in einer in erster Linie von Waagerechten, Senkrechten und Diagonalen beherrschten Filmwelt von besonderer Eindruckskraft sein muß.

Jeder, der schon einmal in seinen Filmen einen Torbogen gezeigt hat, weiß, wie stark er auf die Zuschauer wirkt. Besonders eindrucksvoll ist diese Wirkung, wenn die Torumrahmung so stark unterbelichtet ist, daß sie als Silhouette erscheint.

Es ist leicht einzusehen, warum es so ist: Belichten wir eine solche Szene so, daß nur der Durchblick auf den Film kommt, so scheint unser Bild plötzlich ein ganz anderes Format bekommen zu haben. Wir sind endlich von dem ewigen Rechteck abgekommen, und selbstverständlich spricht hier zunächst einmal der Reiz der Neuheit an.

Noch stärker ist dieser Eindruck, wenn wir die Möglichkeit haben, zu einer reinen Kreisform zu finden. Etwa, wenn wir bei einer Dampferfahrt einen Blick durchs Bull-

Abb. 113: Durchblicke haben oft eine starke Wirkung, wegen des Kontrastes Hell : Dunkel und wegen der Veränderung des rechteckigen Bildformates. Siehe auch die Abb. 1 und 2.

auge zeigen. Hier ist gleichsam eine ganz neue Welt aufgeschlossen.

Vorausgesetzt natürlich, wir beeinträchtigen die Wirkung nicht dadurch, daß wir eine solche Szene an die andere hängen. Die besondere Wirkung resultiert nicht allein aus der ungewöhnlichen Bildform, sie wird auch noch durch einen Seltenheitswert gefördert. Um die gebogene Linie in unsere Bildgestaltung mit einzubeziehen, brauchen wir auch keineswegs in den Extremen der Silhouette zu schwelgen. Wenn wir nur die Augen ein wenig offen halten, werden wir sehr viele andere, viel näher liegende Formen der Kurve finden.

Abb. 114: Bullaugen, Mauerdurchbrüche (siehe Abb. 2), Teilabdeckung des Vordergrunddetails können ebenfalls die Aussagekraft unserer Bilder verstärken.

Abb. 115: Eine elegante Linienführung erfreut das Auge. Nicht nur bei der Skispur. Auch Pflastermuster (wie etwa in Lissabon), Straßen an Bergabhängen, Totale von Bachläufen usw. gehören hierher.

Der Wintersportler kennt die lineare Wirkung der Skispuren an einem Berghang. Es braucht nur ein einziger Skifahrer vorhanden zu sein, der in den jungfräulichen Schnee eine Spur schneidet, und schon hat man eine Szene von sehr starker Wirkung. Es sieht fast gespenstisch aus, wie hier von einem winzig klein wirkenden Wesen eine graziöse

Abb. 116: Das wäre z. B. eine lineare erfreuliche Straßenführung.

Kurvenlinie in das weiße Tischtuch des Schnees geschrieben wird.

Ähnlich ist es, wenn wir das Auto, das uns an unser Urlaubsziel führt, für einen Augenblick verlassen, auf einen mäßig hohen Hang klettern und nun von hier oben die Anfahrt auf der gekurvten Straße filmen. Es braucht wohl nicht näher erläutert zu werden, warum eine solche Szene besser wirkt, als wenn wir uns mit dem Apparat neben die Straße stellen und mit dem fahrenden Wagen mitschwenken. In dem Kapitel über Autoaufnahmen haben wir übrigens eine solche Szene als Bildbeispiel abgebildet.

*

Gerade beim Reisefilm mit seinen zahlreichen Allerweltsaufnahmen ist eine geschickte Regie der Form von einer entscheidenden Bedeutung für den Erfolg unseres Films.

Wir sind uns dabei natürlich völlig im klaren, daß sich dieser Teil unseres Reisefilm-Berichtes reichlich theoretisch liest. Aber wir glaubten, auch diese Dinge einmal sagen zu müssen. Im übrigen ist es mit der Theorie gar nicht so schlimm, wie es vielleicht den Anschein hat.

Wenn man erst einmal dahinter gekommen ist, daß man über den Inhalt nicht die Form zu kurz kommen lassen darf, und wenn man erst einmal ein oder zwei Filme auch von diesem Gesichtspunkt aus gestaltet hat, gehen einem solche Überlegungen in Fleisch und Blut über, und man wählt seine Einstellungen schon rein instinktiv so, daß sie auch formal vor den kritischen Augen des Zuschauers bestehen können.

Wenn wir nach dieser Methode der formalen Bildgestaltung arbeiten, führt das auch dahin, daß wir bei unseren Motiven das Wichtigste herausheben. Wir bekommen nicht nur attraktive Bilder in ästhetisch schöner Form, das Erlebnis für unsere Zuschauer wird auch intensiviert.

Selbst wenn wir einmal Szenen haben, die inhaltlich nicht besonders stark sind, sie wirken nicht lasch und nichtssagend, sondern sprechen dann wenigstens durch ihre lineare Gestaltung an.

Das Allerweltsmotiv eines bekannten Bauwerks wirkt längst nicht mehr so postkartenhaft, wenn es durch einen linear interessanten Vordergrund seiner starren Nüchternheit entkleidet wird. Dazu genügt oft schon, wenn wir eine angeschnittene Hausecke mit in das Bild einbeziehen. Das bedarf im allgemeinen gar keiner großen Vorbereitung, meist reicht es völlig aus, wenn wir uns nur ein paar Schritte nach der einen oder anderen Seite begeben, um einen besseren Standpunkt für unsere Kamera zu finden.

Da die wenigen Schritte aber sehr oft über Erfolg oder Mißerfolg eines Reisefilms entscheiden, sollten wir sie wirklich nicht unserer Bequemlichkeit opfern. Es zahlt sich nicht aus, wie der Wiener zu sagen pflegt.

12. Immer etwas Neues

Im Programm der meisten Schmalfilm-Amateure gibt es sehr viele Reisefilme. Jedes Jahr einen neuen. Und zwischendurch, an verlängerten Wochenenden, hier und da auch noch welche.

So ist es denn kein Wunder, daß Reisefilme, wie Umfragen der Zeitschrift „Schmalfilm" ergeben haben, den Löwenanteil an der gesamten Amateurproduktion ausmachen.

Für den einzelnen Amateur bedeutet dies, daß er ständig in der Gefahr schwebt, sich zu wiederholen, auch wenn er sich in jedem Jahr ein neues Reiseziel aussucht, das von den vorhergehenden Reisezielen möglichst stark abweicht.

Wer einmal ins Gebirge fährt, das andere Mal an die See, in einem Jahr den Norden wählt, im zweiten den Süden, wer im vorigen Jahr eine Luftreise gemacht hat, sich in diesem aber für eine Seereise entscheidet, der wird natürlich schon von den Motiven her einige Abwechslung in seine Filme bringen. Doch auch diese Variationsmöglichkeiten erschöpfen sich eines Tages, und die Darsteller sind sowieso immer die gleichen. Machen Sie es sich daher zum Prinzip, jede nur mögliche Abwechslungsmöglichkeit der Filmgestaltung für Ihre Filme auszunutzen. Wir haben auf manchen Seiten dieses Buches Platz für Notizen gelassen. Schreiben Sie sich an die passende Stelle die Ideen hinein, die Ihnen beim Filmschnitt einfallen. Hinterher ist man ja immer klüger als vorher, und wenn man sich alles aufschreibt, rettet man seine guten Einfälle wenigstens für das nächste Jahr.

Auch mancher Trick, den wir irgendwo gesehen haben, kann uns dann vielleicht dazu verhelfen, einer nicht besonders bemerkenswerten Szenerie doch noch einen wirkungsvollen Effekt zu geben.

Zweiter Teil

Der Einzelgänger auf Reisen

1. Die Droschkenfahrt

Ist man auf Reisen Einzelgänger, so erschweren sich die Dinge weiter dadurch, daß man für seinen Reisefilm keine Darsteller hat, also sehr stark auf zufällige Passanten angewiesen ist, die dann aber immer nur eine sehr flüchtige Rolle spielen können. Meist sind sie nichts anderes als eine Staffage, gerade ausreichend, aus einem leblosen Bild eine belebte Filmszene zu machen. In diesem Dilemma kann man sich dadurch helfen, daß man sich irgendwelche Ereignisse vornimmt und diese mit mehr oder weniger Erfolg zu einer kurzen Filmerzählung ausbaut.

Eine solche Filmerzählung könnte z. B. eine Droschkenfahrt sein, die sich aus verschiedenen Gründen für den Reisefilm anbietet:

1. sind Droschken schon recht selten und finden aus diesem Grunde leicht das Interesse unserer Zuschauer.

2. Ohne daß man sich groß anstrengen müßte, bieten sich vom Sitz der Droschke aus eine ganze Reihe Filmszenen an, von denen wir allerdings nur ein paar im Bild vorstellen können, da wir mit dem Platz haushalten müssen.

Aber wenigstens in Worten sei hier noch auf ein paar weitere Szenen hingewiesen:

Zylinder des Droschkenkutschers gegen den Himmel.

Großaufnahme der Pferdeohren, die mal nach vorne, mal nach hinten lauschen.

Straßenszenen mit der altmodischen Droschkenlaterne als Vordergrundbetonung.

Blick auf eine andere Droschke, die wir überholt haben, oder die uns entgegenkommt.

Szenen von interessanten Ausblicken, die wir passierten.

Sich drehende Wagenräder in schräger Sicht von oben.

Trappelnde Pferdehufe usw. usw.

3. Die ganze Geschichte entwickelt sich zu einer abgeschlossenen Handlung, weil die Fahrt den roten Faden für die Ereignisse abgibt.

Man sieht aus diesen Betrachtungen, daß ein solches Thema eine ganze Reihe von Vorteilen für uns und unseren Reisefilm hat. Schließlich kommt es sogar dahin, daß man mit den Aufnahmen bremsen muß, um nicht einen kompletten Film allein von dieser Droschkenfahrt zu bekommen.

Wir erwähnten bereits, daß Droschken heutzutage verhältnismäßig selten sind, und daher müssen wir zugeben, daß die Aufspürung dieses Filmmotivs für unser Buch als wahrer Zufall gewertet werden kann, und daß unser Kameramann wenige Augenblicke vor Beginn der Droschkenszene selbst noch nichts von diesem Motiv wußte.

Immerhin kann man ihm vielleicht als kleines Plus anrechnen, daß er schnell geschaltet hat und unverzüglich die günstige Gelegenheit beim Schopf ergriff.

Es sei auch nicht verschwiegen, daß die Sache nicht ganz billig war (die halbstündige Droschkenfahrt kostete 20,00 DM) und daß vielleicht schon aus diesem Grunde mancher Amateur davor zurückschrecken wird, sich dieses Filmthemas zu bemächtigen.

Es gibt aber auch Filmthemen für den Einzelgänger, die kostenlos zur Verfügung stehen und mit denen man ebenfalls den Inhalt seiner Reisefilme sehr gut anreichern kann. Darauf wollen wir jetzt zu sprechen kommen.

2. Die Fontäne

Es ist in der Fachpresse oft darauf hingewiesen worden, daß Wasser wegen seiner Ruhelosigkeit ein besonders gutes Filmthema ist. Daran sollte auch der Einzelgänger denken, wenn er seinen Urlaubsfilm dreht.

Da Wasser überall zur Verfügung steht, muß man weder lange herumsuchen, noch in den Geldbeutel greifen, um etwas Hübsches auf den Film zu bringen.

Aber es ist hier natürlich so wie überall: Hat man erst ein paar Versuche gemacht, wird man anspruchsvoller und man ist nicht damit zufrieden, daß das Wasser sprudelt. Es soll auch möglichst effektvoll sprudeln!

Vielleicht kann man sagen, daß die Kombination Wasser + Gegenlicht + Vordergrundblätter ganz besonders glücklich ist.

Daß wir nicht übertreiben, mögen die diesem Kapitel beigegebenen Bilder zeigen, wobei natürlich zu bedenken ist, daß gerade bei Gegenlichtaufnahmen ein gedrucktes Bild nur ein dürftiger Ersatz für das bewegte und durchleuchtete Filmbild ist.

Die Bilder, die wir hier zeigen, sind auch nicht die einzigen, die unser Kameramann aufgenommen hat. Es existieren noch Halbnaheinstellungen, die ganz besonders hübsch sind, weil man hier sieht, wie die Wasserschleier vom Winde verweht werden, und Großaufnahmen von der Wasserfläche mit den spritzenden Tropfen und den glitzernden Spiegelungen. Doch sind dies Szenen, die überhaupt nur im Film wirken und daher hier nur am Rande erwähnt werden können.

Auf eins möchten wir aber noch hinweisen: Aufnahmen wie die hier gezeigten sind etwas für die Zeitlupe. Nicht für die extreme Zeitlupe von 64 Bildern, sondern für eine gemäßigte Zeitlupe mit etwa 32 Bildern.

Nimmt man die Szenen mit diesem Gang auf, bekommt das Wasser etwas Wiegendes. Es verflüchtet sich nicht so schnell, sondern schwebt gleichsam über der Szenerie dahin. Wenn sich dazu dann noch die Sonne in den Schleiern und den Tröpfchen spiegelt, werden wir bestimmt Szenen bekommen, die sich sehen lassen können.

3. Rund um einen Platz

So schwer es der filmende Einzelgänger oft auch hat, zu interessanten und filmenswerten Ereignissen zu kommen, einen Vorteil hat er auf alle Fälle: Er hat sehr viel Zeit! Niemand ist da, der ihn drängelt und der ihm alle Augenblicke zuruft: Nun mach schon, wir wollen weiter!

Diesen Vorteil sollte man nicht zu gering veranschlagen; denn es ist ja gerade für den in Gesellschaft Reisenden oft sehr schwer, die nötige Zeit zu bekommen, um sich eines Motives mit der notwendigen Liebe und Sorgfalt annehmen zu können.

Das trifft nicht nur zu, wenn man in einer größeren Gesellschaft reist, bei der sich die einzelnen Teilnehmer kaum kennen.

Wenn wir ehrlich sind: Es trifft auch auf die Amateure zu, die mit ihrer Familie reisen, wenn es sich nicht um den ganz großen Glücksfall handelt, daß alle Familienmitglieder von gleicher Filmbesessenheit befallen sind. Aber wann ist das schon einmal der Fall.

Gehen wir also in unserem Beispiel davon aus, daß der allein reisende Filmamateur über eins in ausreichender Menge verfügt, nämlich über Zeit. Diese kann er eigentlich kaum besser anwenden, als wenn er sich daran macht, irgendein ihm zufällig über den Weg „laufendes" Motiv gründlichst auszuwerten.

Vielleicht wohnen wir in einem Hotel, das eine günstige Lage hat, mit einem lebhaften Platz oder einer interessanten Straße vor unserem Fenster.

In diesem Fall könnte der Blick aus dem Fenster schon genügen, um uns die ersten Szenen eines Handlungskomplexes zu zeigen, der sicher sehr abwechslungsreich werden kann.

Hier möchten wir nun eine Einfügung machen, die uns wichtig erscheint: Ist man gezwungen, seine Urlaubsfilme als Einzelgänger zu drehen, sollte man der Gummilinse ganz besondere Aufmerksamkeit widmen. Sie kann uns bei manchen Gelegenheiten gute Dienste leisten.

Vor allem die lange Brennweite wird von Nutzen sein. Nicht nur, weil sie gestattet,

Einzelheiten nahe heranzurücken, die weit entfernt sind, sondern mehr noch, weil sie uns erlaubt, im Verborgenen zu filmen. Denn wir werden ja (darauf sind wir schon an anderer Stelle zu sprechen gekommen) in erster Linie Fremde als handelnde Personen nehmen müssen.

Bleiben wir aber zunächst einmal bei unserem eben aufgespürten Motiv, dem Platz vor unserem Hotel.

Solche Motive sind, wenn man sie geschickt mit der Kamera angeht, praktisch unerschöpflich.

Wir bieten hier eine kleine Auswahl von sieben verschiedenen Szenen, die im Handumdrehen aufgenommen worden sind und denen man doch wenigstens zum Teil zugestehen muß, daß sie in irgendeiner Weise auch das Interesse unserer Zuschauer finden werden; ganz gleich ob es sich um die Szene mit den drei Matrosen handelt, ein Bild, das durch das Muster des Pflasters sehr nett belebt wird, oder um den Tordurchblick oder um die Sicht auf das Denkmal durch ein an und für sich recht häßliches Gerüst.

An dieser Stelle möchten wir noch eine Einfügung machen: Es war eben die Rede von der Belebung eines Bildes durch das Straßenpflaster. Der Zufall hat es gefügt, daß der Schriftleitung des „Schmalfilm" ein Film vorgeführt wurde, der den Titel „Der Zebrastreifen" hatte und bei dem man ein gutes Dutzend Passanten über die Straße eilen sah. Der Film war natürlich nicht sehr lang, er war nur eine Episode in einem Querschnittfilm, aber er war sehr amüsant. Die Aufnahmen waren ebenfalls von einem erhöhten Platz aus gemacht, so daß sämtliche Szenen schon dadurch putzig wirkten, daß sie durch den Zebrastreifen quergestreift waren. Dazu kamen dann noch die Personen: verwegene, ängstliche, rücksichtslose, eilige, herumflanierende usw. Mit einem Wort: Es war eine sehr lustige Angelegenheit. Uns scheint, daß auch der Einzelgänger hier ein Thema hätte, an das er sich getrost einmal wagen könnte.

Andere Komplexe, bei denen man sich mit der Kamera gründlich austoben kann, wären Wochenmärkte (ein ganz wunderbares Thema für Tele), Straßenhändler, Mittagspause in der Nähe großer Bürogebäude (ebenfalls für Tele-Aufnahmen sehr geeignet), Touristen an einer Sehenswürdigkeit usw.

Man sieht aus dieser Aufzählung, daß man immer wieder Motive findet, die es wert sind, gefilmt zu werden, und die für den Einzelgänger vor allen Dingen den großen Vorteil haben, daß sie sich leicht aufnehmen lassen, wenn man nur etwas Geduld und Liebe an die Gestaltung dieser Episoden wendet.

4. Der Blick fürs Detail

Nachdem wir in den vorigen drei Abschnitten, die Gestaltung von drei Episoden behandelt haben, wollen wir nun einmal das Thema „Bildgestaltung" anschneiden.

Da wir meist schon genug Sorgen haben, um etwas Interessantes auf den Film zu bekommen, müssen wir uns viel Mühe geben, die Szenen so aufzunehmen, daß sie auch inhaltlich den Zuschauer zu fesseln vermögen.

Damit sind wir bei einem Thema, dem man vielleicht die Überschrift „Blick fürs Detail" geben könnte, wie wir es hier auch getan haben.

Es ist eine bekannte Tatsache, daß es Leute gibt, die können ihre Umgebung geradezu sezieren, während andere blind an den interessantesten Dingen vorübergehen.

Man könnte nun vielleicht denken, daß es sich hier um eine Begabung handelt, die man entweder hat oder nicht hat. Das trifft aber wohl nur bedingt zu. Viel wichtiger dürfte sein, ob man Interesse für die Dinge hat oder nicht hat.

Da gibt es ein sehr schönes Beispiel, das sehr gut zeigt, wie wachsam der Mensch ist, wie er gleichsam mit Luchsaugen um sich blickt, wenn es sich um Dinge handelt, die ihm etwas bedeuten.

Beobachten Sie bitte unsere Damenwelt vor den Schaufenstern der Konfektionshäuser. Trifft eine der Damen sich acht Tage später mit einer Freundin, so kann sie die Bluse, die 38,50 DM gekostet hat, nicht nur mit allgemeinen mehr oder weniger nichtssagenden Worten umschreiben, sie kann ganz genau sagen, welche Farbe sie hatte, ob sie mit Rüschen verziert war oder was es sonst noch in der Damenmode an kleinen neckischen Dingen gibt usw.

Jeder Mann wird hier seine Erfahrungen besitzen und vielleicht sehr oft schon verwundert beobachtet haben, mit welcher Präzision das Frauenauge modische Dinge entweder in den Schaufenstern oder bei ihren lieben Mitschwestern konstatiert.

Man kann ohne weiteres drei, vier Wochen oder noch länger zu einem gesellschaftlichen Ereignis zurückgehen: Die Damen werden uns, ohne zu zögern, sehr genau beschreiben können, was ihre Geschlechtsgenossinnen bei diesem festlichen Anlaß getragen haben.

Abb. 117: Er gehört fast schon der Vergangenheit an. Die paar, die es noch gibt, leben sozusagen in Reservaten. Sie sind künstlich am Leben erhaltene Romantik.
Ein solches Motiv sollten wir uns daher nicht entgehen lassen, wenn wir nur irgendeine Gelegenheit finden, eine Droschke aufzutreiben. Vielleicht werden unsere Kinder schon eine solche Szenenfolge als interessantes (und fast unglaubliches) Lehr- und Anschauungsobjekt betrachten.

Aber man soll nun nicht etwa denken, beim Reisefilm wären Droschkenfahrten das einzige, das auf dem Aussterbeetat steht. Es gibt viel mehr, was wir jetzt gerade noch filmen können, in ein paar Jahren aber vielleicht schon nicht mehr.

Beispiel: Die Straßenbahnen. Die modernen Städteplaner halten gar nichts mehr davon. Stampft man heute eine neue Großstadt aus dem Boden, wie etwa Brasilia oder Volkswagenstadt Wolfsburg, ist kaum anzunehmen, daß man ihre Straßen mit Straßenbahngleisen verschandeln würde. Die Schnellverkehrsmittel kommen unter — vielleicht auch über — die Straßen. Also wachsam sein und Straßenbahnen bei passender Gelegenheit in einen unserer Reisefilme einbauen. Wir haben diesem Thema ein gesondertes Kapitel gewidmet, weil dazu noch etwas zu sagen wäre.

2. Beispiel: Die Dampfeisenbahn. Holland besitzt schon seit einigen Jahren keine Dampflokomotiven mehr (die letzten wurden verkauft), und bei der Deutschen Bundesbahn gibt es jetzt auch keine mehr. Wir haben schnell noch ein paar Aufnahmen gemacht, die die Romantik dieser fauchenden Ungetüme demonstrieren sollen.

3. Beispiel: Pferdefuhrwerke. Auch die Droschken sind ja Pferdefuhrwerke, aber sie sind es nicht allein. Noch nicht! Manche Brauerwagen werden

noch von Pferden gezogen und die Landwirte kommen manchmal auch noch mit Gespannen in die Stadt.

Abb. 118—125: Sehr bequem hat man es mit den Aufnahmen bei einer Droschkenfahrt. Man braucht sich fast gar nicht von seinem Sitz zu erheben, um eine Anzahl recht unterschiedlicher Szenen auf den Filmstreifen zu bannen. Selbst wenn man nur die neun Szenen aufnimmt, die wir hier zeigen, hat man eine ganz schöne Kollektion zusammen.

Abb. 126—128: Eine kleine Bootswerft am Flußufer, auch die wäre ein Thema für den filmenden Einzelgänger. Diese Aufnahmen wurden vor Jahren bei einem Spaziergang gemacht, also ohne jede Planung oder Absicht. Solche Möglichkeiten, dem Reisefilm ein paar interessante Berichte einzufügen, findet man immer wieder.

In einem Reisefilm sah der Verfasser einmal einen Bericht über ein paar architektonische Sehenswürdigkeiten, die durch die großen Rohre einer geplanten, aber noch nicht verlegten Abwässeranlage gemacht worden waren. Es grenzte geradezu an Zauberei, was der Kameramann an ornamentaler und linearer Wirkung aus diesen Baurohren herausgearbeitet hatte.

Abb. 129—132: Sie können überzeugt sein, daß solche Szenen Ihrem Publikum nie lang genug sind. Jeder von uns hat, selbst wenn er ein kompromißloser Verehrer hypermoderner Kunst ist, einen verborgenen Sinn für stimmungsvolle Romantik. Machen Sie die Probe aufs Exempel, und Sie werden uns recht geben. Der Verfasser hat es erlebt, daß ein Kunstkritiker dadaistischer Prägung bei einem Farbfilm über die Moos-Patina der Steine in einem Gebirgsbach völlig aus dem Häuschen geriet, sich verzückt auf die Knie schlug und laut in den Saal rief: „In diesen Steinen lebt der Urton der Natur!"

Abb. 133: Man kann den Hintergrund ruhig etwas nach vorn abschirmen. Um so unheimlicher wirkt das Wasser, das durch die Zweige schimmert.

Abb. 134—135: Zur Not tut es auch ein Springbrunnen. Vielleicht kann man hier die Zeitlupe anwenden, damit das Wasser mehr Grazie bekommt.

Abb. 136—139: Diese vier Aufnahmen (und die drei auf der nächsten Seite) zeigen, wie vielseitig man einen einzigen Platz, der noch dazu mit keinen bemerkenswerten Bauten geziert ist, im Film zur Darstellung bringen kann. Abwechslung, das soll auch diese Bildserie wieder demonstrieren, ist von allergrößter Wichtigkeit im Film — besonders im Reisefilm.

Abb. 140—142: Selbst nüchterne Baugerüste können uns dazu dienen, den Überblick über unseren Schauplatz abzurunden. Und auch hier kann ich Ihnen ein Beispiel aus einem Reisefilm eines süddeutschen Amateurs erzählen. Er machte auf seinen Reisen immer in der gleichen Stadt Rast und konnte dabei den fortschreitenden Ausbau einer Hauptverkehrsstraße studieren und filmen. Das zog sich etwa über drei oder vier Jahre hin. Am Schluß nahm er alle diese Aufnahmen aus den einzelnen Filmen heraus und vereinigte sie in einem Film. Dadurch bekam er eine außergewöhnliche Episode mit — so könnte man sagen — besonderem städtebaulichem Akzent. Dieser Fall zeigt auch, daß man in seinem Reisefilm nicht nur unterhalten muß. Man kann auch „belehrend" wirken (beachten Sie aber bitte die Anführungsstriche).

Abb. 143—144: Mit einer ähnlichen Figur gab es einmal in einer Wochenschau einen lustigen Bericht. Zwei hübsche Mädchen gingen an einem Brunnen mit Neptunsfigur vorüber, und der bärtige Grieche drehte den Kopf, um ihnen nachzublicken. Diese Pseudobewegung war einfach durch entsprechende Bildausschnitte und zweckmäßiges Verkanten der Kamera erreicht worden.

Abb. 145: Als das Bild mit dem Briefkasten im „Schmalfilm" erschien, schrieb uns ein Leser, daß es ihn und seine Freunde anläßlich der Zig-Hundert-Jahrfeier ihrer Heimatstadt zu einer lustigen Filmepisode angeregt hätte. In dem Festzug gab es auch einen altgermanischen Wagen mit dito Heerestroß, und die Filmfreunde machten sich den Spaß, vor Beginn des Festzuges an einen ebenso einsam gelegenen Briefkasten zu fahren, Postsachen einzuwerfen, worauf dann, nachdem sie auf der einen Seite verschwunden waren, von der anderen Seite ein hypermodernes Postauto kam, um den Kasten zu leeren. Da die Sache blendend klappte, kam man auf die Idee, diese Szenengruppe an den Anfang des Festfilmes zu setzen, um dann zu zeigen, wohin überall Einladungen verschickt worden waren. Man sieht, Humor läßt sich oft auch ganz einfachen, um nicht zu sagen banalen Dingen abgewinnen.

Abb. 146—149: Als der Verfasser vor langen Jahren zu filmen begann, hatte er in den Taschen (zum stillen Entsetzen seiner Mutter) immer einen Wust von Zetteln stecken, die aus Zeitschriften und Illustrierten ausgeschnitten worden waren. Wo er auch eine interessante Bildauffassung entdeckte... schwupp, verschwand sie in seiner Tasche. Und wenn es dann wieder mit einem Film ernst werden sollte, konnte er sich bei seiner Taschenkartei manchen guten Rat holen. Der erste Untertitel einer seiner ersten Filme lautete daher auch: „Zum kleinen Teil erdacht ... zum größten Teil zusammengestohlen von Hellmuth Lange." Aber diese Schulung hat reiche Früchte getragen. Heute noch hat er eine große Schwäche für außergewöhnliche Bildgestaltung bei gewöhnlichen Motiven.

Abb. 150—157: Eine solche Reportage ist natürlich ein Glücksfang. Sie wirkt im Film viel witziger als in natura. Sie bietet viele Abwechslungsmöglichkeiten in den Einstellungen, von total bis groß. Sie ist sehr dekorativ und fesselt daher auch Zuschauer, die nichts vom Schachspiel verstehen. Für Amateure, die es interessiert: Das Schachbrett befindet sich in Stuttgart. Es wurde anläßlich der Bundesgartenschau geschaffen und erfreute sich großer Beliebtheit.

Abb. 158—159: Wenn wir hier die Straßenbahn als Roten Faden für einen Städtefilm vorstellen, so soll das keineswegs besagen, daß die Straßenbahn das einzige Gefährt ist, das uns dazu dienlich sein kann.

Auf eine Empfehlung des Verfassers drehte ein Filmamateur eine Stadtepisode aus einem Kabinenroller, und zwar vom Hintersitz.

So zeigen sich dann manche Sehenswürdigkeiten als Hintergrunddetail, eingerahmt von der Karosserie des Kabinenrollers.

Manchmal halten die beiden Leutchen an, steigen aus und strolchen um eine Sehenswürdigkeit herum, im großen und ganzen spielt sich aber die ganze Episode, die etwa, wenn wir uns recht erinnern, $3^1/_2$ Minuten dauert, in dem Roller ab.

Der Film wurde auch vertont. Nach einigen Versuchen, die nicht recht befriedigten, entschieden wir uns dann dafür, eine Unterhaltung zwischen dem ortsansässigen Rollerfahrer und dem ortsfremden Mitfahrer (und Kameramann) stattfinden zu lassen.

Da die Unterhaltung über Schulter und Rücken hinweg stattfindet, brauchten wir uns nicht einmal mit der Synchronität sehr abzuplagen.

Außerdem hatten wir auf diese Weise die Möglichkeit, eine sehr abwechslungsreiche Tonkulisse auf den Film zu bringen. Diese setzte sich aus drei Teilen zusammen:

1. Fahr- und Straßengeräusche (so weit gedrosselt, daß sie die Unterhaltung nicht stört).
2. Sachliche Erläuterungen zu den Sehenswürdigkeiten und dem Stadtbild.
3. Sarkastische Bemerkungen des Fahrers zu den Verkehrsbehinderungen, wie sie jedem Autofahrer geläufig sind.

Besonders die Mischung aus 2 und 3 machte sich gut und ließ die ganze Episode auch vom Ton her sehr echt wirken.

Dies nur nebenbei zum Thema „Roter Faden im Städtefilm".

Abb. 160—163: Um noch einmal auf unsere Straßenbahn zurückzukommen: Hier sind weitere vier Szenen.

Es muß noch hinzugefügt werden, daß sich die Straßenbahnwagen auch sehr gut für den Farbfilm eignen. Sie sind meist mit leuchtenden Farben lackiert, und die aufgemalten Reklameschilder haben oft auch einen fröhlichen Farbton.

Schließlich geben sie auch gute Bilder des Nachts oder (noch besser) in der Dämmerung.

Man sieht also, die gute, alte Straßenbahn hat beträchtliche Vorteile für unseren Städtefilm.

Etwas von diesem sezierenden Röntgenaugen-Blick möchten wir uns auch für den allein reisenden Filmamateur wünschen. Hat er sich diesen Blick anerzogen (sicher kann man ihn sich anerziehen; denn es ist kaum anzunehmen, daß alle Damen von Geburt an schon für die Detailbetrachtung eingerichtet sind), dann wird er nämlich feststellen, daß es viele, viele Dinge gibt, die es wert sind, gefilmt zu werden.

Dazu genügt manchmal schon ein Spaziergang von ein oder zwei Kilometern Länge quer durch die Heimatstadt. Man wird geradezu mit Verwunderung feststellen, wie reich gesegnet unsere Umwelt mit interessanten Dingen ist, und wie weit man seine Filme ausspinnen kann, wenn man auf diese Details zurückgreift.

Wir haben diesem Teil unseres Buches einige Bilder beigegeben, wie wir sie bei verschiedenen Spaziergängen so ganz nebenbei (fast hätten wir gesagt: am Wiesenrande) aufgelesen haben.

Da haben wir z. B. eine Skulptur, die auf einem Haus in dem Künstlerdorf Worpswede steht. Beachten Sie bitte den Blick der steinernen Dame schräg nach unten. Schreit diese Blickrichtung nicht geradezu danach, daß man nun eine Szene auf der Straße aufnimmt, die von dieser Dame gewissermaßen beobachtet sein könnte? Vielleicht läuft Ihnen irgendeine Episode über den Weg; vielleicht ein junges Paar, das sich zärtlich umärmelt hat oder etwas Ähnliches dieser Art. Und schon haben Sie wieder eine nette Kurzgeschichte in Ihrem Reisefilm.

Das zweite Bild zeigt übrigens, wie versteckt die Figur auf dem Dach des Hausanbaus steht, und wie wenig wirksam sie ist, wenn man sie nicht in Großaufnahme aufnimmt.

Ganz in der Nähe dieser Figur kamen wir hinaus aufs Moor, und da war es ganz lustig, in dieser Einöde einen Briefkasten zu entdecken. Natürlich sind Häuser in der Nähe, aber die liegen so versteckt, daß man schon suchen muß, um sie überhaupt zu finden. Hier können Sie ruhig einmal eine langsame Schwenkung riskieren, um den Blick des Zuschauers zunächst auf die landschaftliche Weite zu lenken. Wie erstaunt wird er sein, wenn plötzlich etwas so Zivilisatorisches wie ein Briefkasten ins Bild kommt. Ein gelber Briefkasten in einer grünen Landschaft ...

Daß Denkmäler für einen Film recht attraktiv sein können, wurde schon oft erwähnt. Wir begnügen uns daher, hier ein solches Thema im Bild vorzustellen, wobei wir uns denken, daß man getrost an dieses Motiv einige Ganzgroß-Einstellungen wenden könnte, etwa auf den Kopf und auf die Hände.

Vertont man seine Filme, so wäre natürlich zu überlegen, ob man nicht auch vom Akustischen her etwas für seine Einzelgänger-Filme tun könnte. Die „Schmalfilm"-Leserin Edith Böhme schrieb uns vor einiger Zeit zu unserem Abschnitt über die Droschkenfahrt, daß sie die Fahrt natürlich auch mit Pferdegetrappel untermalte, und daß diese Szenen dadurch einen zusätzlichen Effekt bekommen hätten.

Unser Bildbeispiel von der Spieluhr in Eßlingen gibt eine ähnliche Gelegenheit, dem Film einen akustischen Akzent zu geben. Man braucht ja keineswegs die Spieluhraufnahme solange stehen zu lassen, wie das Glockengeläut ertönt; man kann ohne weiteres von dieser Szene auf den Straßenverkehr umschwenken und während dieser Zeit das Glockenspiel weiterläuten lassen.

Auch in der menschlichen Betätigung ist das Detail meist interessanter als die Totale. Das ist etwas, was der Filmamateur leicht vergißt, und ganz besonders leicht der alleinreisende Filmamateur.

Ein Dampfer, der gerade anlegt oder der in den Hafen einfährt, ist öfter mal in einem Reisefilm zu sehen, viel weniger aber sieht man Einzelszenen von den Arbeiten, die das Anlegen des Schiffes erfordern, der Fachmann spricht — so glauben wir jedenfalls — vom Vertäuen. In dieser Beziehung bringt übrigens unser Kapitel von der Christlichen Seefahrt zahlreiche Bildbeispiele.

Da wir nun gerade vom Menschen sprechen: Ist Ihnen eigentlich schon aufgefallen, daß Film- und Fotoamateure, die in ihrer Arbeit oder — sagen wir besser — in ihrem Hobby aufgehen, oft die seltsamsten Verrenkungen machen, um zu interessanten Einstellungen zu kommen?

Der „Schmalfilm" hat vor Jahr und Tag einen Amateur belauscht, der ein Denkmal fotografierte und davon rund ein Dutzend Bilder veröffentlicht. Diese Gelenkakrobatik hat seinerzeit viel Heiterkeit verursacht, und eines Tages sandte uns ein Amateur einen Reisefilm ein (mit dem Titel: „Die liebe Konkurrenz"), in dem er andere Film- und Fotoamateure bei den Aufnahmen zeigte.

Das war übrigens ein ganz ausgezeichneter Reisefilm (ebenfalls von einem Einzelgänger gedreht); denn er hatte in den Personen ein gutes Leitmotiv, das nicht nur an sich schon amüsant war, sondern das auch jeweils zu den Sehenswürdigkeiten überleitete, denn selbstverständlich fotografierten die Amateure nicht im luftleeren Raum, sondern jeder hatte sein mehr oder weniger interessantes Objekt.

Manchmal hatte der liebe Filmamateur dabei auch etwas gemogelt, indem er den Fotografen andere Motive unterschob, als sie gerade beim Wickel hatten; nämlich dann, wenn er selbst etwas besonders Gutes aufgespürt hatte.

Das wäre es also, was wir zu dem Thema Detail bei Einzelgänger-Reisen zu sagen hätten.

5. Die große Episode oder der Glücksfall

Wenn man die Augen offenhält, hat man manchmal Glück, aber wirklich nur, wenn man mit den Augen überall ist. Sonst geht man an den interessantesten und aufregendsten Dingen vorbei.

Vielleicht wird der geneigte Leser nun fragen: „Wann hat man schon mal Glück?", aber ich glaube, soviel Pessimismus tut uns nicht gut.

Es passiert auf den Straßen mehr als wir ahnen, und es gibt eigentlich immer wieder Geschehnisse, die uns eine hübsche oder spannende Episode bescheren.

Was Sie auf den Seiten 105—106 an Bildern sehen, ist anläßlich der Gartenbau-Ausstellung in Stuttgart entstanden.

Dort ist ein findiger Kopf auf die Idee gekommen, unter den Bäumen ein riesiges Schachbrett bauen zu lassen und dazu genauso riesige Schachfiguren zu entwerfen.

Die Sache hat sehr großen Anklang gefunden, und es waren praktisch immer Spieler am Werk, wenn man da vorbeikam.

Solch eine Filmepisode wird man sich natürlich nicht entgehen lassen, noch dazu, wenn man selbst Schachspieler ist.

Das Thema ist nahezu unerschöpflich und man muß sich mit Gewalt bremsen, damit man nicht eine ganze Filmspule an dieses eine Thema verschießt.

Das ist nämlich eine Gefahr, die wir nicht von der Hand weisen wollen. Wenn uns Einzelgänger erst das Filmtemperament gepackt hat, finden wir kein Ende mehr und drehen Szene um Szene, und vielleicht stellen wir nachher betrübt fest, daß unser Film viel zu breit geraten ist und daß sich die Episode, die, in vier, fünf Einstellungen aufgefaßt, nett und interessant gewesen wäre, in die Langweilerei verliert. Davor wollen wir uns also unter allen Umständen hüten. So viele Szenen, wie wir hier im Bild vorstellen, brauchen es im Film nicht zu sein. Wir mußten etwas reichhaltiger in der Bildauswahl werden, weil es uns darauf ankam zu zeigen, wie viele Möglichkeiten es bei einem solchen Vorfall gibt, zu interessanten Bildern zu kommen. Dabei haben wir ein wichtiges Kapitel noch ganz ausgelassen, nämlich Großaufnahmen von den Figuren und von den Arbeiten der Spieler mit diesen Figuren; denn bei dem Gewicht, das sie haben, ist das wirklich auch schon eine physische Arbeit.

Nun sagen Sie aber bitte nicht: „Wann sieht man schon ein Schachspiel unter Bäumen!?" Unser Thema soll ja auch nur als Beispiel dienen; es gibt viele solcher Themen, die uns gleich eine abgeschlossene Geschichte servieren.

Bei strahlendem Sonnenschein zogen einmal Leute um, und die Möbel waren auf dem Bürgersteig verteilt, weil die Ziehleute sie schneller heruntertrugen, als der Packer sie in dem Wagen verstauen konnte. Als dann die Zeit der Frütstückspause gekommen war, benutzten die Ziehleute das Mobiliar für eine kurze Siesta, und es war ein umwerfendes Bild, die Leute in den Klubsesseln zu sehen, ein Brot und eine Bierflasche in der Hand, während dicht neben ihnen der Verkehr vorüberbrauste.

Das wäre schon wieder ein Filmthema, wie es sich der filmende Einzelgänger nicht besser wünschen könnte.

Wenn die Vitrinen in den Geschäftsstraßen neu dekoriert werden, gibt es bestimmt Szenen, die filmenswert sind. So erlebte ich zum Beispiel einmal, wie sich zwei Dekorateure bemühten, einer Schaufensterpuppe einen Mantel anzuziehen. Es war fast schon eine Kabarettvorstellung, und ich habe es lange Zeit nicht verwunden, daß ich in diesem Augenblick meine Kamera nicht bei mir hatte.

Eine zweite Gelegenheit, der ich heute noch nachtrauere, lief ab, als ich Zeuge wurde, wie das Kinoplakat für den neuen Film am Portal des Lichtspielhauses befestigt wurde.

Es handelte sich dabei um einen Film mit irgendeiner Sex-Kurven-Bombe, die sehr leicht gewandet und in übernatürlicher Größe auf dem Plakat dargestellt war. Dieses Plakat sollte über den Eingang kommen, und es mußten erst zwei Leitern herbeigeschafft werden, was einige Zeit dauerte. Derweile stand das „Mädchen" gegen die Hauswand gelehnt da.

Es gab dabei eine ganze Reihe drolliger Situationen und vor allen Dingen hätte man, wenn man sich auf Großaufnahmen der Gesichter der Passanten geworfen hätte, sehr spaßige mimische Studien machen können.

Schade, auch diese Gelegenheit ist ungenutzt vorbeigegangen. Aber leider kann man ja beim besten Willen die Filmkamera nicht dauernd bei sich haben.

Natürlich werden wir in unseren Reisefilmen nicht sehr viele Sehenswürdigkeiten bringen können, wenn wir uns stark auf Episoden der geschilderten Art konzentrieren. Aber es ist sehr die Frage, ob unser Film interessanter wird, wenn wir die allgemeinen Sehenswürdigkeiten in zu reicher Szenenfolge bringen.

Hier kann man dem Zuschauer kaum etwas Neues bieten. Sowohl das Kino, wie das Fernsehen, wie die Illustrierten sorgen dafür, daß heute schon der kleine Max weiß, wie es in Hawaii oder auf Ceylon aussieht. Des Volkes Leben dagegen ist immer interessant, weil ja der Mensch uns doch wohl am meisten interessiert. Achten Sie einmal bitte darauf, wenn Sie irgendeinen Bericht im Fernsehen betrachten, wie wenig dort das Altbekannte vorgestellt wird, und wie viele Szenen man sieht, die auf die von uns beschriebene Weise entstanden.

Wenn man noch dazu seine Filme vertont und es versteht, den Situationen das Interessante oder Witzige abzugewinnen, kann man überzeugt sein, daß man auch als Einzelgänger Reisefilme dreht, die sich durchaus sehen lassen können.

6. Ein roter Faden ist sehr wichtig

Wir haben bereits in früheren Teilen dieses Kapitels von der Gefahr gesprochen, daß bei Reisefilmen zu viel Einzelszenen gedreht werden, die keinen Zusammenhang haben, und die aus diesem Grunde unseren Film nicht als geschlossene Einheit wirken lassen. Besonders groß ist diese Gefahr, wenn man als Einzelgänger reist, weil man dann ja nicht einmal Darsteller hat, die durch schauspielerische Mitwirkung dafür sorgen, daß es in unseren Filmen wenigstens eine bescheidene Handlung gibt.

Da wir nun ohne einen Roten Faden nicht auskommen, müssen wir uns umsehen, wo wir solch einen Handlungszusammenhalt finden könnten. In einem anderen Zusammenhang haben wir bereits davon gesprochen, daß Autobus-Gesellschaftsfahrten schon eine Art von Drehbuch darstellen können, und das ist auch etwas für den alleinreisenden Schmalfilmer.

Man kann nun noch einen Schritt weitergehen und sich nach einem Gefährt umsehen, das zu verschiedenen Punkten der Stadt führt, worauf man dann durch eine Verquickung von Fahraufnahmen mit Stadtszenerien so etwas wie eine Episode bekommt.

Ganz ausgezeichnet als Standort für unsere Kamera eignen sich die vorderen oder hinteren Plattformen der Straßenbahn, und vom Standpunkt des Städtefilmers aus gesehen, ist es ein wahrer Jammer, daß die Straßenbahnen in unseren Großstädten immer seltener und seltener werden.

Sie werden durch Autobusse ersetzt. Das mag vom verkehrstechnischen Standpunkt aus empfehlenswert sein, für den Filmer ist es nicht so empfehlenswert, weil die Busse nicht nur keinen rechten Ausblick nach vorn oder hinten für unsere Kamera gewähren, sondern weil sie auch viel unruhiger fahren und daher unserer Kamera einen schlechten Stand geben.

Hat uns unser guter Stern in eine Stadt verschlagen, in der es noch Straßenbahnen gibt, die wirklich durch die Stadtmitte fahren, wo es für uns natürlich am interessantesten ist, dann sollte man nicht zögern, eine oder mehrere Fahrten zu machen, um zu einem interessanten Bericht zu kommen.

Ist man in der Stadt fremd, geht man am besten zum Verkehrsverein und läßt sich beraten, welche Straßenbahn für unser Vorhaben günstig ist. Man schreibt sich in Stichworten die Linienführung auf und vermerkt dann gleich, welche interessanten Dinge sich in der Nähe der einzelnen Haltestellen finden.

Kann man es zeitlich irgendwie einrichten, fährt man die Strecke zunächst einmal ab, um sich umzutun, in welchen Augenblicken man filmen muß und wann man das Filmen besser unterläßt. Wir wollen ja Fahraufnahmen und Standaufnahmen an den einzelnen Punkten gut miteinander verbinden.

Bei einer zweiten Fahrt macht man dann die Fahraufnahmen, und zwar alle hintereinander.

Ist das geschehen, begibt man sich zu den wichtigsten Haltestellen und dreht nun um sie herum die eigentlichen Stadtbilder.

Wir wollen noch einmal darauf hinweisen, daß es sich hierbei nicht unbedingt immer um Sehenswürdigkeiten handeln muß. Viel interessanter für uns kann der Betrieb auf einem Wochenmarkt sein, oder der Stand einer Blumenfrau (Farbfilmaufnahme!) oder ein Park, in dem die Mädchen aus den umliegenden Büros in der Sonne Mittagsrast halten usw.

Damit ist unser Werk, soweit es die Aufnahmen anbetrifft, bereits getan. Was jetzt noch folgt, ist reine Schneidearbeit, und hier sollten wir möglichst nicht pfuschern.

Wir sollten uns vielmehr Mühe geben, die Aufnahmen, die wir an den einzelnen Schauplätzen gedreht haben, zu wirkungsvollen Berichten zusammenzustellen und diese Berichte dann an die entsprechenden Stellen der Straßenbahnfahrt einfügen.

Führt uns unsere Reise durch mehrere Städte, werden wir natürlich nicht jede Stadtreportage als Straßenbahnfahrt aufzäumen. Das würde langweilig werden. In einer anderen Stadt umrahmen wir also unsere Aufnahmen durch einen Spaziergang oder (wenn wir ganz spendabel sind) durch eine Droschkenfahrt, aber das ist ja eine Sache, über die wir im Rahmen dieses Buches bereits berichtet haben.

Möchte man seinen Bericht auch auf besonders interessante Schaufensterauslagen usw. ausdehnen, so gibt es eine andere witzige Möglichkeit, diese Aufnahmen durch einen roten Faden zu verbinden.

Wir besorgen uns eine Tageszeitung und entnehmen dieser einige Anzeigen von jenen Firmen, deren Schaufenster wir filmen wollen. Diese Anzeigen dienen dann später als Titeleinfügungen in unserem Reisefilm. Auf diese Weise halten wir auch noch ein Stück unserer Zeit im Film fest; denn in späteren Jahren wird es immer einmal interessant sein, die Preise von früher mit den aktuellen Preisen zu vergleichen.

Es wird sich überhaupt immer bei unseren Reportage-, Reise- und Familienfilmen empfehlen, Aktuelles mit in die Filmhandlung hineinzubringen. Das ist nämlich der sicherste Weg, um einen Film interessant zu machen, auch wenn wir nicht über welterschütternde Ereignisse zu berichten haben. Ein Amateur hatte seinen Reisefilm z. B. damit angereichert, daß er sich von den Neubauvierteln der Nachkriegszeit Vorkriegsbilder besorgte und hiervon Reproduktionen anfertigte, so daß er also einst und jetzt gegenüberstellen konnte. Das war eine überaus interessante Sache, und der Film mußte gleich zweimal wiederholt werden, da die Zuschauer in der Eile gar nicht alle Einzelheiten aufnehmen konnten.

Dritter Teil

Unterwegs

1. Die Verkehrsmittel im Reisefilm

R e i s e n heißt: sich fortbewegen ... Daher haben wir der filmischen Erfassung der Beförderungsmittel einen breiten Raum in diesem Buch zugestanden.

Wir mußten das tun, obwohl uns die Beschaffung des Bildmaterials viel Geld gekostet hat; denn Fahrzeuge tauchen ja in jedem Reisefilm auf, und daher muß dem Leser eine besonders reichhaltige Auswahl an Gestaltungsmöglichkeiten zur Verfügung stehen, wenn er nicht in Gefahr geraten will, sich stets und ständig zu wiederholen.

Die Tips, die wir bringen, sollen daher nicht so verstanden werden, als müßte der Amateur gleich alle Möglichkeiten seines Reisegefährts in einem Reisefilm erschöpfen. Natürlich kann er das Verkehrsmittel auch einmal in den Mittelpunkt eines Filmes stellen und versuchen, es in möglichst reicher Vielfältigkeit zu schildern, die Norm wird das aber nicht sein, wenn wir einen Reisefilm drehen, und um dieses Thema geht es ja in unserem Buch.

Hier ist das Auto, das Schiff, die Eisenbahn, das Flugzeug doch in erster Linie Mittel zum Zweck. Es tritt sporadisch auf, manchmal vielleicht nur in zwei oder drei Szenen.

Aber natürlich sollten das Szenen sein, die sich sehen lassen können oder die unserem Publikum neue Eindrücke vermitteln.

Verleben wir unseren Urlaub an verschiedenen Orten, fahren aber mit dem gleichen Transportmittel, so werden wir uns bemühen, bei jedem neuen Auftritt des Gefährts eine neue Art der Darstellung zu finden.

Die Eisenbahn wird dann einmal symbolisch mit schräggestellter Kamera erfaßt (Schienen und Weichen, die über das Bild laufen / auf- und niedertanzenden Telegrafendrähte usw.) das zweite Mal vielleicht real an einem Bahnübergang, das dritte Mal als Schattenbild, das über die Bahndammböschung dahinjagt und das vierte Mal indirekt durch Plakate, Fahrkarten und Fahrplanaushänge.

So, wie wir es hier für die Eisenbahn geschildert haben, kann es auch bei den anderen Verkehrsmitteln geschehen.

Auf diese Weise kann man sehr viel mit sehr wenigen Szenen aussagen, wenn unser Reisefilm vielleicht schon sehr lang geworden ist.

Kluge Leute halten sich außerdem jeweils einige Szenen der beschriebenen Art auf Vorrat, damit sie damit Handlungslöcher überbrücken können, wenn es an den Filmschnitt geht. Wir werden uns darüber noch gegen Schluß dieses Buches unterhalten.

Einleitung

Man kann heutzutage das Auto fast als Familienmitglied betrachten. Ein boshafter Mensch hat sogar einmal gesagt, daß manche Autos besser behandelt werden als die Angehörigen der Familie. Nun, so weit wollen wir nicht gehen, aber für viele Leute ist es doch ein guter Freund, dem man Liebe und Sorgfalt angedeihen läßt, und der in vielen Planungen, vor allem, soweit es sich um den Urlaub handelt, eine beherrschende Rolle spielt, und der oftmals das entscheidende Wort „spricht", wenn man sich überlegt, wohin es diesmal gehen soll.

Seine Leistungsfähigkeit, seine Bequemlichkeit und die Größe des Kofferraumes bestimmen heute unsere Reiseziele fast schon mehr, als die physische Leistungsfähigkeit des Mannes am Steuer.

Unter diesen Umständen nähme es nicht Wunder, wenn auch in unseren Filmen das Auto eine entsprechende Rolle spielen würde. Seltsamerweise ist dies aber nicht der Fall.

Unter den vielen, vielen Filmen, die wir in der Schriftleitung der Zeitschrift „Schmalfilm" schon zu sehen bekommen haben, waren es doch nur sehr wenige, bei denen man sagen kann: das Auto spielt eine tragende Rolle. Es ist zwar gelegentlich im Bild (meist aber auch wirklich nur gelegentlich) und in vielen Fällen sieht man die Landschaft, vom Autositz aus aufgenommen, vorüberziehen, aber das ist eigentlich schon alles.

In den großen Wettbewerben der Filmamateure hat es wohl hier und da einmal einen ausgesprochenen Autofilm gegeben, doch auch diese Filme kann man schnell herzählen, sie sind nicht sehr zahlreich.

Nun wollen wir keineswegs die Forderung aufstellen, daß jeder einen Film drehen müßte, mit seinem Auto als Hauptdarsteller. Das ist durchaus nicht nötig, und in vielen Fällen würde es vielleicht auch daran scheitern, daß die entsprechenden Ideen fehlen.

Recht nett wäre es aber doch, wenn man das Auto handelnd in seinen Film einbauen würde, wobei wir durchaus verstehen, daß diese Handlungen nur einen Episodencharakter haben, d. h. daß das Auto nur sporadisch auftritt.

Aber auch als Episodendarsteller tritt unser Auto verhältnismäßig selten in Erscheinung. Das sehen wir eigentlich immer wieder bei den Reisefilmen, die uns vorgelegt werden oder die wir bei anderer Gelegenheit zu Gesicht bekommen.

Dabei ist es heute in vielen Familien so, daß die Autos in verhältnismäßig schnellem Rhythmus wechseln (damit man für das alte Auto noch möglichst viel erlöst), und schon aus diesem Grunde wäre es doch eigentlich recht nett, wenn man eine richtige Ahnengalerie seiner Autos hätte.

Diese Überlegungen waren es, die uns veranlaßten, das Thema: „Unser Auto als Filmstar" in Angriff zu nehmen.

Wie das bei uns nun schon üblich ist, haben wir wieder einmal eine kleine Expedition ausgerüstet, denn wir wollten Bilder haben, die thematisch genau zu dem passen, was wir uns als wissenswerte Tips notiert hatten. So haben wir denn zwei Leute auf Reisen geschickt mit dem Ziel, sich einmal das Auto mit der Kamera vorzunehmen und das, was die beiden dabei filmisch erlebten, das ist auf den nachfolgenden Seiten teils mit der Kamera, teils mit dem Zeichenstift festgehalten.

Garage und Tankstelle

Wenn man gründlich ist, kann man den Film vom Auto bereits beim Prospekt beginnen lassen, d. h. in dem Augenblick, da man mit dem Gedanken spielt, sich einen neuen Wagen anzuschaffen.

Unter Umständen gibt es hier sogar ein Thema für einen separaten Film, etwa unter dem Titel: „Wir suchen ein neues Auto", wobei dann Probefahrten mit verschiedenen Fabrikaten den Inhalt des Films ausmachen könnten.

Wir wollen aber nicht so weit in die „Urzeit" zurückgehen, sondern wollen uns damit begnügen, die ersten Szenen vielleicht rund um die Garage zu drehen.

Hier gibt es gleich eine ganze Reihe Themen, etwa die Wagenwäsche, das Beladen vor einer größeren Fahrt (vielleicht hat man sogar zu diesem Zweck einen Gepäckhalter auf dem Dach befestigt, und nun muß die ganze Familie ran, um die Reiserequisiten dort oben zu verstauen) usw.

Sehr ergiebig wird dieses Thema nicht sein, dafür aber ein anderes, das gleich anschließend paßt, nämlich unser Aufenthalt an der Tankstelle.

Wahrscheinlich werden Sie doch auch einen „Hoflieferanten" für Ihren Sprit haben, und da Sie deshalb bei Ihrer Tankstelle gut angeschrieben sind, können Sie sicher auch die Angestellten in Ihrem Film mitspielen lassen oder den Wagen so parken, daß es interessante und bildmäßig ausgewogene Einstellungen gibt.

Der Komplex Tankstelle ist wunderbar geeignet, um Groß- und Ganzgroßaufnahmen zu machen. Das ist sehr wichtig, weil ein wesentlicher Teil unserer Autoaufnahmen aus Totalen bestehen wird. Die Schnelligkeit des Autos beansprucht Raum, und wir müssen daher mit unserer Kamera sehr oft ziemlich weit vom Schauplatz entfernt bleiben.

Bei der Tankstelle aber ist das anders, und daher sollten wir nicht einen Augenblick überlegen, alles so groß wie irgend möglich auf den Film zu bringen.

Was man hier aufnehmen könnte, brauchen wir im einzelnen nicht auszuführen, denn wir haben diesem Kapitel mehrere Bildserien beigegeben, so daß es also schon von dieser Seite aus nicht an Anregungen mangelt.

Aber eins möchten wir doch noch sagen: Bitte verlieben Sie sich nicht in diesen Komplex so sehr, daß Sie ihn endlos ausspinnen (wegen der wirkungsvollen Szenerien ist diese Gefahr recht groß), sondern lassen Sie ihn wirklich das sein, was er vom dramaturgischen Standpunkt aus sein muß: eine Episode.

Drehen Sie daher die einzelnen Szenen nicht zu lang, sondern lassen Sie Einstellung auf Einstellung — ruck-zuck — folgen. Die Szenen sollten nicht so kurz sein wie bei einer Wirbelmontage, aber ich glaube, daß in vielen Fällen drei oder vier Sekunden Spieldauer völlig ausreichend sind.

Schneiden wir in die Großaufnahmen eine Totale ein, etwa mit dem Blick auf die gesamte Tankstelle usw., dann werden wir diese Szene natürlich länger halten.

Auf der Landstraße

Wenn wir einen Reisefilm mit unserem Auto als Hauptdarsteller drehen, werden wir natürlich Wert darauf legen, auch Aufnahmen auf der Landstraße zu machen. Hierbei ist nun einiges zu beachten, wenn man zu guten und wirkungsvollen Aufnahmen kommen will.

Haben Sie schon einmal versucht, während der Fahrt aus dem Becher einer Thermosflasche Kaffee zu trinken? Falls ja, werden Sie festgestellt haben, daß es gar nicht einfach ist, weil der Kaffee so stark schwappt, daß man froh ist, wenn man ihn nicht über den Anzug bekommt. Mit anderen Worten: Unser Auto tanzt auf der Straße ganz schön hin und her, und wenn wir aus der Hand filmen, dann tanzt unser Bild ebenso, und das macht die Aufnahmen oft sehr unerfreulich.

Unsere erste Aufgabe besteht also darin, dafür zu sorgen, daß die Bilder möglichst ruhig stehen.

Nun ist es verständlich, daß man die Fahraufnahmen so machen möchte, daß das Auto nur so über die Straße dahinfegt. Der Geschwindigkeitsrausch hat uns alle ergriffen, und wir möchten natürlich gern, daß er sich auch in unseren Filmen zeigt. Je schneller wir also fahren, um so mehr tanzt unser Auto und damit unser Bild.

Daher empfiehlt es sich, den Geschwindigkeitsrausch an die Kandare zu nehmen und statt mit dem 18er-Gang mit dem 24er-Gang oder dem 32er zu filmen. Tut man das, wird man feststellen, daß die Bewegungen viel wiegender geworden sind und daß selbst auf unruhigen Straßen das Schwanken des Wagens und damit das Schwanken des Bildes durchaus erträglich wird.

Es ist aber gar nicht nötig, ja gar nicht empfehlenswert, freihändig zu filmen; denn damit überträgt man ja das Schwanken des Körpers auch auf das Bild, so daß dieses sich also mit dem Schwanken des Wagens und dem Schwanken des Körpers gleichzeitig auseinandersetzen muß.

Besser ist es, die Kamera fest mit dem Auto zu verbinden. Hier hilft das Autostativ, auf das wir gleich noch zu sprechen kommen.

Nun hat das Problem: Aufnahmen auf der Landstraße nicht nur eine technische Seite, sondern auch noch eine künstlerische oder, sagen wir weniger hochtrabend, eine bildmäßige Seite.

Wenn wir schon einmal versucht haben, während der Autofahrt zu filmen und wenn wir gewohnt sind, unsere Aufnahmen selbstkritisch zu betrachten, wird uns aufgefallen sein, daß manche Aufnahmen nicht recht wirken.

Das sind vor allem Aufnahmen, die nur eine Totale zeigen. Ferne allein ist aber für solche Szenen zuwenig.

Durch die Fahrt tritt sowohl Bewegungsunschärfe als auch Unruhe ein. Letztere verschwindet selbst bei aller Vorsicht nicht ganz, und daher wirken diese Aufnahmen nicht so, daß unser Publikum in Begeisterung gerät. Aus diesem Grunde ist es wichtig, auf irgendeine Weise eine Vordergrundbelebung in das Bild zu bringen. Das kann z. B. dadurch geschehen, daß wir uns für die Aufnahme einen Augenblick aussuchen, in dem nicht weit vor uns ein anderer Wagen fährt.

Auch das Überholen, vor allem auf der Autobahn, gibt die Möglichkeit, den Vordergrund so zu gestalten, daß das Bild interessant und auch das Fahrmoment betont wird.

Wichtig ist diese Art der Bildgestaltung vor allen Dingen, wenn unsere Fahrt durch eine landschaftlich nicht gerade mit Vorzügen bedachte Gegend geht.

Fahren wir durch ein Mittelgebirge oder an einer lieblichen Wiesenlandschaft vorbei, oder haben wir neben uns ein Flüßchen, dann können diese Details schon wichtig für das Bild sein. Führt uns unsere Straße aber durch nichtssagende Rübenäcker und fehlen womöglich sogar noch Bäume, dann sollten wir doch dankbar sein für jedes Gefährt, das unseren Weg in irgendeiner Weise kreuzt; denn es kann uns wunderbar als Statist dienen.

Schließlich muß auch noch darauf hingewiesen werden, daß wir möglichst bei allen Fahraufnahmen irgendein Stück von unserem Auto mit ins Bild bringen, weil dann der Fahreffekt viel echter wirkt.

Es muß nicht gerade viel von unserem Auto zu sehen sein. Manchmal genügt bereits die Kühlerfigur oder, wenn wir nach der Seite filmen, der Seitenspiegel. Vielleicht gehen wir aber auch auf den Hintersitz und filmen so auf die Landstraße, daß unser Freund am Steuer, seitlich angeschnitten, im Bild erscheint.

Wie wir es machen, ist nicht so sehr entscheidend — wir werden es sowieso auf immer neue Art versuchen, um möglichst viel Abwechslung in unseren Film zu bringen —, wichtig ist nur, daß von dem fahrenden Fahrzeug etwas im Bild zu sehen ist.

Nun werden wir natürlich nicht alle Fahrszenen auf der Landstraße aus unserem Auto heraus aufnehmen.

Das Thema, das wir uns gestellt haben, lautet ja auch: „Unser Auto als Filmstar" und damit ist schon gesagt, daß es möglichst viel und möglichst vielseitig in unserem Film mitspielen muß.

Da wären zunächst einmal die Totalen, und hierfür suchen wir uns natürlich eine Szenerie aus, die gestattet, auch ein längeres Fahrstück aufzunehmen.

Bei der Autobahn könnte das z. B. von einer Brücke geschehen. In einer landschaftlich etwas bewegten Gegend könnte man eine Schleife der Straße aufnehmen, so daß man das Auto in verschiedenen Richtungen fahren sieht (hier kann man ausnahmsweise sogar einmal mitschwenken) usw.

Hat die Straße Bäume oder hohen Grasbewuchs am Rande, so kann man diese dazu benutzen, dem Bild eine Vordergrundbetonung zu geben, so daß die räumliche Tiefe besser veranschaulicht wird.

Ganz ausgezeichnet geeignet für eine Landstraßenepisode sind Bahnübergänge. Hier tut sich bestimmt mancherlei Filmwirksames. Man kann sogar eine solche Episode irgendwo in der Nähe des Heimatortes stellen, indem man einfach das Vorbeifahren mehrerer Züge abwartet und dann die Aufnahmen aus den verschiedensten Richtungen macht, angefangen vom Läuten des Läutestellwerks bis zum Schließen der Schranken, das Auffahren der Autokolonne, das Warten, das Vorbeifahren des Zuges bis zum Wiederöffnen der Schranken und dem langsamen Flüssigwerden des Verkehrs.

Wenn Sie Ihr Auto einmal mitten im dicksten Verkehr zeigen wollen, dann sind Bahnschranken (abgesehen natürlich von Großstadtstraßen) ein recht brauchbares Mittel für unseren Zweck.

Während der Fahrt

Wir haben uns bereits im vorigen Kapitel darüber unterhalten, daß es nicht ganz einfach ist, befriedigende Aufnahmen während einer Autofahrt zu machen, weil nicht nur der Wagen sehr unruhig fährt, sondern weil sich auch die Schwankungen des Körpers auf die Kamera übertragen.

Wer daher öfter solche Aufnahmen machen will, der wird gut daran tun, sich ein Autostativ zu kaufen, das aus ein paar Haltestangen und zwei Saugnäpfen besteht, mit deren Hilfe man es an den verschiedensten Stellen des Wagens anbringen kann (Hersteller Veigel, Ludwigsburg). Unsere Bildbeispiele zeigen einige der Befestigungsmöglichkeiten.

Dabei ist aber zu beachten, daß die Kamera, wenn man sie außerhalb des Wagens anbringt, niemanden gefährdet, da sie ja ein Stück vom Wagen absteht.

Man mache solche Aufnahmen nur in Straßen mit wenig Verkehr.

Die Kamera läßt sich auch an der Windschutzscheibe anbringen, und zwar so, daß sie der Fahrer selbst bedienen kann, wie das eines unserer Bilder demonstriert. Zweckmäßiger ist es aber, wenn man die Betreuung der Kamera dem Beisitzer anvertraut und die Auslösung mittels eines Auslösers vornimmt. Niemals darf durch die Betätigung der Filmkamera die Aufmerksamkeit des Fahrers negativ beeinflußt werden.

Picknick

Es mag sein, daß Sie zu den bequemen Reisenden gehören und nichts von einem Picknick halten. Wir können das durchaus verstehen; denn Picknicks sind nicht sehr bequem. Ein Picknick ist zwar romantisch, aber wenn man mehr dafür ist, sich bedienen zu lassen, als selbst mit Hand anzulegen, dann hat es seine Nachteile.

Doch auch wenn Sie ein Anhänger der Bequemlichkeit sein sollten, möchten wir Ihnen empfehlen, es zumindest für Ihren Autofilm einmal mit einem Picknick zu versuchen; denn Sie haben hier eine ganz großartige Möglichkeit, Handlung, Leben und evtl. auch Humor mit ins Bild zu bringen.

Wenn Sie sich das Thema kurz in Stichwörtern notieren, werden Sie bald dahinter kommen, daß es sich empfiehlt zu streichen, damit aus der Episode, die ja Ihrem Auto gewidmet ist, nicht ein Picknickfilm wird.

Das geht bereits damit an, daß man zuerst ein Fleckchen sucht, das für die Picknickerei geeignet ist. Hier können evtl. schon die Temperamente der Mitwirkenden resp. Mitfahrenden aufeinanderprallen.

Dann muß man die Picknickutensilien ausladen und hat viele Möglichkeiten für Großaufnahmen. Begnügen Sie sich mit einem kalten Imbiß, dann kommt als nächstes das Decken der primitiven Tafel, wollen Sie aber das Picknick auf die Spitze treiben und selbst kochen, dann wird es wildromantisch.

Wir haben einmal einen Film vom Kochen und Picknicken gedreht, der 8 Minuten spielte, und der nur deshalb nicht länger war, weil wir uns geschworen hatten, unbedingt alles auf einer 8-Minuten-Spule unterzubringen. Wir haben dabei alle Augenblicke bedauert, daß wir die eine oder andere Einstellung unter den Tisch fallen lassen mußten, weil sie metermäßig beim besten Willen nicht mehr unterzubringen war.

Vor allen Dingen haben wir hier — und das ist ja bei einem Autofilm von besonderem Wert, weil er, wie wir bereits sagten, von Natur aus sehr zu Totalen neigt — eine herrliche Möglichkeit, eine Großaufnahme oder Ganzgroßaufnahme an die andere zu reihen.

Sie müssen diesen Komplex nun nicht damit enden lassen, daß Sie das Geschirr in einem nahegelegenen Bach abspülen und dann alles wieder verpacken. Sie können, vor allem wäre das vielleicht wichtig, wenn der Film bisher sachlich und ohne den notwendigen Humor abgerollt ist, die Sache auch witzig enden lassen, indem Sie es nämlich in dem Augenblick, da mit dem Tafeln begonnen werden soll, regnen lassen.

Damit Sie keine Angst vor der Aufnahmetechnik haben: Es muß keineswegs wirklich regnen, es genügt, wenn Sie in einer Totale den wolkendrohenden Himmel zeigen und in der darauffolgenden Halbnaheinstellung die Leute aufspringen, die Hand ausstrecken und den Schreckensschrei „es regnet" ausstoßen lassen. Danach ergreifen dann die Teilnehmer den Kochtopf oder das Geschirr, flüchten damit ins Auto und nach einigen Regen-Fahrszenen landet die ganze Gesellschaft in einem Lokal, wo sie à la carte speist.

Panne

Ach, wie viele zornige, boshafte, wütende Worte sind schon geflossen, wenn mitten im schönsten Landregen plötzlich der Wagen nicht mehr dem Steuer gehorchen will und sich dem ahnungsvollen Fahrer der schreckliche Verdacht auftut, den man mit dem Wort „Reifenpanne" umreißt. Wir wollen nicht boshaft sein und die Schadenfreude allzu üppig ins Kraut schießen lassen, aber wenn wir wirklich mit Leib und Seele Filmamateure sind, dann können wir doch den Gedanken nicht ganz unterdrücken, daß eine Panne dieser Art auch ihr Gutes hat, ja, daß sie für unseren Reisefilm das ist, was man gemeinhin ein gefundenes Fressen nennt.

Haben wir hier doch die Möglichkeit, ohne uns sonderlich anzustrengen, stimmungshumorvolle Szenen zu drehen. Man muß sich nur einen Ruck geben, wenn es einmal zu einer Panne kommt, um mit hinaus in den Regen zu klettern, einen Mitfahrer mit einem Regenschirm herbeizubeordern und sich an die Aufnahmen zu machen.

Es braucht ja nicht gerade ein Wolkenbruch erster Güte zu sein, den wir uns für diese kleine Episode aussuchen, ein leichter Nieselregen genügt schon; denn auch er zaubert uns interessante Bilder herbei. Und danach sind wir Filmamateure ja immer auf der Jagd.

Wir brauchen auch gar nicht abzuwarten, ob uns auf unserer Urlaubsreise ein solches Mißgeschick passiert und wir brauchen, wenn das Mißgeschick „tückischerweise" ausbleibt,

auf der Reise auch gar nicht einen solchen Zwischenfall zu stellen. Das können wir zu jeder beliebigen Zeit machen, wir müssen nur dafür sorgen, daß der oder die Mitwirkenden dann die gleichen Kleider anhaben, wie auf der Reise, falls wir die Aufnahmen mit anderen Reiseaufnahmen mixen wollen. Haben wir das beachtet, so kann uns leicht ein verregnetes Wochenende dazu dienen, um mit aller Liebe und Sorgfalt an einer nicht sehr belebten Straßenecke alle Szenen aufzunehmen, die uns für eine solche Panne typisch scheinen, und die wir (großer Vorteil des nachträglichen Stellens) so gestalten können, daß sie uns auch hundertprozentig in den Film hineinpassen.

Unsere erste Szene, die wir drehen, wird zweckmäßigerweise eine Totale sein, die unsere Zuschauer auf diesen Komplex vorbereitet. Wir werden uns, falls das möglich ist, am besten mit unserer Kamera so postieren, daß im Hintergrund die vorbeiflitzenden und Gischt sprühenden Autos zu sehen sind. So etwas ist immer wirkungsvoll. Wenn andere munter an uns vorbeibrausen, während wir uns im Regen abplagen müssen, dann unterstreicht dieser Gegensatz natürlich sehr kräftig die Wirkung unserer Szenen.

Vertonen wir unsere Aufnahmen und bringen an dieser Stelle einen ironischen, witzigen Kommentar, dann können wir sicher sein, daß wir die Zuschauer auf unserer Seite haben.

Aber soweit sind wir ja noch nicht.

Als zweite Aufnahme bringen wir eine Halbnaheinstellung, bei der wir, um den Bildausschnitt interessanter zu gestalten, mit der Kamera in die Hocke gehen. Bitte achten Sie darauf, daß bei solchen Szenen immer auch Werkzeug zu sehen ist. Gerade solche Kleinigkeiten beweisen den Zuschauern, daß das Malheur echt ist und nicht gestellt. Selbst dann, wenn es tatsächlich gestellt sein sollte. Als nächstes drehen wir eine Großaufnahme, vielleicht leicht von oben und so, daß wir dem schwitzenden (fluchenden?) Autofahrer besser auf die Finger sehen können.

Sie werden jetzt schon merken, daß wir vorhaben, die ganze Episode systematisch aufzubauen und in verschiedene Einstellungen aufzuspalten, damit unser kleines Mißgeschick spannend in der Bildfolge ist. Das können wir aber nur erreichen, wenn wir abwechslungsreiche Kameraeinstellungen bringen; denn an dramatischer Handlung ist ja in unserer Episode nicht viel.

Sollten Sie die Pannenszenen nachdrehen, und sollten Sie sich einen kräftigen Regenguß dafür ausgesucht haben, dann empfiehlt es sich, das Auto möglichst dicht bei einer Brücke zu parken, damit Sie, unter der Brücke hervor, unbelästigt vom Regen, in Ruhe Ihre Aufnahmen machen können. Das Auto sollte dabei natürlich außerhalb der Brücke stehen.

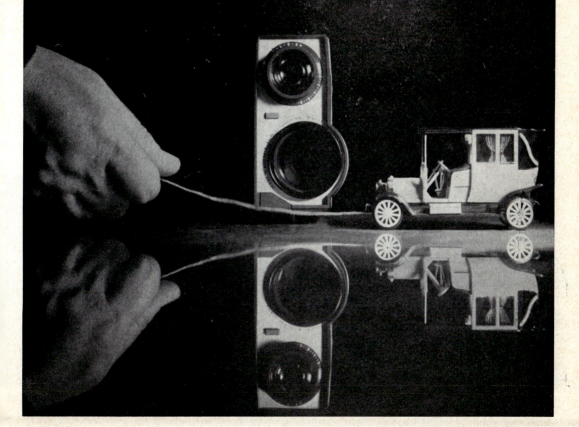
Unser Auto als Filmstar

Abb. 170 (vorige Seite): Modelle der sogenannten Old Timer sind heute große Mode. Sie kosten nur ein paar Mark, und man kann mit ihrer Hilfe recht wirkungsvolle Tricks aufnehmen, wie unser Bild beweist, bei dem sogar ein Spiegeleffekt in die Bildgestaltung einbezogen wurde.

Abb. 171—172: Totale, Halbnah-Einstellungen und Großaufnahmen können bei unserem Thema „Tankstelle" in buntem Wechsel aufeinanderfolgen. Wir stellen insgesamt zu diesem Komplex 12 Bilder vor und glauben damit einen ganz schönen Überblick über den Motivreichtum, der uns hier beschert wird, geboten zu haben.

Abb. 173: Das Spiel der Zahlen an der Zapfsäule wirkt im Film recht lustig. Man könnte hier noch eine weitere Einstellung anhängen, eine Ganz-Groß-Aufnahme, bei der nur die Zahlen auf der Leinwand zu sehen sind. Zu Ganz-Groß-Aufnahmen hat man verhältnismäßig selten Gelegenheit, dabei sind sie doch so überaus eindrucksstark.

Abb. 174: Auch diese Szene würde noch einen geringeren Aufnahmeabstand vertragen und uns damit Gelegenheit zu einer zweiten Ganz-Groß-Einstellung geben.

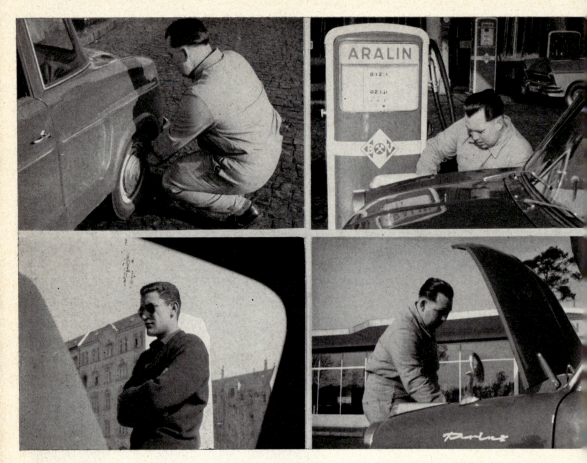

Abb. 175—178: Wir haben bei diesem Thema, wie schon bemerkt, viele Gelegenheiten für Großaufnahmen. Da die Leute an der Tankstelle aber nicht filmerfahren sind, müssen wir aufpassen, daß sie von unserem Tun nicht abgelenkt werden. Solche Aufnahmen wirken leicht hölzern. Manches kann man sicher aus einer Verborgenheit drehen.

Abb. 179—182: Wichtig ist auch, daß wir möglichst oft mit der Aufnahmerichtung und dem Blickwinkel wechseln. Es ist nicht gut, wenn man immer alle Szenen aus der gleichen Sicht macht.

Abb. 183—185: Hat man zwei Autos zur Verfügung, kann man die Fahrt auf der Landstraße leicht teils in Totale, teils in Halbnah drehen. Sehr belebt wird das Fahrmoment durch die unterbrochenen weißen Striche auf der Fahrdamm-Mitte. Wenn man die Möglichkeit hat, sie mit ins Bild zu bekommen, sollte man das sofort ausnützen; denn bei der schmutzig-grauen Farbe unserer Straßendecken wirkt der Untergrund sonst leicht etwas eintönig.

Abb. 186—189: Das sind einige Schnappschüsse, teils aus dem Auto, teils vom Straßenrand. Interessant ist das Bild oben rechts, das bei ziemlich starkem Nebel aufgenommen wurde. Man sieht es an der verschleierten Ferne. Solche Aufnahmen wirken direkt gespenstig, weil die anderen Fahrzeuge bei der verhältnismäßig

schnellen Fahrt plötzlich aus dem Nebel auftauchen. — Niemals sollte man es sich verdrießen lassen, auszusteigen und ein Stück dem Auto vorauszueilen, um unter besonderer Betonung des Vordergrundes das Auto auch einmal von außen aufzunehmen.

Abb. 190—192: Ein Hügel (oder eine Brücke) und eine gewundene Straße, das ist die richtige Szenerie, um unser Auto in Aktion aufzunehmen; denn ganz ohne Landschaft wollen wir unseren Autofilm ja auch nicht bringen. Im Gegenteil: etwas romantische Landschaft ist ein gutes Gegengewicht gegen die moderne Technik, die sich uns mit dem Auto darbietet.

Abb. 193—195: Der Halt an der Bahnschranke, sonst von den Autofahrern immer mit Ärger betrachtet, kann für den Filmamateur eine ganze Szenenfolge lebhafter Ereignisse bringen.

Das ist übrigens eine Szenenfolge, die auch sehr gut als Füller dienen kann, wenn wir ein Handlungsloch überbrücken müssen. Sie hat außerdem noch den Vorteil, daß wir sie jederzeit in der Nähe unseres Heimatortes nachdrehen können, falls wir erst beim Filmschnitt merken, daß uns an einer Stelle ein paar Autoszenen fehlen.

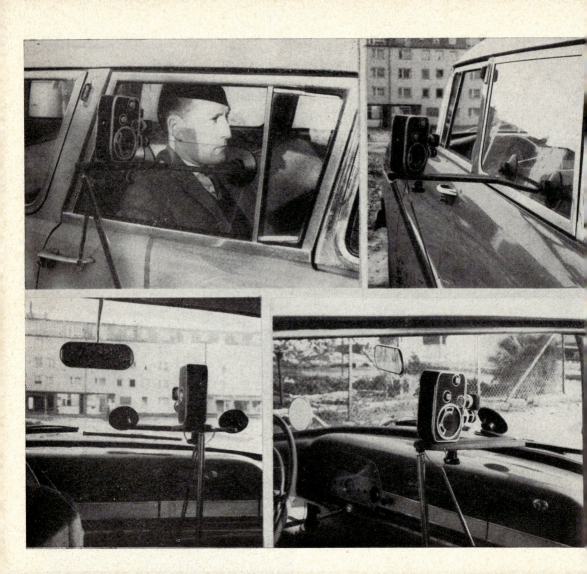

Abb. 196—201: Vereinfacht wird das Filmen aus dem Auto, wenn wir ein Autostativ verwenden. Wer viele Fahraufnahmen machen möchte, wird ohne ein solches Stativ kaum auskommen. Wer sich aber ein Autostativ zulegt und dieses außen am Auto befestigt, sollte sich damit nicht ins wilde Verkehrsgetümmel wagen. Eine vorstehende Kamera kann leicht irgendwo gegenschlagen und großes Unheil anrichten. Für solche Aufnahmen sucht man sich eine ruhige, möglichst verkehrsfreie Straße aus.

Es ist wichtig, das Stativ so am Wagen zu befestigen, daß immer auch ein Stück von dem Gefährt mit auf den Film kommt, das erhöht den Fahreffekt. Dieser Tip gilt natürlich auch für alle anderen Aufnahmen aus einem fahrenden Auto hinaus.

Abb. 202—205: Picknick kann man auf ganz primitiv machen, wie wir es hier tun, oder auch sehr attraktiv. Man muß sich dazu nicht gleich eine komplette Picknickausrüstung zulegen, man kann sich das Benötigte auch von der Dame des Hauses aus der Küche ausleihen.

Abb. 206—209: Auch hier haben wir wieder ein Thema vor uns, das uns viele Großaufnahmen und kühne Perspektiven bescheren kann.

Abb. 210—215: Nunmehr geht es um das Thema „Autopanne". Im Text schlagen wir Ihnen vor, den ganzen Pannenkomplex evtl. später nachzudrehen. Vor allem wird das wichtig sein, wenn Sie die Aufnahmen — um des stärkeren Effektes wegen — bei Regen drehen, wie wir es auch gemacht haben. Während der Reise läßt man sich nicht gern naßregnen. Hoffentlich hat man auch das Glück, von einer Panne überhaupt verschont zu bleiben.

Macht man von unserem Tip des Nachdrehens Gebrauch, sollte man aber von unseren Teilnehmern zumindest ein Foto machen, und zwar in dem Augenblick, wo wir später unseren Pannenbericht einfügen wollen. Wir brauchen dieses Bild wegen der Kleidung der Darsteller. Sie müssen bei den später zu drehenden Regenbildern genau so angezogen sein wie in den vorherlaufenden und nachfolgenden Szenen des Reiseberichtes.

Haben wir kein solches Dokumentationsfoto aufgenommen, oder ist uns die Idee mit der regnerischen Panne erst später zu Hause gekommen, so müssen wir uns den halbfertigen Film vorführen und uns dabei herausschreiben, welche Kleidung die Darsteller trugen.

Gewiß, es macht einige Mühe, so etwas zu tun, aber bitte glauben Sie uns, es macht sich vom Standpunkt der Wirkung unseres Films aus „bezahlt".

Übrigens: Wenn Sie Ihre Filme vertonen, empfehlen wir Ihnen, nach einer rasanten, zünftigen Musik Ausschau zu halten und die Länge und Gestaltung der Filmszenen nach dem Rhythmus dieser Musik zu bemessen. Sie werden dann einen ausgezeichneten Erfolg bei Ihren Zuschauern erringen.

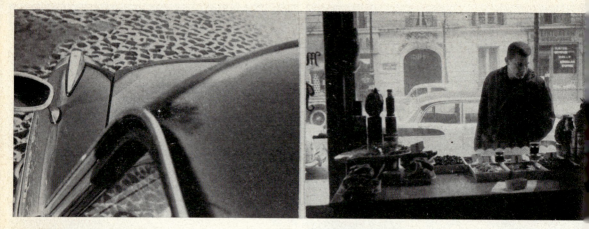

Abb. 216—219: Kühne Perspektiven und manche Möglichkeiten für schnell improvisierte Tricks (wie z. B. eine Aufblendung mit Hilfe der sich öffnenden Autotür) geben uns Gelegenheit, Regieeffekte in unseren Auto-Reisefilm zu bringen.

Abb. 220: Hier haben wir noch einmal unser Automodell der Abb. 170, diesmal in Verbindung mit einer Landkarte, die gewissermaßen als Schauplatz-Horizont dient. Man kann diese Szenerie mit einem Einergangtrick verbinden, indem man hinter dem Auto die durchfahrene Strecke als schwarze Schlängellinie in Erscheinung treten läßt. Ein solcher Trick ist schnell aufgenommen, da man ja nichts weiter nötig hat, als das Modell zwischen den Einzelbelichtungen ein Stückchen voranzuschieben und außerdem um die gleiche Länge die Schlängellinie fortzusetzen.

Man kann als Hintergrund aber auch ein reales Foto nehmen (etwa eine Landschaft-Fernsicht) und in diese dann, während das Auto langsam quer durch das Bild fährt, in einem zweiten Arbeitsgang die Ortstitel einbelichten.

Da diese Modelle nicht teuer sind (man bekommt sie auch als Bausatz) was nicht nur die Kosten weiter senkt, sondern zusätzlich auch eine hübsche Feierabendbeschäftigung bietet), kann man ohne großen Geldaufwand seine Episoden vom Auto wesentlich bereichern.

Abb. 221—226: Den Mann am Steuer bringen wir möglichst in kühnen, um nicht zu sagen gewagten, Bildausschnitten.
Die Abbildungen links oben und rechts unten auf der Nebenseite kann man leicht so gestalten, daß sie Fahraufnahmen vortäuschen, obwohl sie bei stehendem Auto aufgenommen wurden. Dieser Tip ist für jene Amateure wichtig, denen es zu umständlich und aufregend ist, die Aufnahmen während der Fahrt zu machen.
Leider gibt es viele Schmalfilmer, denen es an Wagemut fehlt. Sie sehen Schwierigkeiten, wo es gar keine gibt, und daher bringen ihre Filme so gut wie nie ungewöhnliche Einstellungen und ausgefallene Schauplätze.

Abb. 227—228: **Ärger mit der Windschutzscheibe**. Bevor wir uns dem letzten Abschnitt dieses Kapitels, der Titelherstellung zuwenden, schnell noch zwei Themen, die durch Leserbriefe anläßlich des Vorabdrucks des Berichts „Unser Auto als Filmstar" im „Schmalfilm" ausgelöst wurden.

Wenn Sie das linke Bild genau betrachten, werden Sie feststellen, daß es in den Bäumen im Hintergrund und auf der Jacke des Mopedfahrers ein paar Flecke gibt. Beim rechten Bild sind die Flecke sogar noch deutlicher zu sehen.

Über diese Flecke möchten wir Ihnen einiges sagen: Wenn man Aufnahmen aus dem Innern eines Autos durch die Windschutzscheibe auf die Straße macht, muß man selbstverständlich dafür sorgen, daß die Windschutzscheibe peinlich sauber ist.

Das ist im Sommer nicht ganz einfach; denn wenn die Mücken schwärmen, haben wir schon nach ganz kurzer Fahrt eine Menge Tupfer auf der Scheibe. Man muß also vorsichtig sein.

Man muß sogar doppelt vorsichtig sein. Wenn die Flecke, die etwa Rückstände von einem Regen sind (rechtes Bild), nur dünn auf der Scheibe sitzen, sind sie nur unter besonderen Lichtverhältnissen zu sehen.

So hatten wir einmal eine Filmszene in Todtmoos im Schwarzwald gedreht, die ganz prächtig begann, dann aber unbrauchbar wurde, als das Auto einen Bogen machte, um in eine Nebenstraße einzubiegen. In diesem Augenblick durchleuchtete die Sonne die Scheibe seitlich von vorn, und die Schmutzflecken waren so deutlich auf dem Film, daß dieser Teil der Szene nicht zu verwenden war. Wir fuhren dann in derselben Szene durch einige Schatten, die die Bäume auf die Straße warfen, und sofort war das Bild wieder klar.

Wenn man also eine Szene dreht, die sehr wichtig ist, sollte man am besten die zu filmende Strecke vorher abfahren und genau darauf achten, wie es mit der Windschutzscheibe steht (falls man sie nicht ganz kurz zuvor gründlich gereinigt hat).

Abb. 229—230: Der Scheibenwischer soll ins Bild. Zwei „Schmalfilm"-Leser schrieben uns, sie hätten es sich sehr effektvoll vorgestellt, bei Schlechtwetter Aufnahmen durch die Windschutzscheibe zu machen, und zwar so, daß der arbeitende Scheibenwischer mit im Bild zu sehen ist. Leider wäre das aber nicht der Fall. Was man allenfalls sehen könnte, wäre ein flackernder Schleier, der über die Winschutzscheibe husche.

Hierzu können wir ein paar Worte sagen, und zwar auf Grund eigener Versuche:
Die beigegebenen beiden Bilder zeigen einmal den Scheibenwischer im Ruhestand und zweitens in Bewegung. Abgesehen von dem kräftigen Endstück des Scheibenwischers ist auch hier kaum etwas auf den Film gekommen. Das liegt daran, daß der Kameramann die Aufnahme vom vorderen Sitz machte und die Optik auf unendlich eingestellt hatte (in Rücksicht auf die Landschaft). Da ist dann die Aufnahmeentfernung zum Scheibenwischer so gering, daß dieser nicht nur im extremen Unschärfebereich lingt, sondern sich außerdem auch noch durch seine schnelle Bewegung der Aufnahme entzieht.

Abhilfe: Man setze sich auf den Hintersitz des Autos, stelle die Entfernung möglichst so ein, daß etwas von der Schärfe noch bei der Windschutzscheibe liegt (selbst wenn die Schärfe der Ferne dadurch leidet) und filme im 24er-Gang.

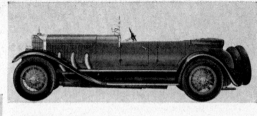

Dreht man einen Reisefilm, in dem unser Auto Hauptdarsteller ist, dann könnte man die Anfangstitelei vielleicht mit einer Bildserie historischer Autos unterlegen. Wir können hier (mit freundlicher Unterstützung der Firma Mercedes-Benz in Stuttgart-Untertürkheim) eine Auswahl solcher Old-Timer Fotos, die im Original sogar farbig sind, vorstellen.

Unsere Bilder zeigen: Abb. 231 (links oben): Mercedes-Simplex-phaeton aus dem Jahre 1902.

Abb. 232 (links unten): Benz-Limousine 1909.

Abb. 233 (oben): Mercedes Tourenwagen 1914.

Abb. 234 (unten): Mercedes-Benz 170 / 6 Zylinder 1931.

Abb. 235—237: Aber auch so, wie es diese drei Abbildungen zeigen, könnte ein Film beginnen, in dem unser Auto der Hauptdarsteller ist.

Das Einbelichten der Titeltexte in dieser Form ist allerdings nur möglich, wenn wir ein dunkles Auto unser eigen nennen. Bei einem hellen Lack würde sich die Schrift nicht deutlich genug abheben. In einem solchen Fall kann man sich helfen, indem man die Aufnahmen in die Abenddämmerung verlegt und die Szenerie sogar noch etwas unterbelichtet. Dann nämlich wird der Lack unseres Autos wesentlich dunkler.

Kann man den Film in seiner Super-8-Kamera für die Doppelbelichtung nicht zurückspulen, verwende man für die Titel Fotos. Hält man die Szenen nur so lang, wie der Zuschauer zum Titellesen benötigt, fällt die Szene nicht einmal als Standbild auf.

belichten muß (siehe Abb. 235—237). Ein mittelheller Waldweg und eine dunkelgraue Straßendecke ohne störende Reflexe gehen genau so gut. Vorsichtig muß man bei Schwenkungen sein, weil dann plötzlich Bildteile, die heller sind, ins Bildfeld geraten können.

Abb. 238 (oben links): Wenn wir für die Schilderung unserer Reiseroute keinen Landkartentrick verwenden wollen (wie wir das bei früherer Gelegenheit vorgeschlagen haben), können uns Straßenschilder gute Dienste leisten.

Für den Farbfilmer hat diese Titelgestaltung noch einen zusätzlichen Reiz, weil (zumindest in Deutschland), je nach Art der Straßen, verschiedene Schilderfarben verwendet werden: Für Landstraßen gelb, für Hinweise innerhalb der Städte weiß und für Autobahnen blau. Da diese Farben gut miteinander harmonieren, kann man verschiedenfarbige Titel sehr schnell (fast in Wirbelmontage) aufeinanderfolgen lassen.

Abb. 239 und 240 (rechts oben und unten): Diese beiden Bildbeispiele zeigen, daß man die Titeltexte nicht unbedingt mit dem Auto als Hintergrund ein-

Wollen Sie es mit dem Regen ganz toll treiben, dann nehmen Sie eine möglichst große Gießkanne mit und eine Leiter und lassen etwa einen Meter von der Kamera entfernt einen Hilfsassistenten aus der Kanne Wasser nach unten sprühen. Durch diese Wasserfäden filmen Sie dann die entsprechenden Szenen. Die Einstellung muß möglichst so erfolgen, daß das Wasser verhältnismäßig unscharf kommt.

Man darf aber nicht zu kräftig gießen. Obwohl man manchmal sagt, es hätte Bindfäden geregnet, sind die Regentropfen dennoch keine Wasserschnüre. Man muß also den Mittelweg finden zwischen einem dünnen Rinnsal, das zusammengeknüllt die Kanne verläßt, und den richtigen dicken Strahlen, die sich ergeben, wenn man die Gießkanne mit zuviel Vehemenz neigt.

Den rechten Pfiff bekommen unsere Filme erst, wenn wir es verstehen, Aufnahmen einzustreuen, die schon von der formalen Bildgestaltung her ausgefallen sind, oder die inhaltlich etwas Besonderes darstellen.

Nun, dieses Problem ist bei Autoaufnahmen eigentlich recht gut zu lösen. Das Auto mit seiner glänzenden Karosserie und seiner modernen technischen Form gibt natürlich manche Möglichkeit, das Bild so aufzubauen, daß es schon von der Linienführung her auffällt.

In den Radkappen können wir die gespiegelte Welt aufnehmen, im Rückspiegel eine interessante mimische Studie des Mannes am Steuer erfassen, durch raffinierte Ausschnitte können wir selbst einem bescheidenen Kleinwagen ein ganz verwegenes Aussehen geben und was der Möglichkeiten mehr sind.

Die Bilder unseres Buches sind, soweit irgend möglich, bewußt sehr effektvoll gehalten, um zu zeigen, daß auch die einfache Reportageaufnahme, die praktisch nur die Ereignisse schildert, so aufgefaßt werden kann, daß sie den Zuschauer anspricht.

In dieser Hinsicht sollte man, wenn hier das Thema „Effekte" zur Diskussion steht, doch noch einmal das ganze Autokapitel durchblättern und sich ansehen, was wir an Bildern zusammengetragen haben. Man wird dann finden, daß es zahlreiche Motive gibt, die geeignet sind, unseren Zuschauer-Freunden zu gefallen und auch uns selbst die Episode vom Auto lieb und wert zu machen. Bei dieser Gelegenheit möchten wir aber noch einen kleinen Tip einschalten: Autos sind wie Hunde. Sie begleiten uns nicht unser ganzes Leben hindurch, sondern sind nur für eine befristete Zeit unsere Weggefährten.

Trotzdem (oder vielleicht gerade deswegen) hängt unser Herz sehr an ihnen.

Wenn Sie also zu den Auto-Großverbrauchern gehören und sich alle zwei oder drei Jahre einen neuen Wagen zulegen, dann wäre es doch empfehlenswert, wenn Sie von jedem Auto, das Sie besitzen, ein paar Szenen auf einer gesonderten Spule sammeln und auf diese Weise im Laufe der Zeit zu einer Modenschau Ihrer Autos kommen, die schon nach zehn oder fünfzehn Jahren so interessant ist, daß dieser Film sicher einen besonderen Platz in Ihrem Filmrepertoir einnehmen wird.

Der Mann am Steuer

Der Mann am Steuer darf natürlich in unserem Autofilm nicht fehlen.

Es muß allerdings hinzugesetzt werden, daß es nicht ganz einfach ist, ihn aufzunehmen, weil man wenig Platz für die Kamera findet. Der beste Weg ist daher der, daß man von einem vorausfahrenden Auto filmt. Dieses Auto muß entweder ein Cabriolet sein, damit man das Verdeck zurückklappen kann oder aber ein Lastwagen; denn es geht bestimmt nicht gut, wenn man durch die Rückscheibe einer Limousine filmen muß.

Die Autos müssen dabei verhältnismäßig dicht hintereinander fahren, und damit das kein Malheur gibt, suche man sich für diese Aufnahmen eine möglichst abgelegene Straße mit wenig Verkehr aus und verwende Teleoptik.

Zweite Möglichkeit: Man montiert das Autostativ an ein Brett, das man auf dem Kühler befestigt, und betätigt die Kamera mit einem langen Drahtauslöser oder mit einem angehängten Zeitauslöser. In diesem Falle muß die Montage der Apparatur sehr sorgfältig vorgenommen werden, damit sie sich bei der Fahrt nicht losstuckert, worauf die Kamera dann schließlich etwas ganz anderes aufnimmt als uns vorschwebte.

Dritte Möglichkeit: Man macht die Aufnahmen am stehenden Wagen. Dabei muß man natürlich darauf achten, daß nichts von der Landschaft auf den Film kommt.

Das Heckfenster kann dabei sehr leicht zum Verräter werden, daher ist es am besten, wenn man es mit etwas Gepäckkram abdeckt. Beschränkt man sich dann auf den Kopf und die Hände nebst Steuerrad, so dürfte an den Seiten von der Szenerie nichts zu sehen sein.

Zu den Aufnahmen besorgen wir uns einige Freunde, die den Wagen leicht vibrieren lassen, indem sie von den Seiten gegendrücken (nicht übertreiben), damit die notwendige Unruhe, die nun einmal allen Fahraufnahmen anhaftet, nicht fehlt und das Fehlen zum Verräter werden könnte.

Außerdem aber muß sich der Mann am Steuer auch sehr zurückhalten. Er darf das Steuer nicht ununterbrochen mal nach links, mal nach rechts drehen, er darf nur ganz kleine Korrekturen vornehmen, es sei denn, daß wir zeigen wollen, wie er in eine Kurve geht. Aber auch dann darf er das Steuer nur langsam nach einer Seite einschlagen.

Im Filmatelier werden solche Aufnahmen so gemacht, daß man ein Führerhaus aufbaut und dann durch das Hinterfenster eine Landschaft zeigt, die in Rückprojektion auf eine Mattglasscheibe geworfen und zusammen von vorn mit dem Führerhaus aufgenommen wird.

Sicher ist es schon manchem Autofahrer aufgefallen, daß auch hier die Männer oder Damen am Steuer viel zuviel mit dem Steuer herumhantieren, weil sie glauben, auf diese Weise die angebliche Echtheit der Aufnahme demonstrieren zu müssen. Genau das Gegenteil ist richtig; die Hände müssen so wenig wie möglich bewegt werden, allerdings darf man sie auch nicht ganz stillhalten.

Es liegt hier dasselbe Problem vor, wie bei den Leuten, die im Film eine Brille tragen müssen, aber von Natur aus keine tragen. Diese tasten dann dauernd an der Brille herum, rücken sie auf der Nase zurecht oder drücken seitlich gegen den Ohrbügel. Der Brillenträger weiß dann sofort, daß ihm hier etwas vorgespielt wird, denn der echte Brillenträger faßt kaum je an seine Brille.

Ganz ähnlich ist es also auch mit dem Steuer, und wir wollen doch keine Fehler machen.

Schließlich müssen wir in diesem Kapitel noch darauf hinweisen, daß wir hier sehr gute Gelegenheiten zu Effektaufnahmen haben. Einige der in diesem Kapitel gezeigten Bilder könnten ebensogut im Abschnitt „Effekte!" stehen.

Sehr interessante Bilder kann man z. B. bekommen, wenn man den Seitenspiegel mit in die Aufnahme einbezieht.

Da der Film von unserem Auto sehr lebendig ist und viel Bewegung enthält, werden wir natürlich dies ausnutzen, um auch unsere Titel sehr lebendig zu gestalten.

Hierzu gibt es verschiedene Möglichkeiten: Drehen wir einen Film, bei dem das Auto nur eine Episodenrolle spielt (etwa in unserem Reisebericht, wo es als Fortbewegungsmittel in Erscheinung tritt), so werden wir natürlich die Titel dem allgemeinen Reisethema anpassen. Anders ist es aber, wenn das Auto der Hauptdarsteller in unserem Film ist. Dann werden wir dafür sorgen, daß das Auto auch schon in den Titeln in Erscheinung tritt.

Man kann hier nun so verfahren, daß man die Handlung bereits bei den Titeln beginnen läßt, so daß wir also, wenn die Titelei vorübergerollt ist, schon mitten in den Ereignissen stehen.

In diesem Falle wäre es vielleicht gut, wenn wir eine Autowäsche als Einleitungsszene nehmen und in dieses Bild unseren ersten Titel einkopieren. Wir haben hierzu ein Bildbeispiel, das diese Möglichkeit sehr schön demonstriert. Die Reinigungsprozedur schreitet mit dem Ablauf der Titel immer weiter fort, und wir können dann so viele Szenen mit Titeln unterlegen, wie wir Texte benötigen, d. h. wir können in jedem Augenblick mit dem Einbelichten der Titel aufhören, ohne Rücksicht darauf, wie weit die Handlung schon vorgeschritten ist. Das ist sehr praktisch, weil wir uns dann keine Sorgen machen müssen, etwa beim Abstoppen der Sekunden, damit Titel und Bild auch wirklich miteinander harmonieren.

Nun kann aber bei Super-8 nicht jeder Amateur zurückspulen und wenn doch, dann nicht weit genug, um in mehrere Szenen Titel einzublenden. In diesem Fall behilft man sich mit separaten Titeln, entweder reiner Text oder mit Zeichnungen versehen oder man arbeitet mit Fotovergrößerungen, auf die man Buchstaben legt. Diese Titel bringt man dann nach und nach zwischen den verschiedenen Filmszenen, also immer abwechselnd Bild und Text.

Etwa, um auf die Reinigungsprozedur zurückzukommen: 1. der Hausherr geht mit den Reinigungsutensilien zum Wagen / Titel: Der Urlaub steht vor der Tür / 2. Er sprüht das Auto mit Reinigungsmittel ein / Titel: Diesmal soll es in die Bayerischen Alpen gehen / Er in groß beim Wienern der Windschutzscheibe / Titel: Unser erstes Ziel soll Garmisch sein / usw.

Für Untertitel kann man schließlich auch Straßenschilder nehmen, die ja gerade dem Autofahrer in reicher Auswahl zur Verfügung stehen. Und als letzte Möglichkeit bliebe noch der Tricktitel. Hierfür stehen Vorlagen in dem Trickbogen „Die Autofahrt" zur Verfügung (Fachverlag Schiele & Schön GmbH, Berlin, 4,50 DM), mit dessen Hilfe man sich jeden gewünschten Tricktitel beliebig gestalten kann.

Im übrigen möchten wir darauf hinweisen, daß als Titelvorlagen nicht nur die Abbildungen dieses Kapitels dienen können, sondern auch die Zeichnungen, die wir jedem neuen Abschnitt des Autokapitels vorangesetzt haben.

Wir haben die Zeichnungen extra so gestaltet, daß sie sich ohne weiteres zur Illustrierung der Titel für Ihren Autofilm verwenden lassen.

Man paust sie sich zu diesem Zweck auf Transparentpapier (und, falls notwendig, von dort noch einmal auf Zeichenpapier) durch.

Damit die Zeichnungen nicht zu grell auf der Leinewand stehen, verwenden Sie bitte einen mittelgrauen Hintergrund. Er darf nicht so dunkel sein, daß die Deutlichkeit der Zeichnungen beeinträchtigt wird, braucht aber auch nicht so hell gehalten zu werden, daß er die Zuschauer blendet.

Ferner können Sie für die Titelgestaltung noch die Abbildungen 170 und 220 verwenden.

3. Ein Film von der christlichen Seefahrt

Frachtschiff oder Passagierschiff

Es gibt zwei Arten von Seereisen, die sich recht grundsätzlich voneinander unterscheiden: Die zünftig seemännische Reise mit einem Frachtdampfer und die mehr gesellschaftlich orientierte Reise mit einem Fahrgast-Schiff, wozu in gewissem Sinne auch die Kombi-Schiffe, die teils Fracht, teils Passagiere befördern, gehören.

Beide Arten der Seereise unterscheiden sich grundsätzlich voneinander:

Bei den Frachtdampfer-Fahrten ist man sozusagen Kronzeuge des seemännischen Alltags. Hauptpunkt, um den sich alles dreht, ist die Fracht. Ihr haben sich alle anderen Belange unterzuordnen, auch die Beförderung der Passagiere.

Dies muß man wissen, wenn man keine Enttäuschungen erleben will.

Wer eine Frachtdampfer-Reise machen möchte, darf die Reise nicht so anlegen, daß er am letzten Urlaubstag im Heimathafen von Bord geht. Das kann leicht schief gehen.

Frachtdampfer haben nämlich keineswegs einen bis auf die Stunde festliegenden Fahrplan, weil sie von der anfallenden Fracht abhängig sind. Sie haben auch oft keineswegs eine von vornherein festliegende und unveränderliche Route. Auch hier bestimmt die anfallende Fracht den Weg, den das Schiff nimmt.

Das führt dann dahin, daß man woanders hinkommen kann, als man geplant hat und, was bei Reisenden mit beschränktem Urlaub besonders schmerzlich ist, daß man zu anderen Zeiten zurückkehrt, als vorgesehen ist.

Der Bildreporter des „Schmalfilm", Achim Lange, den wir für diesen Bericht auf eine Frachtschiff-Reise nach Spanien und Portugal schickten, geriet mit dem Schiff in der Biskaya in einen Orkan, Windstärke 12, und dadurch mitsamt seinem Schiff beträchtlich aus dem vorgesehenen Fahrplan. Statt an einem Sonntag, kehrte er erst an einem Donnerstag zurück, und wenn wir eine solche Verzögerung nicht einkalkuliert hätten, wäre es vielleicht recht unangenehm geworden.

Man muß also für Frachtreisen stets zusätzliche Zeit haben, damit man nicht die Stunden zählen und womöglich auf den letzten Teil des Urlaubs verzichten muß, um dann überstürzt mit einem Flugzeug nach Hause zurückzukehren.

Außerdem tut man auch gut, sich genau zu informieren, welche Fracht das Schiff laden wird. Wenn man in den Häfen keine rechte Nachtruhe findet, weil die ganze Nacht hindurch Kies oder irgendein anderes geräuschvolles Gut mit donnerndem Gepolter in den Ladeluken verschwindet, tut das der Urlaubsfreude sicher manchen Abbruch.

Beherzigt man aber dies alles, wird man einen sehr schönen, erholsamen und abwechslungsreichen Urlaub erleben. Man wird in den Häfen in den allgemeinen Hafenbetrieb mit hineingeraten, man wird mit Lotsen zu tun bekommen, und mit riesigen Kränen, die sich mit der Ladung abplagen usw.

Das alles mag für ältere Damen, die sehr auf ihr leibliches Wohl und Ruhe bedacht sind, nicht das Richtige sein. Für den Filmamateur aber, der für seine Kamera immer neue Motive benötigt, sind diese Reisen eine wahre Fundgrube. Er wird nicht einen Augenblick lang in Sorge darum sein, was er filmen soll, im Gegenteil, er wird sich, wenn sein Film nicht endlos lang werden soll, Zügel anlegen müssen, um den Film nicht zu einem abendfüllenden Werk (mit entsprechenden Kosten!) anschwellen zu lassen.

Bei Reisen mit Vergnügungsschiffen (Fahrgastschiffen oder Kombischiffen) lernt man vom Leben des Seemanns im allgemeinen verhältnismäßig wenig kennen.

Der Hafen ist nur dazu da, die Beförderungsart zu wechseln. Vom Schiff in ein Auto oder in ein Flugzeug oder in ein anderes Schiff.

Vom Lied der christlichen Seefahrt wird also hier nicht viel erklingen. Dafür serviert uns eine solche Reise natürlich eine Menge anderer Motive, wie Bordspiele, gesellschaftliches Leben, ausgedehnte und ereignisreiche Landausflüge usw.

Plant man eine solche Reise, tut man gut daran, von vornherein einen einigermaßen genauen Reiseplan (auch bezüglich der Ausflüge) auszuarbeiten, damit man schon vor Reisebeginn in etwa festlegen kann, was man filmen könnte.

Eine gründliche Vorausbeschäftigung mit dem Reiseführer wäre in solchen Fällen wohl unbedingt nötig. Man möchte ja vermeiden, daß man immer nur Schlösser oder Burgen oder Palmen oder was es sonst nun gerade an Besonderheiten zu sehen gibt, aufnimmt. Man will ja abwechslungsreich sein und in seinem Film Dinge bringen, die allein schon durch ihre Verschiedenartigkeit unsere Zuschauer anzusprechen vermögen.

Auf hoher See

Da wir das Thema „Hafenbetrieb" später, in anderem Zusammenhang, noch ausführlich zu diskutieren haben werden, wollen wir einen großen Sprung machen und so tun, als wären wir bereits mit dem Schiff auf hoher See.

Allein mit dem Schiff auf hoher See. Unter „allein" meinen wir, daß uns außer dem Schiff mit seinen Menschen nur noch das Meer für Aufnahmen zur Verfügung steht.

Es gibt nicht wenige Filmamateure und noch mehr Urlauber, die bei dem Vorschlag, auch einmal eine Seereise in Erwägung zu ziehen, entsetzt zusammenzucken. „Was, drei Wochen lang nur Himmel und Wasser ... Um keinen Preis der Welt!"

Sehen wir uns also einmal um, was nun das Meer vom Deck eines Schiffes aus bieten könnte.

In erster Linie natürlich Wasser. Wasser jedoch hat mehrere Gesichter. Es kann glatt wie ein Billardtisch sein und zerklüftet wie ein Gebirge.

Unser Kameramann erlebte es tagelang in matterhornähnlicher Gestalt und trug sich (wie auch seine Reisegefährten) mit dem Gedanken, die Rückfahrt schießen zu lassen und sich einem Flugzeug anzuvertrauen.

Das wieder ruhiger gewordene Meer vertrieb diesen Pessimismus dann allerdings sehr schnell.

Die viele Meter hohe Welle der Abbildung 251 ließ ihn mit gegen die Brust gepreßter Kamera in donnerndem Getrappel die Flucht ergreifen ... sehr zu Unrecht übrigens; denn die Mordswelle kam nicht. Sie hob das Achterteil des Schiffes an und rauscht unter seinem Kiel (allerdings mit beträchtlichem Getöse und Geschüttere) dahin.

Davon verrät das Bild nicht viel. Und das hat seinen Grund. Dazu erst einmal eine Vorbemerkung: Unter der Besatzung waren einige eifrige Fotografen, und sie sagten unserem Bildredakteur, daß alle ihre Versuche, einen richtigen, zünftigen Sturm im Fotobild festzuhalten, fehlgeschlagen wären. Auf dem Foto sähe alles sehr viel harmloser aus. Die Tiefe wird zusammengedrückt, dadurch wird die Welle flacher, und es hängt vom Zufall ab, ob man überhaupt den richtigen Höhepunkt erwischt. Die Leute haben recht. Es ist wirklich nicht leicht.

Hier hat es der Filmamateur viel besser. In seinem Film entwickelt sich der Lauf der Welle. Das Bild hat Tiefe und Plastik, die Farbe des Meeres nuanciert in tausend Schattierungen des Grün und Blau und Grau. Kurzum, die Dinge haben Atmosphäre. Im Foto ist das Meer erstarrt und gefroren ... im Film ist es Leben, Bewegung, Geschmeidigkeit und zornig-boshafte hinterhältige Unruhe.

Aber auch im Film muß das Auge, wenn es die Bedeutung und Größe der Ereignisse richtig abschätzen soll, einen Bezugspunkt haben. Wasser allein vermittelt daher noch keinen rechten Eindruck. Wasser allein ist nur Unruhe. Es ist nur sachlich. Wir aber brauchen das Wasser als unseren Gegenspieler. Wir müssen zeigen, daß es um uns ist und u n s bedroht oder erschreckt oder erfreut.

Wichtig ist daher, daß wir in unsere Sturm- oder Meeresbilder wenigstens ein Stückchen des Schiffes mit einbeziehen. Wir können uns mit wenig Schiffsaufbau begnügen, wenn es uns in erster Linie auf den Gang der Wellen und das Peitschen des Windes ankommt; wir werden die Schiffsdekoration etwas reichlicher wählen, wenn wir unsere Zuschauer daran erinnern möchten, daß es u n s e r Sturmerlebnis ist, von dem wir in unserem Film erzählen.

Und nun noch etwas nicht weniger Wichtiges: Auf den Wellen tanzt unser Schiff. Wenn wir aber hinaus aufs Meer sehen, haben wir den Eindruck, als ob der Horizont auf- und niedersteige.

Auch in unserem Film bekommen wir leicht den wandernden Horizont aufs Bild, weil wir mit dem Schiff mitschwanken. Das müssen wir zu vermeiden suchen.

Die Berufsfilmer machen Sturmaufnahmen von einem Stativ, das nach Art eines Kreiselkompasses konstruiert ist. Wie sehr das Schiff auch schwankt, die Kamera steht immer waagerecht. Es ist so ähnlich, wie bei einer Hängematte. Wer darin liegt, hat das Gefühl, als wenn das Schiff um ihn, als den fast bewegungslosen Mittelpunkt, herumschwanke.

Ein solches Stativ können wir uns selbstverständlich nicht zulegen. Es ist ein kompaktes, unförmiges Stück Möbel, das zudem noch ein Heidengeld kostet. Wir müssen also versuchen, auf manuelle, primitive Art die Waagerechte zu halten. Wir bringen zwei Bildbeispiele, die zeigen, wie man es machen sollte und wie man es nicht machen darf, wenn man mit seinen Sturmaufnahmen angeben möchte, um von seinem Filmpublikum bewundert zu werden.

Und dann sind da noch die Möwen. Sie haben für den Filmamateur eine unangenehme Eigenschaft: Sie kosten viel mehr Film, als man verantworten kann. Ihr graziöses Spiel in der Luft ist eben ein zu reizvolles Filmthema, als daß man da widerstehen könnte.

Daher ein Tip: Drehen Sie so schnell wie irgend möglich zwei oder drei Möwenszenen. Und dann nie wieder. Es sei denn, es gäbe bei irgendeiner Gelegenheit eine besonders interessante Situation. Man muß auch hart sein und feste Entschlüsse fassen können.

Wenn man auf einer 18tägigen Seereise jeden Tag nur eine einzige Möwenszene dreht, hat man am Ende 18 Einstellungen und jede davon wahrscheinlich von beträchtlicher Länge. Das sind dann vielleicht drei Minuten Möwen, und was sollte man damit schon anfangen!? Unsere Zuschauer schlafen uns ja ein.

Beim Filmen merkt man das gar nicht. Da hat man sich jeden Tag nur ein paar Sekunden mit den Möwen beschäftigt. Das fällt gar nicht weiter auf. Aber, wie gesagt, es summiert sich.

Die Gefahr, sich bei seinen Filmaufnahmen zu wiederholen, ist überhaupt sehr groß, wenn man sich längere Zeit auf einem verhältnismäßig engen Raum bewegt. Da kann es ohne weiteres geschehen, daß man den wirklich sehr hübschen Durchblick zwischen den Rettungsbooten auf den gewaltigen Schornstein dreimal filmt.

Auch unser Kameramann, der doch gewohnt ist, seine Aufnahmen sehr ernsthaft auszusuchen und sich länger damit zu beschäftigen, hat manche Motive an Bord mehrfach aufgenommen. In einigen Fällen waren die Aufnahmen so identisch, daß wir zunächst vermuteten, das gleiche Negativ wurde doppelt abgezogen.

Man tut daher gut daran, sich auf einem Zettel, den man in der Jackentasche mit sich herumträgt, wenigstens die dekorativen Totalen in Stichworten zu notieren. Bei den Personenaufnahmen ist es nicht so schlimm, wenn sie in ähnlicher Art doppelt vorhanden sind. Diese Szenen kann man meist ohne Mühe in seinem Film unterbringen.

Die Besatzung

Wenn man sich mit Besatzungsmitgliedern anfreundet, findet man manche fesselnde Szene zur Auflockerung seines Films von der christlichen Seefahrt.

Gearbeitet wird an Bord ja immer. Entweder wird geschrubbt oder gepinselt oder Rost geklopft.

Treffen wir ein befreundetes Schiff, wird die Flagge gedippt, und der Mann, der das tut, gibt uns ein weiteres Filmthema.

Auch auf der Kommandobrücke darf man filmen. Natürlich nicht zu jeder Zeit, wenn man gerade Lust hat. Man bittet um die Erlaubnis.

Bei kleineren Schiffen trifft man ständig den Kapitän und kann ihn fragen; bei größeren wendet man sich an den Steward oder den Zahlmeister. Einer von beiden wird unseren Wunsch schon der richtigen Stelle vermitteln.

Nun sind die meisten Besatzungsmitglieder, was das Gefilmtwerden anbetrifft, krasse Laien. Von Fotografieren verstehen sie sicher einiges, vom Filmen aber kaum. Die Folge: Sie erstarren, sobald sie merken, daß die Kamera auf sie gerichtet wird.

Ein Steuermann auf einem Küstendampfer, der vor Jahren vom Verfasser gefilmt wurde, geriet so in eine steife Konzentration auf würdevolles Aussehen, daß er von seinem Kurs abkam und nach Beendigung der Szene wie wild an seinem Steuerrad herum drehen mußte.

Wer klug ist, macht daher solche Aufnahmen soweit irgend möglich mit langer Brennweite ... vielleicht sogar aus der Verborgenheit eines Verstecks. Wenn man kein Stativ bei sich hat, findet man an Bord immer etwas, auf das man die Kamera stützen kann: die Reling, ein Geländer, ein Brett oder ähnliches.

Wenn Sie die Leute bei der Arbeit zeigen, lassen Sie es nicht bei einer Einstellung bewenden. Wechseln Sie mit der Einstellung — und mit dem Abbildungsmaßstab. Dafür brauchen dann die einzelnen Szenen nicht endlos lang zu sein.

Abb. 247: Manchmal ist es vielleicht ganz wichtig, auch Szenen mit stark symbolischem Gehalt im Reisefilm zu haben. Ist, zum Beispiel, die Seefahrt nur eine Episode in unserem Film, und möchten wir einen Übergangstitel vermeiden, dann kann uns die Symbolik oft sehr helfen. Unser Bild ist ein Beispiel dafür. Es zeigt sogar eine dreifache Symbolik: Die Kamera für die Aufnahme, das weiße Hintergrundsrechteck für die Projektion und das Wickinger-Schiff für die Seefahrt. Außerdem zeigt unser Bild, wie man einen Titel einbauen könnte. Das Wickinger-Schiff — um auch das noch zu erwähnen — ist aus einem käuflichen Bausatz selbst montiert.

Abb. 248: Vielleicht umreißt dieses Bild aus unserer Auswahl am besten den Begriff „Seefahrt". Sturm, drohende Wolken und eine unheimliche Landszenerie vereinen sich mit dem Sonnenglanz und der düsteren Schiffs-Silhouette zu einer Szene, die alles über das Geheimnis des Meeres anzudeuten weiß.

Abb. 249—250: Wenn man seine liebe Not mit der Seekrankheit hat, dann sind diese Wellen für die Schiffsreise natürlich nicht das Wünschenswerte. Sehr wünschenswert sind sie aber für jene reisenden Filmer, die mit einem gewissen Maß von Standhaftigkeit und Beherrschung der revoltierenden Kräfte des Magens ausgestattet sind. Für sie ist ein richtiger Wellenschlag erst das Salz auf der Suppe.

Bei dieser Gelegenheit gleich noch ein wichtiger Tip: Der Wind zerstäubt die Wellenkronen und läßt über Deck ununterbrochen Feuchtigkeitsschleier wehen. Setzen Sie daher unbedingt ein Filter auf Ihre Optik, das sich nachher leichter reinigen läßt als die Vorderlinse des Objektivs. Schwarz-Weiß-Filmer nehmen ein Gelbfilter (oder ein Orangefilter, wenn sie die Wolken stärker herausholen möchten), Farbfilmer verwenden ein Graufilter.

Abb. 251: Das ist die große Welle, von der wir im Text erzählen. Selbst von der Kommandobrücke aus konnte man nicht über ihren Kamm hinwegsehen; denn das Schiff (ein Frachter von rund 1200 Tonnen) schwamm in einem tiefen Wellental.

Aber von dieser — für eine Landratte recht bedrohlich wirkenden — Situation sieht man auf dem Foto nichts. Hier fehlt nun einmal die Bewegung. In der Filmszene würde sich das Heck mit dem Näherkommen der Welle heben, die Wellenkrone würde nach unten absinken und uns den Blick auf das aufgewühlte Meer in der Ferne freigeben. So würden wir sehen, wie das Schiff sich mühen und plagen muß, und wie das Meer arbeitet.

Bei einer Seereise, daran kann gar kein Zweifel sein, zeigt sich ganz besonders deutlich die Überlegenheit des Films gegenüber dem Foto. Das soll keine Herabsetzung der Fotografie sein — beileibe nicht. Sie hat sehr viel für unsere Zeit getan. Aber alles kann sie auch nicht, und bei einer Seereise sehen wir in mancher Hinsicht ihre Grenze.

Abb. 252: Das Meer allein genügt als Motiv nur, wenn es eine ausgeprägte Wellenstruktur hat, kleine Kämme und Täler und auch Schaumkronen. Doch auch dann wird es unseren Zuschauern nur als kurzer Zwischenschnitt genehm sein, nicht aber als längere Szenenfolge.

Abb. 253: Haben wir dagegen etwas von unserem Schiff im Vordergrund, und sei es auch nur so wenig wie in diesem Bild, sieht die Sache gleich ganz anders aus. Jetzt ist eine Beziehung zwischen Nähe und Ferne geschaffen.

Abb. 254: Besser aber ist es, wenn wir unser Schiff etwas stärker in Erscheinung treten lassen und dem Meer die Hintergrund-Staffage zuweisen. Besonders wichtig ist das bei ruhiger See.

In der Beziehung zwischen Horizont und Schiff gibt es aber eine Komplikation, auf die wir bei den nächsten beiden Bildern zu sprechen kommen.

Abb. 255: So wird unsere Szene der bewegten See aussehen, wenn wir uns mit gespreizten Beinen an Deck stellen und keine Rücksicht auf den Horizont nehmen. Da wir in diesem Falle mit dem Schiff eine Einheit bilden (falls wir fest auf den Beinen stehen), bleiben die Senkrechten des Schiffes — etwa die Stange in der Bildmitte — senkrecht. Der Horizont aber schwankt mit dem Schlingern und Stampfen des Schiffes auf und ab. Manchmal steht er sehr schief, wie auch auf unserem Bild. Eine solche Aufnahme ist nicht befriedigend; denn sie verfälscht die Situation. Sie läßt das Meer tanzen und nicht das Schiff. Wir müssen es also anders machen, wie, das verrät uns das Bild rechts.

Abb. 256: Hier ist der Horizont waagerecht, wie es der Natur entspricht, das Schiff aber neigt sich. Im Text wird darüber gesprochen, daß der Berufsfilm für solche Aufnahmen ein kompliziertes Stativ verwendet, das die Kamera immer absolut waagerecht hält. Das ist schön und gut ... für den Berufsfilm. Aber was tun wir? Nun, keine Angst! Auch wir können uns helfen. Wir müssen bei der Aufnahme nur darauf achten, daß wir den Horizont immer möglichst waagerecht im Sucher behalten. Steigt er also im Sucher an der rechten Seite an, müssen wir die Kamera rechts anheben. Wenn wir dabei sowohl die obere Sucherkante als auch den Horizont im Auge behalten, wird es keine Schwierigkeiten geben. Man kann das vorher üben, indem man eine Hilfsperson eine Zeitschrift halten und an einer Seite anheben läßt, so daß sie diagonal durchs Bildfeld zu wandern beginnt.

Abb. 257—259: Dieses Schiff ist ein Tanker, der in der schweren See Ärger mit dem Steuer hatte. Er manövrierte immer um das Schiff unseres Kameramannes herum und hätte es zu guter letzt fast noch gerammt. Obwohl sich der Tanker teilweise nur schemenhaft vom Horizont abhob, haben die Bilder in der Projektion eine starke Wirkung. Dafür sorgten schon die Farben. Teils graues, teils glasig grünes, teils weißes Meer, düster grauer Himmel und dazwischen wie ein moderner Fliegender Holländer der gegen die See ankämpfende Tanker.

Möwenaufnahmen gehören in jeden Film von Schiffsreisen. Wir haben aber bereits darauf hingewiesen, daß man des Guten nicht zuviel tun soll. Zwei, drei Aufnahmen sind sehr schön (vielleicht versuchen Sie es hier einmal mit der Zeitlupe), aber was darüber, das ist von Übel. Einiges wäre nun aber noch zu diesem Thema allgemein zu sagen, damit der Leser nicht die gleichen Fehler macht, die so oft in den Reisefilmen der Amateure zu sehen sind.

Abb. 260: Ein eintönig-grauer Himmel in Schwarz-Weiß oder ein strahlend-blauer Himmel in Farbe sind nicht der richtige Hintergrund für Möwenaufnahmen. Während sie an uns vorbeifliegen, müssen wir die Kamera schwenken. Da sich aber im Hintergrund nichts verändert, haben wir den Eindruck, daß die Möwe überhaupt nicht vorankommt. Dies Ergebnis ist daher wenig befriedigend.

Abb. 261: Wir müssen also dafür sorgen, daß die Wolkendecke Löcher hat, oder daß sich am blauen Himmel ein paar Wolkentupfer finden. Da die Seereisen ja meist längere Zeit dauern, wird man eine dieser beiden Himmelssituationen sicher irgendwann zur Verfügung haben. Es muß auch noch darauf hingewiesen werden, daß es sich bei diesen beiden Szenen um Teleaufnahmen handelt. Tele ist für diese Aufnahmen praktisch unentbehrlich. Allerdings nicht aus freier Hand. Dann tanzt das Bild, und von der Grazie des Möwenfluges geht das meiste verloren.

Abb. 262: Hat man kein Tele zur Verfügung, sollte man etwas von den Schiffsaufbauten mit ins Bild bringen. Aber nicht zu viel, damit sie die verhältnismäßig klein abgebildeten Möwen nicht „erschlagen". Ein paar Taue, wie in unserem Bild, reichen dafür schon aus.

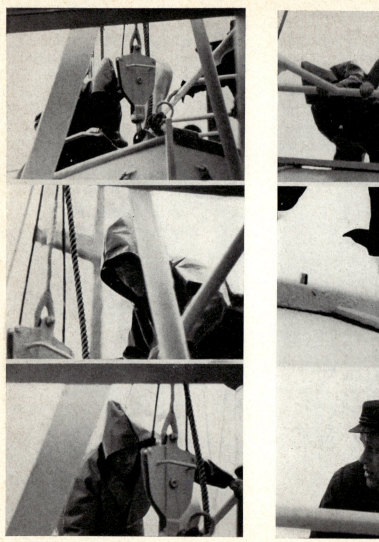

Abb. 263—269 (linke Seite und oben): Da an Bord eines Schiffes immer etwas zu tun ist, kommen wir leicht zu einer Serie lebhafter Aufnahmen. Es wird dem Leser sicher auffallen, daß unsere sieben Bildbeispiele sämtlich Großaufnahmen resp. Naheinstellungen sind. Das ist wichtig, da wir ja außer unseren Angehörigen und den vielleicht sehr wenigen Passagieren sonst eher zu Totalen als zu Großaufnahmen kommen. Wenn Sie sich mit ein paar Mann der Besatzung anfreunden — eine Buddel Rum oder ein paar Flaschen Bier als „Gage" tun Wunder —, wird es Ihnen bestimmt niemals an Mitwirkenden fehlen.

Abb. 270: Auch die technischen Einrichtungen des Schiffes können uns zu Großaufnahmen verhelfen. Manchmal brauchen wir solche Szenen, um einen Ereigniskomplex vom nächsten zu trennen. So könnte man mit Hilfe unseres Bildes nach einem Landausflug sofort und ohne weiteren Übergang zum Bordleben zurückkehren.

Abb. 271 (rechts): Wenn sich zwei Schiffe der gleichen Reederei treffen, begrüßen sie sich durch Dippen der Flagge. Auch dies ist eine Szene mit viel Lokalkolorit. Wenn man dann noch das vorbeifahrende Schiff zeigt (siehe Abb. 316), hat man gleich wieder eine abgeschlossene Szenenfolge.

Abb. 272: Shuffle-Board nennt man dieses, auf den großen Fahrgastschiffen sehr beliebte Spiel. Uns interessieren hier natürlich in erster Linie die filmischen Möglichkeiten, die in dieser Situation stecken. Und die sind nicht gering. Außer der Totale könnte man die Mitwirkenden und die beiden Zuschauer in Großaufnahmen und Halbnaheinstellungen zeigen, dazu das Spielfeld, die Scheiben, die Schieber usw. Im Handumdrehen haben wir da ein Dutzend Einstellungen zusammen und außerdem eine Möglichkeit, unsere Reisefreunde in unserem Film festzuhalten.

Drehen Sie auch nicht zu viele Episoden von der Besatzung. Die Leute sind uns fremd (von Ausnahmen vielleicht abgesehen) und haben daher in unserem Film nur eine Aufgabe: den Film lebendig zu machen und — noch wichtiger — ihm ein überzeugendes Lokalkolorit zu geben.

Lokalkolorit ist für einen Reisefilm ganz besonders wichtig. Dadurch wirkt unser Film echt.

Die Passagiere

Mit unseren Mitreisenden ist das ein ganz andres Ding. Da man für Tage — wenn nicht Wochen — an ein nicht sehr ausgedehntes Gefährt gebunden ist, hat man bald seine Freunde und Sympathien gefunden.

Und hier müssen wir noch etwas Allgemeines über Reisegefährten sagen: Wenn man sich sympathisch ist, hockt man dauernd beieinander und schwört sich heilige Eide, daß man sich dieses Mal aber wirklich nicht aus den Augen verlieren will. Aber im Endeffekt kommt es dann doch darauf hinaus, daß man nicht einmal die Bilder schickt, die man sich gegenseitig versprochen hat.

Der Verfasser kennt nur eine einzige Ausnahme ... und dieser Mann ist auch nur eine Teilausnahme.

Er ist ein 65jähriger Filmamateur, der seit etwa fünfunddreißig Jahren filmt, und zwar fast ausschließlich Reisefilme. Er läßt in allen seinen Reisefilmen seine Reisebekanntschaften eifrig mitspielen, nennt ihre Namen und ihre Wohnorte im Vorspann und hat allen wenigstens einmal den fertigen Film gezeigt.

Natürlich ist auch bei ihm die Bekanntschaft in den meisten Fällen im Laufe der Jahre eingeschlafen. Wer könnte auch den in etwa drei bis vier Dutzend Reisen angesammelten Freunden die Treue halten. Das geht einfach über die physische Leistung eines Menschen hinaus. Aber er ist doch über die Namen und die späteren Besuche mit diesen Leuten verbunden, und das gibt seinen Filmen — im eigenen Familienkreis, versteht sich — einen größeren Tiefgang.

Was wir hier über Reisebekanntschaften auf See gesagt haben, trifft auch für Gesellschafts-Bus-Reisen zu, auch für Wochenendausflüge, kurz für alle Reisen, bei denen die Reiseteilnehmer — gezwungenermaßen — einen engen Kontakt halten müssen.

Vergessen Sie bitte nicht, daß es nicht nur die Landschaft und das Reiseerlebnis sind, die Ihnen die Reise lieb und wert machten. Auch Ihre Reisegenossen sind sehr maßgebend daran beteiligt, ob die Reise sehr gut oder weniger gut gelungen ist.

Witz und Charme der Leute, die Sie gestern noch nicht kannten, tragen dazu bei — und nicht wenig —, daß Sie einen schönen, unbeschwerten, abwechsungsreichen und interessanten Urlaub verleben konnten. Wenn Sie diesen Menschen in Ihrem Film ein Denkmal setzen, stärken Sie nicht nur das Nacherlebnis in der Erinnerung, Sie geben Ihrem Film, der sonst vielleicht eine nüchterne, sachliche Reportage mit Kulturfilmcharakter geworden wäre, eine ausgesprochen persönliche Note.

Effekte

Filmmotive an Bord haben einen großen Vorteil: Sie laufen uns nicht weg. Wir können uns daher manche effektvolle Szene in Ruhe ausdenken. Während wir im Liegestuhl ruhen, können wir die Möglichkeiten verschiedener Bildgestaltungen in Gedanken an uns vorüberziehen lassen. Denn eins haben wir ganz bestimmt: Zeit! Niemand hetzt uns, und lesen können wir auch nicht immer. Vielleicht sind wir sogar ganz froh, wenn wir uns einmal etwas gründlicher mit unserem Reisefilm beschäftigen können.

Tauwerk, Bullaugen, Signallampen, Mastbäume, Rettungsboote in ihren Davits, Schornstein, Reedereiflagge, Radareinrichtung, Lot, Kompaß, Sonnenbesteck und viele andere kleine Dinge können dazu dienen, unserer Filmhandlung effektvolle Spitzlichter aufzusetzen.

Regen im Urlaub ist sicher ein Schrecken. Wenn er sich aber nur als kurze Husche betätigt, die dazu noch so gelagert ist, daß sie keinen unserer Ausflugspläne durcheinanderbringt, sollten wir vielleicht ganz froh darüber sein.

Unser Kameramann hat ein paar Bildbeispiele eingefangen, die leider hier im Buch einen Nachteil haben ... nein, zwei Nachteile: es fehlt ihnen Leben und Bewegung und außerdem die Farbe. Wenn man sich beides dazu denkt, wird man unbesehen glauben, daß solche Szenen mit zum Höhepunkt des Films gehören.

Effektaufnahmen können auch als Hintergrund für den Titelvorspann dienen. Wenn Sie die Titel einbelichten wollen, ist es am besten — das wissen Sie ja sicher bereits —, sie auf den Anfang einer Spule zu drehen, weil man sie dann mit Sicherheit für die zweite Belichtung wiederfindet. Aber solche Einbelichtung ist gar nicht nötig. Man kann zwischen die einzelnen Effektszenen auch separate Titel setzen und alle Bildszenen und alle Titel durch Zwischenschnittblenden miteinander verbinden.

Auf diese Weise hat man dann einen ausdrucksstarken Filmanfang.

Ein guter Anfang und ein gutes Ende — also Effektaufnahmen auch an den Schluß des Films — sind viel wert, vor allem, wenn die Filmhandlung nicht sehr inhaltsreich ist. Und welcher Amateur-Reisefilm ist schon inhaltsstark. Von hundert kaum einer. Das bringt nun einmal das Sujet so mit sich.

Land in Sicht

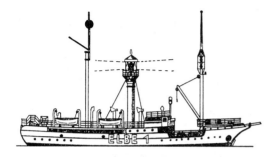

Die Braunschweiger Schmalfilm-Amateure denken noch immer mit Schrecken und Entsetzen an einen Film zurück, den eines der Mitglieder von einer Mittelmeer-Kreuzfahrt mitgebracht hatte. Er spielte anderthalb Stunden, und davon zeigte der überwiegende Teil der Szenen einen schmalen Küstenschnürsenkel, an dem der Dampfer entlangschipperte.

Nichts anderes war die Küste als ein hauchdünner Strich, manchmal kaum breit genug, um Wasser und Himmel eindeutig voneinander zu trennen.

Obwohl inzwischen Jahre vergangen sind, tritt bei den älteren Mitgliedern heute noch der Schweiß auf die Stirn, wenn ein Seereise-Film in den Projektor eingelegt wird. Unsere Abbildung 287 zeigt dagegen eine geradezu fulminante Küstenpartie, aber niemand wird behaupten wollen, daß man mit einer solchen Szene großen Eindruck auf seine Zuschauer machen würde. Selbst das glitzernde Gold des Wassers wird unserem Publikum keine Begeisterungsschreie entlocken.

Dämpfen Sie also Ihren Filmdrang, wenn sich das Schiff der Küste nähert. Nachher auf der Leinwand sieht alles noch viel winziger und weiter und verlorener aus als in Wirklichkeit.

Die Küste filmt man erst, wenn man sie fast schon mit den Händen greifen kann.

Es gibt ja auch noch andere Dinge, die uns inspirieren könnten. Vielleicht kommt der Lotse an Bord, und das ist — noch dazu für uns Landratten — immer wieder ein aufregendes Manöver. Man muß allerdings kühne Verrenkungen machen, um das Anbordgehen auf den Film zu bekommen, aber für unser Hobby ist uns ja keine Strapaze zu viel.

Wesentlich attraktiver als die Küste sind Flußfahrten. Hier gibt es sehr viel Filmenswertes. Fabriken und Hafenanlagen, imposante Häuser, Verkehrsmittel, Klappbrücken hetzen uns von Steuerbord nach Backbord und vom Bug zum Heck.

Zum Glück liegen sehr viele (ja, wohl die meisten) Häfen nicht am Meer, sondern in Flußmündungen. Auch die Seeleute suchen unter Land gern Schutz vor Stürmen. Also hat man die Häfen ein Stück von der Küste entfernt angelegt. Amsterdam, Hamburg, London, New York, Rotterdam, Bremen, sie alle liegen ein mehr oder weniger großes Stück von der Küste entfernt. Und damit haben wir, bevor wir zum Pier kommen, eine sehr abwechslungsreiche Fahrt vor uns. Da an Bord sehr viel gegessen wird, passiert es allerdings immer wieder, daß gerade ein Essen serviert wird, wenn wir an einem besonders schönen Stück Flußufer vorüberfahren. Jeder, der schon Seereisen gefilmt hat, weiß ein Lied davon zu singen. Unser Rat: Überschlagen Sie ruhig mal eine Mahlzeit, wenn es zum Nutzen des Films ist (oder kürzen Sie sie wenigstens ab). Sie freuen sich, wenn der Film von der Umkehranstalt zurückkommt, ganz besonders an diesen nur durch Entbehrungen möglich gewordenen Szenen.

Außerdem ißt man ja auf See sowieso viel zu viel. Die Waage zeigt es uns brutal nach der Rückkehr. Etwas Enthaltsamkeit tut also auch dem Blutdruck gut.

Hafenbetrieb

In 18 Bildern zeigen wir eine komplette Reportage vom Anlegen des Schiffes bis zum Löschen. Wir glauben, daß wir damit einen sehr abwechslungsreichen und interessanten Bericht vorlegen. Dabei würde die ganze Szenenfolge (Durchschnitts-Szenenlänge etwa fünf Sekunden) nur 90 Sekunden, also anderthalb Minuten spielen.

Das ist nämlich der Vorteil eines solchen Berichts mit raschem Szenenwechsel: Wir können — da sich der Zuschauer in der Handlung ja schnell gut auskennt — die einzelnen Einstellungen verhältnismäßig kurz halten. Bringen wir in jeder Szene einen ganz neuen Schauplatz, muß sich der Zuschauer jedesmal wieder neu eingewöhnen. Das dauert seine Zeit, und daher müssen Einzelszenen beträchtlich länger sein. Diese Tatsache sollte man sich immer vor Augen halten. Selbst bei Architekturen — etwa einem berühmten Bauwerk — kommt man besser weg, wenn man statt drei endlos langen Szenen neun kurze Einstellungen dreht, die in raschem Tempo aufeinanderfolgen.

Reportagen wie die 18teilige aus dem Hafen Setubal/Portugal eignen sich auch sehr gut dazu, bei einem vertonten Film alles Wichtige über den Ort und den Schauplatz im gesprochenen Kommentar zum Ausdruck zu bringen.

Setubal, um bei unserem Beispiel zu bleiben, hat eine recht bewegte und interessante Vergangenheit und zwei bemerkenswerte Kirchen. Außerdem ist die Stadt im 15. Jahrhundert ein Zeitlang Residenz der portugiesischen Könige gewesen. Obwohl sie eine ausgesprochene Handelsstadt ist, hat sie hübsche Blicke und einen sehr lebhaften Hafen; denn Setubal ist Hauptausfuhrhafen für die portugiesischen Ölsardinen.

Schon dieser Raffbericht zeigt, daß man allerhand Wissenswertes für seinen Kommentar zusammenbekommt, wenn man sich in der Reiseliteratur umsieht.

Bringt man aber diesen Kommentar gleichzeitig zu den Sehenswürdigkeiten, werden möglicherweise nicht nur unsere Zuschauer abgelenkt, wir müssen die Aufnahmen auch sehr weit ausspinnen, um genug Zeit für unsere gesprochenen Erläuterungen zu bekommen.

Hier hilft man sich mit solchen Reportagen, wie unsere vom Hafenbetrieb. Während die Ladebäume sich mit den Kisten abmühen, können wir unseren Zuschauern schon erklären, „daß dieser nüchterne und eifrigstaubige Hafenbetrieb kaum vermuten läßt, daß hier einmal die portugiesischen Könige zu Hause waren, daß man heute Setubal aber vornehmlich als Herkunftsbezeichnung auf den Ölsardinenpackungen kennt".

Dann weiß der Zuschauer bereits ein wenig Bescheid, und wenn wir die Szenen von der Historie zeigen, können wir diese kurz halten und außerdem an Stelle eines gesprochenen Kommentars mit stimmungsvoller Musik unterlegen.

Titel im Film von der Christlichen Seefahrt

Wenn wir Ihnen einen Tip geben dürfen: Nehmen Sie Haftbuchstaben mit auf Ihre Seereise. Sie kosten nur wenig Platz, belästigen daher nicht.

Mit ihrer Hilfe können wir es dahin bringen, daß unser Film fertig betitelt ist, wenn wir zum letzten Mal (und endgültig) an Land gehen.

Zwei Dinge fördern unsere Betätigung mit den haftenden Titelbuchstaben:

1. haben wir — das wurde von uns schon erwähnt — recht viel Zeit und können uns daher mit der Titelgestaltung in aller Ruhe beschäftigen;
2. wimmelt es um uns nur so von Dingen, an denen wir die Buchstaben befestigen können. Von den Glasscheiben der Bullaugen bis zu den Rettungsringen und von der weißen Eisenwand hinter den Liegestühlen bis zu den geschrubbten und gescheuerten Decksplanken sollte nichts vor unseren Titelbuchstaben sicher sein.

Soweit unsere Szenen an Bord spielen, können wir durch eine einfache Kamera-Schwenkung oder durch Betätigung des Hebels unserer Variooptik vom Titel in die Bildszene sprunglos hineingehen oder am Schluß der Bildszene zu einem neuen Titel überleiten.

Denken Sie nur einmal an unsere Schlechtwetteraufnahmen, die unser Kameramann durch die verregnete Glasscheibe des Fensters vom Speisesaal machte. Hier noch die Titelbuchstaben auf die Scheibe gesetzt, und Sie haben alles aufs Schönste miteinander vereint.

Über das Einbelichten von Titeln sprachen wir bereits. Besonders reizvoll ist das bei stürmischem Wetter, wenn die Wellen auf und nieder toben und die Gischt in hauchfeinen Schleiern quer über das Bild zieht. Eine solche Bildszene als Hintergrund für die Anfangstitelei genommen, und Sie müssen bei dem übrigen Teil des Films schon sehr gehunzt haben, um den guten Anfangseindruck restlos zu verwischen.

Sollten Sie aber unseren Rat mit den Haftbuchstaben zu spät lesen, d. h., sollte Ihr Seefahrer-Film schon fertig sein, so müssen Sie deswegen nicht verzweifeln. Man kann so etwas ohne weiteres zu Hause nachdrehen.

Dazu braucht man außer den Haftbuchstaben nur einen Balkon in einer so hochgelegenen Wohnung, daß man einen freien Blick auf den Himmel hat. Dann klebt man die Haftbuchstaben von innen an die Scheibe, postiert eine Hilfsperson mit einem Eimer Wasser auf den Balkon (für die Kamera unsichtbar) und läßt diese von Zeit zu Zeit einen Schwapp Wasser gegen die Scheibe schwenken. Wenn wir dabei aufpassen, daß weder der Wasser „speier" noch sein Gefäß im Film zu sehen sind, wird der Eindruck sehr echt sein.

Klugerweise beginnt man dann den Film nicht mit dem Titel, sondern mit zwei, drei stürmischen Szenen, damit für den Zuschauer die Anwesenheit des Wassers in den Titelszenen logisch begründet ist.

Und dann hat man ein großes Titelvorlagen-Reservoir in den Prospekten der Reedereien, die reichhaltig mit farbigen Fotos und schmissigen Zeichnungen ausgestattet sind. Man kann diese Prospekte in ihrer Gesamtheit verwenden, man kann sich aber auch Details ausschneiden und diese zu neuen Bildwirkungen arrangieren.

Der Verfasser kennt einen Amateur, der dieser Praxis zunächst bei seinem Fotoalbum huldigte und sie dann später auf die Filmtitel übertrug.

Er schuf wahre Meisterwerke an Farbe und linearer Gestaltung und war bei seinem Reisefilmen den Filmen der Lichspieltheater zumindest gleichwertig.

Macht man seine Urlaubsreise auf einem großen Passagierdampfer, dann kann man auch den Kabinenplan mit in seinen Film einbeziehen. Wir drucken einen Ausschnitt aus einem Kabinenplan auf der Nebenseite ab.

Diese Zeichnung eignet sich auch gut als Unterlage für einen Einergangstrick. Der eben erwähnte Amateur hat einmal sämtliche Schiffsepisoden einer solchen Dampferfahrt mit Tricks auf dem Kabinenplan verbunden.

Ging das Ehepaar z. B. von seiner Kabine hinauf aufs Bootsdeck, dann sah man zwei kleine Figuren (eine männliche und eine weibliche) die Kabine verlassen — gefolgt von einer schwarzen Linie, die ihren Weg markierte — den Kabinengang entlang-

Abb. 278: Dies ist ein Ausschnitt aus einem Kabinenplan. Man bekommt einen solchen Plan, wenn man im Reisebüro die Reiseunterlagen abholt. Was man als Filmamateur damit anstellen kann, haben wir ausführlich im Text geschildert.

gehen, die Treppe hinaufschreiten, worauf dann der Plan des nächsten Decks überblendete, auf dem sie ihren Weg vom Treppenhaus aus fortsetzten. Jeder Zuschauer hatte an diesem Trick seinen Spaß. Dabei waren die Aufnahmeschwierigkeiten recht bescheiden.

Wesentlich aufwendiger gestaltete ein anderer Amateur den gleichen Trick, indem er nicht nur seine Angehörigen im Kabinenplan zeigte, sondern auch andere Touristen, Besatzungsmitglieder usw.

Als im Speisesaal ein Tanzvergnügen stattfand, fuhr er mit der Kamera so nahe an den Plan heran, daß der Saal das ganze Bildfeld füllte. Überall drehten sich Paare im Tanz, Stewards mit Tabletts eilten vorüber, und die Kapelle war auch nicht müßig.

Da alles in Farbe gestaltet war, konnte man mit Fug und Recht von einem bunten Treiben sprechen. Diese Szenen, die natürlich beträchtlichen Zeichen- und Aufnahmeaufwand erforderten, waren so hübsch, daß die Zuschauer fast etwas betrübt waren, wenn die Tricks endeten und in die realen Tanzaufnahmen übergingen. Denn — um ehrlich zu sein — diese waren längst nicht so wohl gelungen. Vor allem weil der Amateur öfter einmal mit der Belichtung gepatzt hatte und sich dann nicht entschließen konnte, etwas von diesem Murks herauszunehmen.

Und damit sind wir bei einem weiteren wichtigen Punkt angelangt: So schön es ist, wenn die Titel schwungvoll und farbenfroh gestaltet sind, und so stark die Wirkung sein mag, die von gekonnten Zeichen- oder Puppentricks ausgeht; der Zweck ist verfehlt, wenn in der technischen Qualität nicht Trick und Fotoszenen gleichwertig sind.

Verpfuschte Szenen zwischen meisterhafte Tricks gesetzt wirken nur noch verpfuschter als wenn auch die Tricks nicht gerade Spitzenklasse wären.

Leider mußten wir sehr oft bei Amateur-Reisefilmen sehen, daß einer starken grafischen Begabung nur eine bescheidene fotographische gegenüberstand. Es ist sehr verwunderlich, daß die gleichen Leute, die die Güte einer Zeichnung sehr sicher zu bestimmen wußten, kläglich versagten, wenn es galt die realen Filmaufnahmen zu beurteilen.

Abb. 279: Bei dem heutigen, hochempfindlichen Material sind selbst solche Interieuraufnahmen kein Kunststück.

Abb. 280: Noch bei der vorigen Auflage erforderten solche Szenen eine ausführliche Beschreibung, denn um die Ausleuchtung von Innenaufnahmen stand es nicht zum Besten. Heute, mit den Aufstecklampen, ist auch eine solche Tafelrunde am Kapitänstisch kein Problem mehr.

Abb. 281: Dieser geheimnisvolle Mann im Südwester sieht in unserem Foto sehr schemenhaft aus, und es mag Leser geben, die beim ersten Blick gar nicht wissen, was sie von der Aufnahme halten sollen. Sie verstößt gegen manche Grundregeln der Fotografie. Etwa: daß die Hauptschärfe auf dem Hauptmotiv liegen soll. Hier liegt sie auf dem völlig unwichtigen Fensterrahmen ... daß jedes Bild einen sofort erkennbaren Bildinhalt haben sollte, selbst wenn dieser abstrakt oder surrealistisch ist. Hier hat man Mühe, sich vorzustellen, was überhaupt vorgeht usw.

Es geht hier also um ein (zugegebenermaßen) schwieriges Bild. Aber nur das Bild ist schwierig, nicht die Szene. Im Film tut sich nämlich einiges. Aus dieser Tätigkeit, den Hantierungen des Mannes jenseits der Fensterscheibe, kann der Zuschauer seine Ausdeutung der Filmszene beziehen.

Abb. 282—284: Damit dem Leser die Ausdeutung des Bildes etwas leichter fällt, seien hier noch drei weitere Szenen vom gleichen Standpunkt aus gegeben. Wenn sich in diesen Szenen alles bewegt, nicht nur die Lasten im Hintergrund und die Taue, sondern sogar die Regentropfen auf der Scheibe, dann haben wir sehr eindrucksstarke Aufnahmen. Der Ladevorgang, der nun wirklich etwas sehr Nüchternes und Reportagehaftes ist, wird hier stimmungsvoll, um nicht zu sagen romantisch. Und nur weil es regnete, also jenes Wetter herrschte, das die meisten Filmamateure verwünschen. Nicht ein Filmamateur aus einem Dutzend kommt auf die Idee, aus der Not eine Tugend zu machen. Das ist wirklich betrüblich, und wir können nur hoffen, daß diese Episode möglichst viele Reise-Amateure anregen wird, auch beim Regen zu filmen.

Was wir über die Schiffahrt sagen, gilt genau so gut bei Autoreisen (dort haben wir ebenfalls ein Regenkapitel eingefügt) wie bei Eisenbahnreisen und allen anderen Verkehrsmitteln und sonstigen Urlaubssituationen.

Natürlich sollte Regen kein Wunschtraum für uns werden. Wir brauchen aber auch nicht zu verzweifeln, wenn der Wettergott es nicht gut mit uns meint. Die meisten Szenen unserer gesamten Schiffsreportage sind bei trübem, stürmischen Wetter aufgenommen worden, und unser Kameramann hat trotzdem ganz interessante Bildbeispiele zusammengebracht.

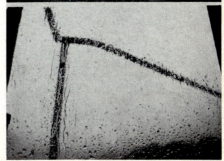

Abb. 285: Hier haben wir wieder ein Motiv, das im Foto gar nicht, im Film aber um so stärker wirkt. Bei dieser Szene hat man auch die Möglichkeit, den Fahrtrick der Variooptik anzuwenden, indem man am Anfang nur das Wasser zeigt und dann — durch Zurückfahren — die Schiffswand ins Bild bringt. Dieses Bild gäbe auch eine Möglichkeit mit Hilfe von Haftbuchstaben, die man an der Bordwand befestigt, gleich während der Reise die ganze Anfangstitelei aufzunehmen.

Abb. 286: Diese Situation beschert uns eine Filmszene voll unerhörter Plastik. Die Taue leiten den Blick des Beschauers gleichsam in die Tiefe des Bildes hinein und suggerieren ihm damit den Eindruck, tatsächlich in das Bildobjekt hineinzusehen. Die vielen Taue, Masten und Geländer an Bord geben uns reichlich Gelegenheit, diesen Eindruck in mancherlei Variation zu erwecken.

Abb. 287: Von Uferszenen dieser Art sollte man unter allen Umständen die Finger lassen. Selbst das funkelnde Licht des Vordergrundes kann nicht darüber hinwegtäuschen, daß die schnürsenkeldünne Küstenlinie dem Zuschauer nichts zu sagen weiß.

Abb. 288—290: Der Lotse kommt an Bord. Immer wieder ein Vorgang, der die Passagiere herbeilockt. Auch Sie — mit Ihrer Filmkamera! — sollten sich herbeilocken lassen. Sie erwischen hier gleich eine ganze Kollektion von Einstellungen. Erkundigen Sie sich vorher bei einem Matrosen, wo das Lotsenboot anlegt, damit Sie sich einen guten Platz sichern.

Abb. 291—308: Auf diesen beiden Seiten haben wir 18 Szenen, die einen logischen Fortgang haben, zusammengestellt. Es geht um das Anlegen des Schiffes und um den Beginn der Löscharbeiten. Wir sind auf dieses Beispiel im Text ausführlicher eingegangen, weil wir der Meinung sind, vor allem jene Reise-Filmer, die gewohnt sind, ihre Filme zu vertonen, sollten solche Komplexe in ihre Filme einbauen. Gar nicht einmal so sehr aus filmischen Gründen, sondern weil man auf diese Weise genug Zeit bekommt, einen unterrichtenden Kommentar zu sprechen.

Abb. 309—312: Laufen wir in einen Fluß ein, dann sollten wir mit unserer Filmkamera besonders rege sein, weil wir hier endlich größere Aufnahmeobjekte auch außerhalb des Schiffes aufnehmen können. Seilfähren, Klappbrücken, große Kräne, Fabriken, Schleusen (ganz besonders interessant), Hafenanlagen, andere Schiffe wie Schlepper und Barkassen, das sind Motive, die wir uns nicht entgehen lassen dürfen. Immer werden wir dabei bemüht sein, möglichst auch ein Stück des eigenen Schiffes mit auf den Film zu bekommen, weil wir damit nicht nur den Vordergrund betonen, sondern auch die Plastik verbessern. Da sich Schiffsvordergrund und Uferhintergrund dauernd gegeneinander verschieben, hat der Zuschauer das Gefühl mitten unter den Geschehnissen zu verweilen.

Abb. 313—315: Schiff und Meer sind eine herrliche, imposante Kulisse. Daran sollten wir auch denken, wenn wir daran gehen müssen, unsere Reisefilme zu betiteln. Wir sind auf dieses Thema im Verlauf dieses Kapitels bereits verschiedene Male eingegangen, so daß wir hier nur noch ein paar zusammenfassende Worte zu sagen haben. Gerade bei den Titeln der Schiffsfilme sollte man die Schauplatzszenerie möglichst immer mitspielen lassen. Ganz gleich, ob man die Titel einbelichtet oder ob man sich an unseren Vorschlag hält, Lege- resp. Klebebuchstaben mitzunehmen. Titel in der lebendigen Meerszenerie sind auf jeden Fall etwas Feines.

Abb. 316: Wenn einem solch eine Szene gelingt, hat man natürlich den ganz großen Knüller für seinen Film. Das wäre dann eine Szene, die man kurz entschlossen an den Anfang setzt, also noch vor die Anfangstitelei, damit der Zuschauer gleich den richtigen Begriff bekommt, was ihm bei dem folgenden Film bevorsteht. Es ist heute ein beliebter Trick, den Film nicht mit dem Titel, sondern mit einer Szenenfolge zu beginnen. Manchmal ist es albern und wirkt hergesucht, wenn man aber eine Szene hat, die wirklich von plakathafter Wirkung ist, dann bringen wir damit unsere Zuschauer bereits in die rechte Stimmung, bevor der Film überhaupt begonnen hat.

Abb. 317: Wir sind uns völlig darüber im klaren, daß der reisende Amateur kaum Gelegenheit haben wird, eine solche Szene (hier sind die beiden Schiffe „Bremen" und „Berlin" des Norddeutschen Lloyd vor New York vereint) aufzunehmen. Das Bild, das für Prospekte etc. angefertigt wurde, stammt aus dem Fotoarchiv der Schiffahrtsgesellschaft. Trotzdem aber kann man eine solche Szene für einen Film verwenden, etwa in Form der Doppelbelichtung. Man nimmt diese Szene als Hintergrund im Titelgerät auf, spult den Film bei verdeckter Optik zurück und filmt dann darüber die Reisevorbereitungen ... etwa unsere Verhandlungen über die Reise im Reisebüro.

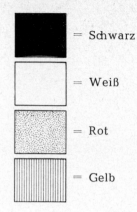

Auch bei dem Abschnitt „Seereisen" haben wir die Überschriften der einzelnen Kapitel so gestaltet, daß Sie ein paar Zeichnungen zur Illustrierung Ihrer Titel finden:

Seite 163: Zwei Baaken, wie wir sie an Flußmündungen finden.

Seite 168: Eine Flagge mit blauer Umrahmung und weißem Mittelfeld, der sogenannte „Blaue Peter". Sie besagt, daß alle Mann an Bord kommen sollen, weil das Schiff in Kürze in See sticht.

Seite 184: Eine Leuchtboje.

Seite 185: Das Feuerschiff „Elbe 1".

Seite 187: Eine Segeljacht.

Seite 189: Ein Flaggensignal aus den Buchstaben W, A, Y. In Seemannssprache übersetzt, bedeutet es: „Ich wünsche Ihnen eine angenehme Reise".

Damit Sie genau wissen, welche Farbe Sie den einzelnen Flaggen geben wollen, wenn Sie sie in Ihrem Farbfilm verwenden möchten, geben wir Ihnen eine Erläuterung der von uns verwendeten Farbsymbole.

Die vorstehend erwähnten Abbildungen entnahmen wir einem Büchlein, daß auch Ihnen gute Dienste leisten wird, wenn Sie Ihre Titel zünftig illustrieren, resp. Ihrem Film einen gesprochenen, sachkundigen Kommentar unterlegen möchten. Das Buch heißt: „Was weißt du von der Waterkant?" (Franckh'sche Verlagshandlung, Stuttgart). Er handelt sich um eine Art Taschenbuch, also um ein preiswertes Werk. Trotzdem hat es mehr als 175 Abbildungen und eine große Klapptafel, die einen Schnitt durch die „Bremen" zeigt. Also Material in Hülle und Fülle für unseren See-Reisefilm.

Seite 165: TS „Bremen".

Seite 182: TS „Berlin".

Diese beiden Abbildungen entstammen einem Prospekt des Norddeutschen Lloyd.

Die Eisenbahn spielt auch mit

Was darf man — was darf man nicht?

Wenn man auf dem Gelände und in den Fahrzeugen der Eisenbahn filmen will, ist grundsätzlich zweierlei zu beachten:

1. Man darf mit seinen Aufnahmen niemanden belästigen und die Sicherheit des Betriebes nicht gefährden.
2. Man darf sich selbst nicht gefährden und womöglich die Eisenbahn dafür haftbar machen, wenn man durch eigene Unachtsamkeit zu Schaden gekommen ist.

Unter diesen Voraussetzungen gestattet die Deutsche Bundesbahn Film- (und natürlich auch Foto-) Aufnahmen an allen Stellen, die dem Publikum zugänglich sind. Also:

Auf den Bahnsteigen, in den Bahnhofshallen und in den Zügen. An der freien Strecke nur, wenn der Bahnkörper nicht betreten wird.

Diese einschränkenden Bestimmungen haben eine zwingende Ursache: Wer sich mit seinen Aufnahmen beschäftigt, ist meist so sehr darauf konzentriert, daß er alles um sich herum vergißt und leicht in Gefahr kommen kann, wenn er die sicheren Gefilde, die ihm zugewiesen sind, verläßt.

Gerade als der Verfasser sich mit diesem Kapitel beschäftigte, kam die Nachricht von einem schrecklichen Unglück, das sich in der Nähe von Braunschweig ereignete: Zwei Falkner, die von der Falkenbeize zurückkehrten und zur Abkürzung des Weges (verbotenerweise!) den Bahnkörper benutzten, traten aufs Nebengleis zur Seite, als sich auf dem Gleis, das sie als Gehweg benutzten, ein Zug näherte. Durch das Fahrgeräusch dieses Zuges überhörten sie das Herannahen eines Schienenbusses auf dem Gleis, auf dem sie standen. Sie wurden erfaßt und völlig zerstückelt.

Also bitte: Vorsicht und Achtung bei allen Aufnahmen.

Auch wenn man aus dem Fenster des Zuges filmt, um vielleicht die Spitze des eigenen

Zuges auf den Film zu bekommen, ist man in Gefahr durch Signalmaste und Brückenpfeiler.

Am besten ist es, wenn man bei allen Aufnahmen einen Begleiter mitnimmt, der keine andere Aufgabe hat, als wachsamen Auges darauf zu achten, daß dem Kameramann kein Leid geschieht.

Nun kann es natürlich, wenn man ein ganz epochales Filmwerk in Arbeit hat, vorkommen, daß man ein paar Aufnahmen benötigt, die man unmöglich auf dem den Fahrgästen zugänglichen Teil der Bahnanlagen machen kann. Vielleicht wollen Sie zeigen, wie vom Stellwerk aus das Signal betätigt wird.

In diesen Fällen wendet man sich an die Pressestelle der für den Aufnahmebahnhof zuständigen Bundesbahn-Direktion. Welche das ist, verrät man Ihnen auf dem Bahnhof. Natürlich wird man einem solchen Verlangen nur in wirklich wichtigen Fällen nachkommen. Mit der Erfüllung Ihrer Bitte ist auch für die Bundesbahn allerlei Umstand verbunden. Es muß Ihnen zu Ihrem Schutz ein Beamter mitgegeben werden, eine Haftpflichtversicherung muß abgeschlossen werden usw.

Wahrscheinlich ist es auch gar nicht nötig, daß Sie mit so ausgefallenen Wünschen kommen. Schon gar nicht, wenn Sie keinen dramatisch ausgefeilten Spielfilm, sondern „nur" ein Stück Ihres Reisefilms drehen möchten.

Die Bilder, die wir diesem Kapitel unseres Buches beifügen, sind sämtlich so aufgenommen worden, daß sie keinerlei zusätzlicher Genehmigung seitens der Bundesbahn benötigten. Trotzdem glauben wir sagen zu können, daß das Thema „Eisenbahn" recht erschöpfend von uns behandelt worden ist.

Der Bahnhof als Filmschauplatz

Bei den vielen Reisefilmen, die der Verfasser im Laufe seines Filmer-Lebens gesehen hat, ist ihm immer wieder aufgefallen, daß der Bahnhof nur sehr selten als Handlungsschauplatz der Reisefilme in Erscheinung tritt. Fahrende Züge und Streckenbilder gibt es häufig. Manchmal sogar in fast surrealistischer Auffassung mit schräggestellter Kamera und durch- und übereinanderlaufenden Gleisen, mit Wirbelmontagen und temperamentvoll gesteigertem Bildschnitt. Aber Bahnhöfe mit ihrem aufregenden Betrieb, nein, die sind sehr rar.

Ich glaube auch herausgefunden zu haben, woran das liegt: Für den reisenden Schmalfilmer ist der Bahnhof so eine Art von Niemandsland. Er ist nicht mehr „Zu Hause", er ist aber auch noch nicht „im Urlaub".

Er ist mit mancherlei Komplexen beladen. (Ist auch überall das Licht ausgeschaltet, und wurde die Milch abbestellt!? Hoffentlich klappt es mit dem Anschluß ... wir haben schließlich nur sieben Minuten zum Umsteigen. Ob Elli ...? „Elli, hast du den Paß auch wirklich eingesteckt? Tu mir die Liebe an und sieh noch mal nach ... nur zu meiner Beruhigung." Und so weiter. Sie kennen das ja sicher auch selbst.)

Und dann ruht die Kamera so schön in ihrer Tasche. Soll man sie herausholen? Hält doch alles nur auf. Die vielen Menschen stören außerdem auch. Elli mag das übrigens gar nicht, wenn andere zusehen, wie ich sie filme.

Man ist natürlich zwanzig Minuten zu früh auf dem Bahnhof und könnte eigentlich sehr schön den Auszug der Familie in den Urlaub filmen. Man könnte! Leider übersieht man, daß der Abgang eine reine Hetze war. Zehn Minuten hat es gedauert, bis das jachternde Herz sich im Autobus endlich wieder beruhigt hatte. Aber die Hände zittern immer noch etwas. Wie soll man da die Kamera ruhig halten.

Nein, Bahnhof ist nicht. Vielleicht ein andermal. Diesmal beginnen wir den Urlaubsfilm im Zug. Wenn er nicht zu voll ist, und wenn die Kamera nicht zu tief im Gepäcknetz unter dem Gepäck vergraben wurde.

So ist das, meine Lieben! Und weil es so ist, deshalb fehlt der Bahnhof meist in den Reisefilmen.

Daher gleich vorweg ein wichtiger Rat: Drehen Sie die Ereignisse auf dem Bahnhof ganz unabhängig von Ihrer Reise. An irgendeinem schönen Wochenende. Oder an einem klaren, sonnigen Sommerabend. Am besten erst, wenn der Urlaub schon vorbei ist, dann können Sie vielleicht manches noch einbauen, was auf spätere Ereignisse, etwa während der Fahrt, Bezug hat.

Lassen Sie sich bei den Aufnahmen Zeit, und wenn Ihre Darsteller zur Befangenheit vor Fremden neigen, suchen Sie sich ein abseitiges Plätzchen aus (das Bahnsteigende ist wunderbar dafür geeignet).

Bei dieser Gelegenheit können Sie dann auch gleich noch ein paar Details zur szenischen Vertiefung aufnehmen (wir kommen darauf noch in einem Sonderkapitel zu sprechen).

Wenn Sie Ihre Aufnahmen mit dem Tele aus weitem Abstand machen möchten (wegen der Natürlichkeit der Darstellung) und ein Stativ verwenden wollen, müssen wir Ihnen sagen, daß die Benutzung eines Stativs auf einem Bahnsteig so ohne weiteres nicht gestattet ist. Es kann zu leicht den Betrieb behindern.

Aber vielleicht ist man großzügig, wenn Sie sich mit Ihrem Dreibein etwas abseits halten. Sprechen Sie mal mit dem Stationsvorsteher darüber. Der kann Ihnen helfen und wird Ihnen sicher auch helfen.

Wir haben jedenfalls keinen Beamten getroffen, der nicht brennend interessiert war, wenn wir ihm von unseren Filmplänen berichteten.

Bevor Sie mit den Aufnahmen starten, schreiben Sie sich vielleicht in Stichwörtern auf, wo Sie was alles filmen könnten. Sollen wir ein paar Möglichkeiten verraten? Bitte: Die Empfangshalle mit ihrem Betrieb / Fahrkartenschalter / Aushängefahrplan (mit Großaufnahme von Ihrem Zug) / Fahrgäste, wartend auf Bank / Zeitungsstand /

Wagen mit Erfrischungen / Richtungsschilder auf dem Bahnsteig und am Zug / Gleisgewirr mit möglichst vielen Weichen (lange Gleisstrecken können durch Tele sehr zusammengedrückt werden, siehe Abb. 335) / Signale / Weichenlaternen ...

A propos Weichenlaternen! Da fällt uns gleich noch etwas ein. Wie wäre es, wenn Sie Ihre Aufnahme in die Dämmerung verlegen würden. In jene kurze Zeitspanne, da zwar der Himmel noch genug Licht hat, um das Bild ein wenig aufzuhellen, da es aber doch schon so dunkel ist, daß die Lampen brennen.

Der Verfasser hat vor Jahren einmal einen solchen Film, der sogar in der Nacht spielte, gedreht. Natürlich brauchte er dann auch ein nächtliches Eisenbahnabteil für die Handlung. Heute wäre das kein Problem. Es gibt Batterieleuchten, mit denen ist man vom Lichtnetz unabhängig. Damals aber war das ein Problem. Doch wozu ist man schließlich Amateur. Er hat sich ein solches Abteil zu Hause in der großen Schiebetür zwischen Wohn- und Speisezimmer aufgebaut. Wer daran interessiert ist, kann alles an Bildern und Zeichnungen im Truhebändchen „Der rote Faden im Reisefilm" studieren. Doch dies nur nebenbei, zum Thema Nacht- und Dämmerungsaufnahmen.

Die Strecke

Wenn man in einer romantischen Gegend wohnt, oder wenn die Urlaubsreise durch eine romantische Gegend führt, hat man es mit den Streckenaufnahmen natürlich gut. Die wirken dann allein schon von der dekorativen Seite her.

Vielleicht hat die Strecke sogar Tunnel ...

A propos Tunnel!? Da fällt mir schon wieder eine Geschichte ein:

Vor vielen Jahren in Berlin hatte ein Amateur einen Reisefilm gedreht und wollte ihn vertonen. Mit einer selbstaufgenommenen Schallplatte, wie es damals Brauch war. Einer sogenannten „selbstgebackenen", weil sie nach der Aufnahme erst im Backofen gargebacken werden mußte. Es klingt wie ein Märchen, ist aber nichts anderes als ein Stück tontechnischer Frühgeschichte.

Er hatte nun unglückseligerweise an einer Stelle des Films einen recht langen Kommentar, doch nicht genug Filmszenen, um ihn unterzubringen. Er hatte sich schon zu dem Entschluß durchgerungen, den Projektor entsprechend lange anzuhalten, da kam mir eine andere Idee:

Unter den Filmszenen befanden sich auch zwei Tunnelaufnahmen, die die Einfahrt und die Ausfahrt zeigten. Wir gingen nun in einen dunklen Keller, hingen eine nackte Glühbirne an die Wand und schwenkten diese in schnellem Panorama mehrfach ab. Dann besorgten wir uns eine Rolle Schwarzfilm, klebten in diese von Zeit zu Zeit unsere vorüberhuschende Glühbirne (um einen Fahreffekt vorzutäuschen) und ließen das Ganze so lange laufen, bis der Kommentar, den wir mit Zugrollgeräuschen unterlegt hatten, vorüber war.

So hat man sich damals geholfen und gar nicht einmal schlecht.

Wir haben unter den Bildbeispielen auch ein Tableau von einer Tunneleinfahrt. Vielleicht inspiriert Sie dieses Beispiel zu ähnlicher Tat.

Aber nun zurück zu unserem Thema: Was tut man, wenn die Landschaftsszenerie eintönig und langweilig ist?

Man nimmt das eisenbahntechnische Dekor zu Hilfe. Eine Brücke etwa, oder einen Rangierbahnhof. Eine scharfe Kurve, eine Bahnschranke, einen ländlichen Kleinbahnhof usw.

Und wenn alles nicht helfen sollte, dann macht man die Fahrt symbolisch durch Schienengewirr sichtbar. Wenn Sie bei der Fahrt durch einen Rangierbahnhof aus dem Fenster Ihres Zuges hinunter auf die Gleise filmen, auf die herein- und herauslaufenden Abzweigungen, auf doppelte Kreuzungsweichen usw., wird auch der begriffsstutzigste Zuschauer begreifen, daß Sie ihm das Erlebnis einer Eisenbahnreise auf möglichst interessante Weise vermitteln wollen.

Unsere Darsteller

Schnell bewegliche Objekte haben einen großen Vorteil für unsere Filme: Sie schenken uns das, was wir so dringend benötigen ... Bewegung.

Sie haben aber auch einen Fehler: Sie benötigen — wegen ihrer schnellen Bewegung — sehr viel Platz, zwingen uns daher aus großem Aufnahmeabstand zu filmen, also mit sehr vielen Totalen zu arbeiten.

Wir brauchen daher einen Ausweg. Diesen können wir bei unseren Darstellern finden, wenn wir sie in Großaufnahme drehen und diese Großaufnahmen zwischen die Totalen einschneiden.

Aber filmen Sie nun Ihre Darsteller resp. Ihre Angehörigen (was ja meist auf das Gleiche herauskommt) nicht immer in der Sitzecke, entweder wie sie aus dem Fenster schauen oder lesenderweise. Das wirkt auf die Dauer langweilig.

Der Verfasser kann davon ein Liedlein singen. In den meisten Reisefilmen, wenn die Bahn überhaupt mitspielte, kamen solche Aufnahmen vor.

Unsere Bildbeispiele zeigen, daß es auch anders geht. Scheuen Sie dabei auch nicht immer vor superkühnen Einstellungen zurück. Sehen Sie sich gleich einmal die Aufnahme aus dem D-Zug-Gang im Kapitel „Effekte" an (Abb. 362). Im Film ist das eine Pfundssache.

Vergessen Sie auch nicht, daß die Angehörigen in unseren anderen Filmen schon zur Genüge in Erscheinung treten. Wir brauchen sie also keineswegs so aufzunehmen, daß jeder sie sofort erkennen kann.

Beim Besteigen des Wagens auf einem Unterwegshalt reicht die untere Körperpartie völlig aus. So aufgenommen sieht die Szene sogar viel witziger aus.

Und wenn man sich eine Flasche Bier zu Gemüte führt, dann kann das auf ganz ausgefallene Weise gefilmt werden, vielleicht so, wie wir es in einem anderen Bild dieses Kapitels vorführen. Wenn Sie sich das Bild ansehen, denken Sie bitte daran, daß sich im Film ja hinter der Bierflasche, dank der vorüberjagenden Szenerie, einiges tut.

Bei dieser Gelegenheit gleich noch etwas anderes: Wenn der Hintergrund hell ist, sieht man durch die Scheibe hindurch (die Spiegelung vom Abteilinneren ist gering). Ist der Hintergrund dagegen dunkel, spiegeln sich Abteildetails verhältnismäßig deutlich. Man kann dies geschickt ausnützen, um bestimmte Effekte zu erzielen.

Wenn Sie Personen im Zug aufnehmen, denken Sie auch daran, daß das Tempo des Zuges das Tempo des Films bestimmt. Vielleicht ist das für Ihren Film wichtig.

Sie drosseln indirekt das „Fahrtempo", wenn Sie die Großaufnahmen zu lang ausspinnen.

In einer Filmepisode, in der schnell gereist werden soll, unterstreichen kurze Szenen den Eindruck der Schnelligkeit beträchtlich. Will man dagegen zum Ausdruck bringen, daß man die Ankunft gar nicht mehr erwarten kann, und daß der Zug zu kriechen scheint, spinnt man die zwischen die eigentlichen Fahrszenen gesetzten Personen-Großaufnahmen beträchtlich aus.

Die Details dürfen wir nicht übersehen

in München auf dem Bahnsteig wartend herumstand, fiel sein Auge auf eine ganze Reihe solcher Schilder. Er machte einige Aufnahmen und die Probe, die wir veröffentlichen, zeigt, daß man bei einem entsprechenden Ausschnitt das Thema „Reisen" mit diesem Schilderwald recht gut umreißen kann.

Für uns sind die Details aber auch noch wichtig, weil sie uns — neben den Personenaufnahmen — nochmals die Möglichkeit geben, in die Totalen der Fahraufnahmen Großaufnahmen einzubauen.

Eine ganz besondere Bedeutung haben Details übrigens bei der Vordergrundbetonung. Manchmal müssen wir aus irgendwelchen Gründen ziemlich weit weg von unserem Hauptmotiv bleiben. Das gibt dann leicht einen langen, toten Vordergrund. Diesem kann man mit einem Detail etwas von seiner bildtötenden Wirkung nehmen.

Unsere Abb. 355 zeigt Passagiere beim Einsteigen in den „Rheingold" in Basel. Wenn man den imposanten Zug im Film zeigen will, braucht man viel Raum. Die Hälfte des Bildes wäre dann nur Bahnsteig. Eine simple Gepäckkarre, schnell in eine günstige Position geschoben, genügte, um die Leerheit der Tiefe zu beseitigen.

Unser Kameramann hat im Büro einen Kollegen, der sich einen ganz ausgefallenen Wandschmuck für sein Arbeitszimmer ausgedacht hat. Auf seinen Reisen hat er die Richtungsschilder der Eisenbahnwagen aufgenommen, die Aufnahmen vergrößert und die Vergrößerungen wahllos über die Wände verteilt. Alle Besucher sind von dieser Idee hell begeistert.

Hier sieht man, wie wichtig und wie ausdrucksvoll ein Detail, das in Wirklichkeit sachlich und nüchtern ist, sein kann.

Unseren Kameramann hat diese Idee übrigens nicht ruhen lassen, und als er nachts

Effekte und Superszenen bei der Eisenbahn

Vor vielen Jahren drehten wir in Berlin einen Wochenendfilm, der mit einer Eisenbahnfahrt anfing. Wir fanden einen Bahnhof mit einem Fußgängersteig, der so lag, daß die Lokomotiven genau vor ihm hielten. Man konnte sozusagen — die Berliner Vorortbahn fuhr damals noch mit Dampf-Tenderloks — in den Schornstein hineinsehen. Der Lokführer ließ es für drei Zigarren zu 25 (alle drei für 25) geradezu höllisch qualmen und wir filmten (hinterher kräftig vom Husten geschüttelt) in diesen dantesken Schlund hinein.

Zu Hause belichteten wir dann die Titel in dieses Rauchmeer, und nachdem der Zuschauer alles gelesen hatte, fuhr die Lok an, die Kamera schwenkte hoch und ließ den Zug unter sich vondannen ziehen.

Falls Sie wissen wollen, wie wir es erreicht haben, daß die Lok genau mit dem letzten Titel anfuhr: Wir hatten die Titel vorher textlich genau festgelegt, so daß wir bei der Aufnahme die Länge der Schornsteinszene berechnen konnten. Dann taten wir die Filmkassette — damals filmte praktisch alles auf 9,5 — in die Pathé-Handkurbel-Kamera, und zwar so, daß das Ende der Rauchszene vor dem Objektiv lag. Von hier aus filmten wir dann die Titel von hinten nach vorn und brauchten nun nur noch das überschüssige Stück Rauch abzuschneiden. Es wirkte geradezu super-berufsmäßig.

Wenn man das Glück hat, auf dem Bahnhof eine neue Lok oder einen blitzblanken Wagen zu erwischen, kann man sehr effektvolle Spiegelszenen aufnehmen; denn der Lack reflektiert ausgezeichnet.

So könnte man die Ankunft der Reiseteilnehmer und das Einfahren unseres Zuges nicht real, sondern als Spiegelung in einem anderen Zug drehen. Wir haben im Bildteil einige Beispiele, die zeigen, wie gespenstisch Spiegelungen aussehen können, selbst wenn sich nur das Dach der Bahnhofshalle spiegelt.

Die Verkantung der Kamera — ein Wunschtraum jener Schmalfilmer, die gern einmal etwas Surrealistisches in ihren Filmen haben möchten —, sonst nur sehr bedingt anwendbar, kann bei Fahraufnahmen ohne weiteres Verwendung finden. Vorüberjagende Gleise können wir praktisch in alle Richtungen dahineilen lassen. Ja, je turbulenter und durcheinandriger es in diesen Szenen zugeht, um so stärker wird beim Zuschauer das Gefühl sein, selbst in dem fahrenden Zug zu sitzen. Natürlich muß ein geschickter, auf Temperament getrimmter Filmschnitt dafür sorgen, daß die Ereignisse wirklich flott und mit graziösem Schmiß abrollen.

Filmen bei Bahnreisen

Abb. 329: Auch im Zeitalter des Autos und des Flugzeuges hat die Eisenbahn nichts von ihrem Zauber eingebüßt. Auch heute noch spricht eine große Bahnanlage von der Ferne und noch immer verlockt sie die Menschen dazu, ihre Gedanken ins Weite ziehen zu lassen, um von den Wundern und Schönheiten der Welt zu träumen.

Abb. 330—332: Der Hauch der Ferne weht in den großen Bahnhöfen, wo die Expreßzüge halten, zu uns herüber. Und unsere Aufnahmen von diesen Umschlagplätzen des Verkehrs wissen diesen Hauch der Ferne wohl zu wahren.

Abb. 333: Drei Bahnhofsschilder auf drei Bahnsteigen verschmelzen fast zu einer Einheit. Das ist möglich mit der langen Brennweite der Teleoptik. Geschickt eingesetzt, kann sie bei der Bildgestaltung eine große Hilfe sein.

Abb. 334: Bahnhofshalle vom Hauptbahnhof Kopenhagen. In solchen Hallen gibt's viel Licht, so daß wir keine Schwierigkeiten mit der Belichtung haben.

Abb. 335: Massierte Gleisanlage durch Verwendung der Teleoptik.

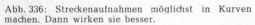

Abb. 336: Streckenaufnahmen möglichst in Kurven machen. Dann wirken sie besser.

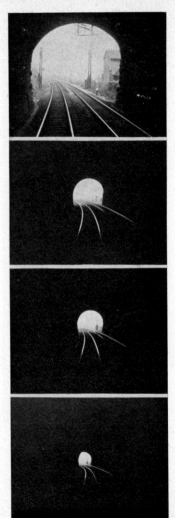

Abb. 337—340

Abb. 341—349: Ein Dorfbahnhof, der von einem Fußgängersteig überquert wird, ist der Schauplatz dieser neun Aufnahmen. Diese Bildfolge ist inzwischen ein Stück Historie. Wir haben sie — mit einem weinenden Auge — im Buch gelassen, denn sie zeigt, wieviel Romantik der Eisenbahn mit dem Tod der Dampfloks verloren gegangen ist. Die Umweltschützer sind dagegen wesentlich anderer Meinung.

Abb. 350: Vielleicht können Sie Ihre Reisegefährtin auch einmal so aufnehmen, das gibt dann eine gute Szene, besonders wenn sich die Dame erst hinsetzt, wenn die Kamera schon läuft. Wir haben zu dieser Situation noch eine andere Aufnahme (siehe Abb. 440). Beide Einstellungen lassen sich leicht zu einer Handlung verbinden.

Abb. 351—352: Hier haben wir unsere Angehörigen noch einmal in ungewöhnlicher Sicht. Da sie ja sowieso in fast allen unseren Filmen mitspielen, können wir auch einmal die Gesichter vernachlässigen.

Abb. 353: Vielleicht werden Sie sagen: Welcher vernünftige Mensch gießt sich ein Bier so ein!? Lassen Sie gut sein, der Zuschauer merkt es nicht. Beim Film wird so viel gemogelt, und kein Mensch nimmt daran Anstoß. Wagen Sie also ruhig einmal eine so tollkühne Einstellung. Natürlich nicht wenn der Zug hält; denn der vorbeijagende Hintergrund ist für den richtigen Schnick wichtig.

Abb. 354: Wenn Sie knapp an Darstellern sind, denken Sie an das Zugpersonal. Das gibt eine zünftige Kulisse ab. Meist sind die Beamten so beschäftigt, daß sie gar nicht merken, wenn sie gefilmt werden. So kommen wir zu natürlichen, ungezwungenen Bildern. Wir haben in diesem Buch noch ein zweites Bild ähnlicher Art (siehe Abb. 7), das fast als Vorläufer dieser Aufnahme dienen könnte. Obwohl dieses Bild bei Basel und das andere bei Hannover (und drei Jahre früher) aufgenommen wurde. Sie sehen daraus, wie man manchmal Szenen kombinieren kann, die gar nichts miteinander zu tun haben.

Abb. 355—358: Das sind Schnappschüsse, die gleichsam am Rande „gepflückt" wurden. Wenn sie nicht schon von vornherein für den Film vorgesehen wurden, kann man sie bestimmt als Füller verwenden. Ist man beim Filmschnitt, stellt man immer wieder fest, daß hier eine Szenenbrücke fehlt und dort eine. Da können dann Szenen dieser Art, die der Fachmann Zwischenschnitte nennt, gut aushelfen.

Abb. 359—360: Beim oberen Bild müssen Sie schon genau hinsehen, um festzustellen, daß es sich rechts um die Fensterfront eines D-Zug-Wagens handelt. Das untere Bild löst das Rätsel. Mit Licht und Schatten, mit Spiegelungen und Reflexen kann man bei seinem Zuschauern manchen guten Eindruck erzielen.

Abb. 361: In dem manchmal etwas düsteren Bahnsteig-Milieu kann uns das Gegenlicht zu einer besseren Herausarbeitung von Licht und Schatten verhelfen. Es kann dabei allerdings leicht zu Überstrahlungen kommen, weil der Gegensatz von Licht zu Schatten oft beträchtlich ist. Wir haben solch eine Überstrahlung — als mahnendes Menetekel — im Bild gelassen. Achten Sie also bitte darauf. In unserer Aufnahme z. B. hätte sie durch eine geringfügige Änderung der Aufnahmerichtung vermieden werden können.

Abb. 362: Der Gang eines D-Zug-Wagens aus der ... tja, was ist das nun für eine Perspektive? Der Ausdruck Frosch-Perspektive wäre ja etwas fehl am Platze. Sagen wir also aus der Fußläufer-Perspektive. Sicher paßt eine solche Einstellung nicht überall hin, aber wenn sie paßt, dann ist sie sehr wirkungsvoll. Daran kann wohl kein Zweifel sein.

Abb. 363: Auch eine gewagte Einstellung. Das halbe Bild zeigt den Wagen-Gang, die andere Hälfte den Bahnsteig. Mit der Belichtung ist es da nicht ganz einfach. Aber so, wie sich unser Kameramann entschieden hat, geht es.

Abb. 364: Dies ist zwar die Bar des „Rheingold", aber ähnliche Einrichtungen gibt es auch in manchen D-Zügen: die sog. Büfettwagen. Hier haben Sie Platz und Licht genug für Ihre Aufnahmen.

Abb. 365—366: Beim Blick aus dem Zugfenster sollte man möglichst nicht die Landschaft allein zeigen, sondern immer auch ein Stück von der Fensterumrahmung. Wenn die Lichtgegensätze nicht zu grell sind, also etwa in einer Bahnhofshalle (oberes Bild), kann man sogar ein Stück des Abteils mit in die Aufnahme einbeziehen.

Abb. 367—368: Das ist eine packende Szene für unseren Reisefilm. Aber Vorsicht bei der Aufnahme. Das Hinauslehnen ist bekanntlich verboten. Das untere Bild zeigt, was manchmal dicht an unserem Kopf vorbeihuscht. Besonders gefährlich sind entgegenkommende Züge. Also keine Experimente. Man kann aus dem Zug auch filmen, ohne sich hinausbeugen zu müssen. Deshalb sind möglichst scharfe Kurven für uns wichtig.

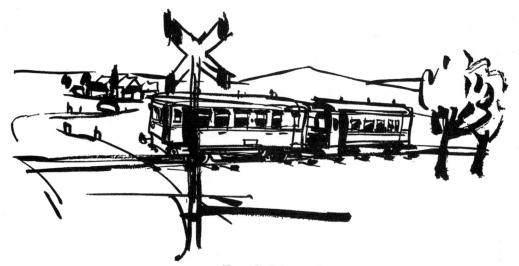

Der Schienenbus, Retter in vielen Nöten

Im Laufe der Zeit hat die Bundesbahn auf den Nahverkehrsstrecken immer mehr Schienenbusse eingesetzt. Das sind kleine Fahrzeuge, die tatsächlich eine gewisse Ähnlichkeit mit Omnibussen haben. Manchmal werden mehrere Wagen aneinandergekuppelt, so daß auch diese Züge eine beträchtliche Länge erreichen können.

Für den Schmalfilmer haben diese Züge eine ganze Reihe von Annehmlichkeiten, die wir unbedingt ausnützen sollten, wenn wir einen Film von der Eisenbahn drehen.

Zunächst einmal ist der ganze Wagen ein Abteil. Man kann also, wenn man seine Angehörigen aufnehmen will, ziemlich weit mit der Kamera abgehen. Die Raumnot, die uns manchmal bei Abteilaufnahmen plagt, gibt es hier nicht.

Die Fenster sind verhältnismäßig groß, so daß man einen guten Überblick auch über die Strecke bekommt.

Der größte Vorteil für uns ist aber, daß der Zugführer praktisch unter dem Publikum sitzt. Eine unserer Aufnahmen zeigt das sehr gut. (Siehe Abbildungen Seite 228).

Allerdings sitzt der Zugführer nicht immer so. Es gibt auch Wagen, da befindet sich zwischen dem Lokomotivführer und dem Publikum der Gepäckraum, den wir normalerweise nicht betreten dürfen. Wir sind aber überzeugt, daß man, wenn wir unsere Wünsche dem Zugpersonal vortragen, nicht nein sagen wird.

Haben wir also einen Platz dicht hinter dem Lokführer gefunden, dann können wir nämlich die Aufnahmen nach vorn hinaus auf die Strecke ohne weiteres machen. Auch dafür haben wir Bildbeispiele.

Diese Möglichkeit kann uns auch dann helfen, wenn wir nicht die Absicht haben, einen Film vom Schienenbus zu drehen, sondern wenn wir Streckenszenen brauchen, die wir zwischen unseren Urlaubsfilm schneiden möchten.

Natürlich fährt ein Schienenbus nicht so rasant wie ein Fern-Schnellzug, aber diese Klippe kann man umschiffen, indem man die Szenen an einer Bahnhofseinfahrt oder -ausfahrt dreht. Wir haben auch dafür ein Bildbeispiel.

Solche Füllszenen für den Urlaubsfilm kann man also ohne weiteres nachdrehen. Es ist auch ein verhältnismäßig billiges Vergnügen. Da diese Züge nicht schnell fahren, genügt oft schon eine Fahrt zum nächsten Bahnhof, um alles an Fahrtszenen aufzunehmen, was man benötigt.

Etwas allerdings sollten Sie nicht tun: Mit dem 8er-Gang filmen, um das Fahrtempo zu beschleunigen. Das geht nicht gut. Die Schienenbusse sind nicht sehr gut gefedert. Sie schlagen auf den Schienenstößen und den Weichen jedenfalls bedeutend mehr als D-Zug-Wagen.

Sehr reizvoll ist es auch, einen separaten Film vom Schienenbus und seinem Drumherum zu drehen. Des Morgens, wenn die Kinder zur Schule fahren oder gegen Abend, wenn die Fabriken in der Großstadt sich geleert haben. Es ist immer etwas los, und auf den Kleinbahnhöfen der Dörfer herrscht sogar noch so etwas wie gemütvolle Romantik.

Der Verfasser hat einmal eine Schienenbus-Fahrt von Bremerhaven nach Cuxhaven gemacht und diese Atmosphäre zwischen Fahrrädern und Milchkannen, dieses vergnügte Zuwinken, wenn sich Bekannte außerhalb und innerhalb des Zuges erkannten, war schon sehr stimmungsvoll und ausgesprochen gemütlich.

Man vergaß dabei völlig, wie langsam der Zug voran kam.

Die Vogelfluglinie

In allen Gegenden Deutschlands gibt es Strecken, die man auch vom filmischen Standpunkt aus als Knüller bezeichnen kann:

Im Süden die Zugspitzbahn.

Von Freiburg ausgehend, die Schwarzwald-Bahn.

Im Westen die Strecke von Remscheid nach Solingen mit der Mingstener Brücke oder die Bahnstrecken am Rheinufer.

Im Norden die Vogelfluglinie.

Und viele andere Strecken noch dazu.

Wenn man Gelegenheit hat, auf einer solchen Strecke zu filmen, wird der Film allein schon durch die Landschaftskulisse gefallen.

Ganz besonders abwechslungsreich ist die Vogelfluglinie, die von Lübeck nach Kopenhagen führt. Imposante Brücken, Trajektbetrieb und Dampferfahrt wechseln miteinander ab, so daß man einen sehr langen Reisefilm bekommt, wenn man auch nur ein paar Akzente dieser Fahrt auf den Filmstreifen bannt.

Wir haben das für Sie getan, und zwar stellen wir Ihnen einige Pointen von der Vogelfluglinie in kompletten Filmszenen vor. Es handelt sich teilweise um sehr lange Szenen, daher müssen Sie immer dafür sorgen, daß Sie einen festen Stand haben. Wenn man sich angewöhnt hat, in den Beinen zu federn, geht es ganz gut.

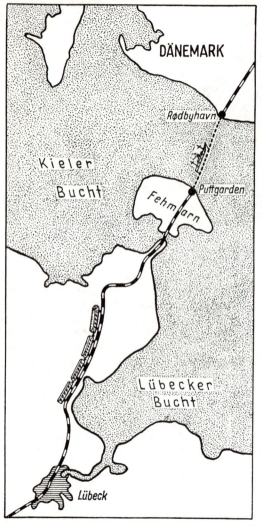

Sollten Sie übrigens bei so langen Szenen doch unterbrechen müssen, dann sorgen Sie gleich für Zwischenschnitte, damit sie die Unterbrechungsstelle überbrücken können.

An Möglichkeiten für Zwischenschnitte herrscht ja gerade bei unserem Eisenbahnfilm kein Mangel. Ein rollendes Rad, eine vorüberhuschende Weiche, ein Blick zwischen zwei Wagen auf die Puffer, das alles genügt schon, um einen Sprung im Handlungsablauf zu kaschieren.

Bei diesen Szenen sind wir vorn im Führerstand des Triebwagen-Zuges gewesen. Wir hatten den Zugführer um Erlaubnis gebeten, und er hat sofort ja gesagt. Natürlich verhält man sich bei solchen Aufnahmen sehr ruhig, drückt sich in eine Ecke, um nicht zu stören, und verschwindet, sobald man seine Aufnahmen abgedreht hat. Aber so etwas ist nur möglich, wenn es sich um einen Triebwagenzug handelt. Eine vorge-

Abb. 383: Die nebenstehende Karte zeigt ein Stück von der Vogelfluglinie, und zwar jenen Teil, den wir in unserem Bericht besonders herausgestellt haben. Eine solche Karte kann auch Verwendung finden, wenn wir die Reiseroute als Trick an den Anfang unseres Reisefilms setzen möchten. Unser Beispiel zeigt, daß solche Karten möglichst wenige Details enthalten sollten, damit sie übersichtlich sind.

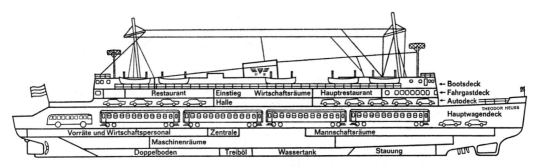

Abb. 384: Diese Zeichnung, die einen Schnitt durch das Eisenbahnfährschiff „Theodor Heuss" zeigt, verdanken wir der Freundlichkeit der Eisenbahnzeitschrift „Pfiff". Man kann eine solche Zeichnung zur Titelillustration verwenden oder — und das ist noch besser — als Trick, indem man die Eisenbahnwagen und Autos auf gesonderten Karton zeichnet und dann in den Schiffskörper hineinschiebt. Das Ganze wird im Einergang aufgenommen.

spannte Lokomotive dürfen wir nicht betreten, wenn es die zuständige Bundesbahn-Direktion nicht schriftlich gestattet hat.

Nun reizt es natürlich viele Schmalfilmer, einmal im Film einen Blick aus dem fahrenden Zug auf die Strecke zu zeigen. Man kann solche Aufnahmen allerdings auch vom letzten Wagen aus machen, es muß aber zugegeben werden, daß ein Blick nach hinten längst nicht so aufregend ist, wie ein Blick nach vorn. Wie man sich in einem solchen Fall helfen kann, verriet uns das Kapitel über den „Schienenbus".

Wenn Sie das Glück haben, daß Sie Ihre Urlaubsreise durch eine landschaftlich oder technisch besonders bemerkenswerte Gegend führt, sollten Sie es sich ernsthaft überlegen, ob Sie den ganzen Eisenbahnkomplex nicht einfach aus Ihrem Reisefilm herausnehmen und daraus einen gesonderten Film machen. Eventuell nur einen separaten Akt in einem mehraktigen Reisebericht.

Dann haben Sie nämlich die Möglichkeit, den Eisenbahnbericht durch Nachdrehen besonderer Effektaufnahmen noch weiter auszubauen.

Ich glaube, unser Thema verdient eine solche Sonderbehandlung.

Wir vertonen unseren Eisenbahnfilm

Mit der Geräuschuntermalung haben wir bei unseren Eisenbahnaufnahmen keine großen Schwierigkeiten. Manchmal müssen wir allerdings etwas schwindeln.

Das altbekannte Fahrgeräusch, dieses rhythmische TAMM-TAMM ... tamm-tamm ... TAMM-TAMM ... tamm-tamm ... der D-Züge stirbt nämlich aus.

Heutzutage werden die Schienen verschweißt, so daß die Schienenstöße verschwinden. Vom tontechnischen Standpunkt ist das bestimmt zu bedauern. Aber zum Glück sind noch nicht alle Strecken so modernisiert, und wenn wir nicht gerade einen Eisenbahn-Bauingenieur unter unseren Zuschauern haben, der ausgerechnet unsere Strecke genau kennt, merkt sicher niemand, wenn wir uns (von einer Geräuschplatte oder von einer Eigenaufnahme) das scharf akzentuierte Stampfen der Räder ausleihen. Wir haben es immer so gemacht, und bisher ist uns noch niemand auf die Schliche gekommen.

Diese Klippe werden wir also meistern. Es gibt aber noch eine andere: Die Züge fahren nicht immer gleich schnell und auf dem Bahnhofsgelände ist das Fahrgeräusch (die akustische Kulisse) ganz anders als auf freier Strecke.

Die beliebte Art, ein Fahrgeräusch (auf der Geräuschplatte ist vielleicht nur eins) für alle Fahrszenen, ob schnell oder langsam, ob auf dem Gleisgewirr des Bahnhofs oder mitten in der Heide, zu nehmen, wirkt zumindest bei jenen Zuschauern und Zuhörern störend, die ein feines Gehör haben.

Da hilft dann nur eins: Man macht auch die Tonaufnahmen selbst. Wenn man kein transportables Gerät hat, kann man vielleicht eins bei seinem Händler leihen.

Am sichersten ist es, wenn man sich die Szenen, die man vertonen will, vorher durchspielt, ihre ungefähre Spieldauer abstoppt und eine entsprechend lange Tonspur aufnimmt, damit man nichts stückeln muß. Das Band vom überschüssigen Fahrgeräusch ist ja nicht verloren, so daß man nicht knickerig sein muß. Es ist wichtig, dies den Filmamateuren zu sagen, denn vom Filmverbrauch her sind sie gewohnt, sparsam zu sein.

Vor jeder Tonszene sagt man kurz an, zu welcher Bildszene der Ton gehört. Also etwa „Waldstück mit Bahnwärterhaus". Dann braucht man nachher nicht lange zu suchen.

Titel wie Sand am Meer

Man kann sagen, daß die Überschrift wörtlich zu verstehen ist, auf keinen Fall ist sie übertrieben.

Kaum irgendwo findet man so viele fertige Titel wie bei der Eisenbahn:

Bahnhofsnamen / Richtungsschilder auf den Bahnsteigen / Richtungsschilder an den Wagen / Überschriften der Aushangsfahrpläne / Fahrkarten / Prospekte, die bei den Reisebüros aushängen / Plakate in den Bahnhofsvorhallen / Zeichnungen in den Werbeschriften der Eisenbahnen (zu einem großen Teil farbig) / Kursbuchseiten usw. usf.

Man kann seinen Reisefilm mit Titeln förmlich übersäen, ohne sich auch nur einmal in der Gestaltung oder Grafik wiederholen zu müssen.

Unser Bildbeispiel von einer Reise Hamburg—Zürich mit dem TEE zeigt, wie man durch drei fast gleichlautende Schildertitel sprunglos vom Bahnsteig bis zur Fahrt überleiten kann (Abb. 418 bis 420).

Und dann kann man natürlich noch allerhand mit Eisenbahnmodellen anstellen, sei's bei der Titelgestaltung, sei's bei irgendwelchen Trickszenen.

Wir haben in der Zeitschrift „Schmalfilm" schon mehrfach Aufnahmen von Modellen gebracht. Diesmal zeigen wir etwas anderes, nämlich Tricks mit Hilfe unseres Trickbogens

„Die Eisenbahnfahrt" (auch einen Bogen „Die Autofahrt" gibt es). Siehe die Abbildungen auf den Seiten 248-249.

Wer Kinder hat, wird bestimmt bei diesen Filmszenen sehr eifrige und erfindungsreiche Mitstreiter haben.

Anfang der fünfziger Jahre veranstaltete die Firma Dralowid einen Schmalfilm-Wettbewerb und unter den eingesandten Filmen war einer, der eine interessante technische „Rosine" aufzuweisen hatte. Der Amateur hatte es fertig bekommen, Filmszenen seiner Familienmitglieder in die Fenster der Spielzeugeisenbahn seines Filius einzukopieren. Da die Aufnahmen bewußt so gemacht waren, daß jeder sofort merkte, es handele sich um ein Modell (es war dazu eine billige nicht modellgerechte Bahn), war die Verblüffung bei den Zuschauern natürlich sehr groß.

Vielleicht haben Sie aber auch die Absicht, Ihren Reiseweg kartographisch in einem Trick darzustellen. Hierzu können wir Ihnen einen Tip geben, der sich ausgezeichnet bewährt hat, falls Sie zu den Leuten gehören, die nicht gut mit der Zeichenfeder umzugehen wissen.

Es empfiehlt sich nämlich nicht, fertige Landkarten zu nehmen und in diese die Reiseroute einzuzeichnen. Das wird viel zu unübersichtlich. Die geographische Situation muß so einfach und unauffällig wie möglich dargestellt werden.

Der Verlag Westermann in Braunschweig hat sogenannte Umrißkarten herausgebracht, von denen wir Muster in den Abbildungen 387 und 390 zeigen. Es gibt die Karten für eine ganze Reihe von Landschaften. Ein Prospekt kann man vom Verlag anfordern. Die Karten werden in Blocks zu jeweils 50 Stück geliefert.

Man hat also genug Material, selbst wenn man die einzelnen Trickphasen direkt auf die Karte zeichnet und Blätter für Versuche benötigt.

Die Karten sind 26 cm breit und 22 cm hoch. Sie enthalten nur die Flüsse und die Landesgrenzen, damit man sich orientieren kann.

Sie sind schwarz gedruckt, und das ist natürlich für unsere Zwecke etwas wenig, da wir mit Farbfilm arbeiten.

Also sollte man zunächst etwas Farbe in die Karte bringen. Etwa indem man das Meer und die Seen blau macht (wir haben einige bayerische Gewässer in unserem Beispiel schraffiert), die Gebirge braun, die Wälder grün usw.

Auch die Ortsnamen kann man farbig anlegen.

Es wäre aber falsch, hier des Guten zu viel zu tun. Dann wird unsere Karte ja doch wieder sehr unruhig und beeinträchtigt die Deutlichkeit unserer Tricks.

Also nicht jeden kleinen See blau anmalen, sondern nur die für uns bedeutungsvoll

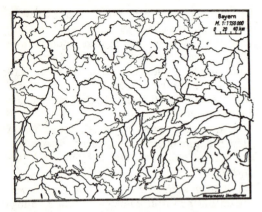
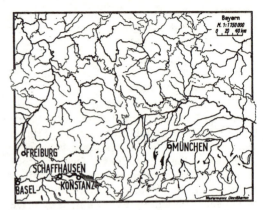

Abb. 387: So sehen Westermanns-Umrißkarten, über die wir bereits im Textteil gesprochen haben, im Original aus. Sie sind natürlich größer. Das Papiermaß ist 29,8 cm breit und 22,6 cm hoch. Das Kartenbild ist kleiner, so daß ein weißer Rand bleibt, der für uns als Anlegerand im Titelgerät wichtig ist. Die Karten enthalten nur Flüsse, Seen, Kanäle und Landesgrenzen. Irgend etwas muß ja schließlich auf der Karte sein, damit man sich zurecht findet. Alles andere müssen wir selbst einzeichnen. Dadurch ist uns die Möglichkeit gegeben, unsere Titeltrick-Karte ganz individuell zu gestalten.

Abb. 388: Hier haben wir die gleiche Vorlage, aber für die Trickaufnahme vorbereitet. Wir haben einige Seen herausgehoben (Bodensee, Ammer- und Starnberger See) und die Ortsnamen eingezeichnet, die für unseren späteren Reisetrick von Bedeutung sind.
Man denke auch daran, daß die Karte um so klarer wirkt, je weniger Einzelheiten sie enthält. Wir dürfen nicht vergessen, daß sie nur Sekunden auf der Leinwand steht, so daß sich der Zuschauer also sehr schnell zurechtfinden muß.

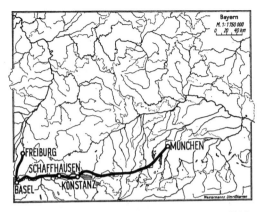 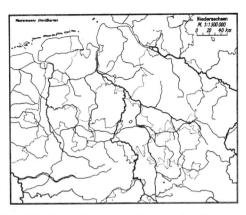

Abb. 389: Hier haben wir nun den fertigen Trick, wobei zu beachten ist, daß sich die Reiselinie natürlich erst im Laufe des Tricks fortlaufend entwickelt. In Freiburg beginnend, geht sie über Basel und Schaffhausen nach München. Man kann diese Linie direkt auf die Karte zeichnen, man kann aber auch anders verfahren und dies wird man tun, wenn einem das Netz der Flüsse immer noch zu kräftig erscheint und den Reisetrick zu erschlagen droht. Dann zeichnet man die Reiseroute auf ein Blatt Transparentpapier, das man an den Rändern fest mit der Karte verbindet. Das Transparentpapier mildert die darunter liegende Karte wesentlich. Will man eine noch stärkere Drosselung, legt man einfach zwei oder gar drei Bogen über die Karte. Wichtig ist, daß das Transparentpapier an allen Punkten fest aufliegt; denn dort, wo sich das Papier buckelt, wird das Kartenbild unscharf oder es verschwindet sogar ganz. Daher legt man vor jeder Einzelaufnahme eine Glasplatte über die Trickvorlage. Die Lampen sind dann so anzubringen, daß sie sich in der Scheibe nicht spiegeln können.

Abb. 390: Hier haben wir noch ein zweites Kartenbeispiel, nämlich Niedersachsen. Zur Zeit sind folgende Karten lieferbar Deutsche Länder und Landschaften: Deutschland / Schleswig-Holstein / Niedersachsen / Nordrhein-Westfalen / Hessen / Rheinland-Pfalz / Baden-Württemberg / Bayern / Berlin / Brandenburg / Mainspitze — Hessisches Ried / Die deutschen Ostgebiete / Saarland. Europäische Länder: Westeuropa / Frankreich / Niederlande — Belgien / Iberische Halbinsel / Appeninenhalbinsel / Balkanhalbinsel / Donauländer / Österreich / Schweiz / Polen und Baltische Länder / Dänemark / Ostseeländer / Britische Inseln / Alpenländer / Mittelmeerraum / Mitteleuropa / Europa. Übersee: Afrika / Asien / Australien / Nordamerika / Südamerika / Erde / Nordasien / Vorderasien / Vereinigte Staaten / Nordpolargebiet.

sind, und nicht jeden kleinen Wald grün auspinseln, sondern auch nur die Wälder, die wir durchfahren oder durchwandert haben.

Und möglichst leuchtende, klare Farben nehmen.

Beherzigen wir diese Vorschläge, dann bekommen wir Karten mit überzeugender plakathafter Wirkung.

Ist unsere Reise sehr ausgedehnt, empfiehlt es sich nicht, den ganzen Trick auf einer einzigen Karte unterzubringen. Nehmen wir an — um bei unserem Beispiel zu bleiben — unsere Reise ginge von Frankfurt über Basel und München bis Passau und von dort über Nürnberg und Würzburg weiter nach Norden, so würden wir einen endlos langen Trick bekommen, wenn wir das alles in einer einzigen Szene zeigen würden.

Viel besser ist es da, wenn man sich auch den Trick in verschiedene „Kapitel" einteilt und jeweils immer nur das auf der Karte zeigt, was sich in den nächsten Minuten im Film abspielen wird.

Wenn man im Umgang mit der Kamera etwas geschickt ist, kann man sich für jeden Teiltrick einen entsprechenden Ausschnitt aus der Karte herauspicken, so daß dieser dann in einem größeren Abbildungsmaßstab erscheint.

Abb. 391—398: Die Brücke, die Sie hier so rasant herankommen sehen, führt über den Fehmarnsund. Es ist ein Glanzpunkt der Vogelfluglinie. Die Bildserie zeigt gleichzeitig noch, wie wichtig es ist, wenn man bei Aufnahmen aus dem fahrenden Zug ein beherrschendes Streckendetail im Bild hat, das in rasender Eile auf den Zuschauer zugeschossen kommt. Da vergißt unser Publikum ganz, daß unser Kinobild keine Plastik hat, sondern flach ist.

Abb. 399—406: Hier ist noch ein zweites Beispiel mit einem solchen plastischen Effekt. Die Bildserie zeigt die Einfahrt in den Bahnhof von Puttgarden und in das Trajekt. Da der Zug hier schon verhältnismäßig langsam fährt, wird man die ganze Szene von Abb. 400 bis 406 nicht in einer Einstellung herunterdrehen können. Also handle man klug und sorge für Zwischenschnitte, mit denen man die Sprünge überbrückt. Solche Zwischenschnitte können wir von unseren Mitreisenden aufnehmen, die bestimmt neugierig aus den Fenstern sehen, von den Weichen, den Signalen usw.

Abb. 407—414: Und nun sind wir bereits an Bord des Fährschiffes. Das letzte Bild der ersten Reihe zeigt die Spitze unseres Kopenhagen-Expreß, die neugierig aus dem dunklen Bauch des Schiffes herausschaut. Sogar die Einfahrt in das dunkle Schiff haben wir aufgenommen, ohne irgendwelche zusätzliche Lichtquellen. Man kann heutzutage dem Filmmaterial wirklich allerhand zumuten.

Die letzten beiden Bilder zeigen einen Blick auf das Fährschiff. Dieses haben wir auf der Rückreise aufgenommen. Da ein reger Fährverkehr zwischen Puttgarden und Rødbyhavn absolviert wird, kann man sicher sein, daß man einem anderen Fährschiff begegnet. In unserem Falle handelt es sich zwar um das Fährschiff, auf dem wir die Aufnahmen machten (nämlich die „Deutschland"), es macht aber nichts aus, wenn wir für diese Totalen ein anderes nehmen müssen. Unser Publikum merkt ganz bestimmt nichts von dieser Unterschiebung.

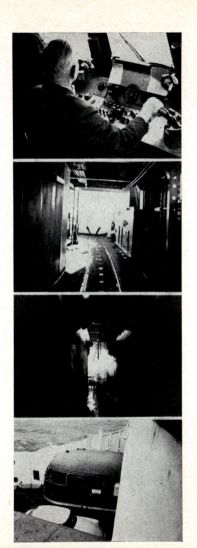

Abb. 415: Hier haben wir eine Aufnahme, die sehr gut als Haupttitel für unseren Film von der Vogelfluglinie dienen könnte. In diesem Falle zeigt sogar die Uhr die richtige Zeit kurz vor der Abfahrt.

Abb. 416—417: Das linke Bild ist eine Taschentücher-Reklame im Hauptbahnhof München. Wenn man die Packung links wegläßt, hat man ebenfalls einen recht brauchbaren Filmtitel. Sonst kann man sich immer noch helfen, indem man seine Titel in ein möglichst typisches Eisenbahndekor einbelichtet (rechts).

Abb. 418—420: Hier folgt dreimal der fast gleiche Titel aufeinander. Aber alle drei Titel sagen etwas Verschiedenes aus. Oben: Bahnsteig ... wir warten auf den Zug. Mitte: Zug fährt ein (nicht sichtbar: wir steigen ein). Unten: Im Zug ... wir sind unterwegs. Das wäre ein Filmanfang, bei dem man von der Ankunft vor dem Bahnhof, bis zum Unterwegssein, praktisch nur zehn oder 12 Sekunden Film verbraucht.

Abb. 421—432: Fahrkarten können uns dazu dienen, einzelne Etappen der Reise zu betiteln. Wenn man es sich angewöhnt, stets die Fahrkarten aufzuheben, kann man zu gegebener Zeit eine Wirbelmontage veranstalten, die das Thema „reisen" ganz allgemein umreißt. Sagen wir in einem Traum vor Beginn der Reise. In eine Großaufnahme des Schläfers eingefügt, erfüllen sie einen wirkungsvollen dramaturgischen Zweck.

Abb. 433: Prächtige Titel bekommen wir, wenn wir die Titelseite der Bundesbahn-Prospekte aufnehmen. Wenn uns der Titel des Prospektes (hier: Harz, Rhein und Main) nicht paßt, können wir ihn wegschneiden oder mit einem anderen überkleben.

Es sei erwähnt, daß wir uns diese und ähnliche Verwendungen fremder Ideen nur gestatten dürfen, wenn wir den Film ganz allein privat für uns drehen. Wenn wir die Absicht haben, ihn an einen Filmvertrieb oder ans Fernsehen zu verkaufen, würden sich die Urheber dieses Schmarotzertum sehr verbitten. Und recht hätten sie.

Abb. 434: Hier ist noch eine zweite Prospekttitelseite, bei der man wirklich nur bedauern kann, daß die Farben fehlen. Sie geben der Sache erst den rechten Schmiß. Auch wenn man nur kleine Illustrationen für seine Titel benötigt, wird man hier gut bedient, wie die Vignetten aus Stadt und Landschaft zeigen.

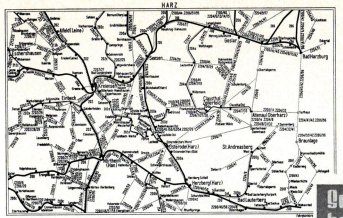

Abb. 435: Wenn man für die Eisenbahnrouten in seinem Landkartentrick Vorlagen braucht, dann findet man sie in den kleinen Karten der Kursbücher. Hier ist alles so übersichtlich eingezeichnet (auch ungefähr in der richtigen geografischen Relation), daß man sich schnell seine Strecke herausziehen kann.

Abb. 436: Wir haben uns vorhin so ausführlich über die Vogelfluglinie unterhalten, daß wir Ihnen (ebenfalls aus einem Bundesbahn-Prospekt) noch einen Titelvorschlag unterbreiten möchten. Der Vogel mit dem Triebwagenzug auf einen farbigen Karton geklebt und fertig ist unser Titel.

247

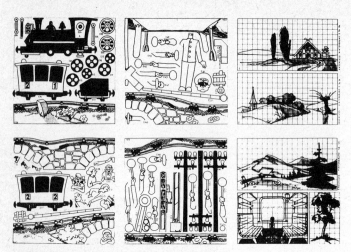

Abb. 437: Auf diesen beiden Seiten zeigen wir, wie Sie sich mit Hilfe der Zeichentrickbogen des Trickfilmstudios die Vorlagen für einen Eisenbahntrick selbst herstellen können. Die obenstehende Abbildung zeigt den Bogen „Eisenbahn", die Abbildung unten und rechts gibt eine der Anwendungsmöglichkeiten. Außer diesem Bogen „Eisenbahnfahrt" gibt es noch den Bogen „Autofahrt" (Fachverlag Schiele & Schön GmbH, Markgrafenstraße 11, 1000 Berlin 61).

Abb. 438: Diesen aufregenden Zug haben wir uns also aus dem auf der Nebenseite abgebildeten Bogen zusammengeklebt ... und zwar innerhalb ganz kurzer Zeit. Die Räder muß man von hinten auf einen Reißnagel pieken, damit sie sich bei unseren Trickaufnahmen auch hübsch drehen. Da eine Gebrauchsanweisung alles ausführlich erklärt, kann man an den Zeichentrickfilm gehen, selbst wenn man nicht die geringste Erfahrung und keinerlei Zeichenbegabung hat. Der Karton, auf dem der Bogen gedruckt ist, ist farbbeständig, so daß man also dem Zug auch eine zünftige Couleur geben kann. Es wurde eben an alles gedacht. Mit Hilfe dieses Trickbogens können Sie die Titel Ihres Eisenbahnreisefilms auf eine sehr anmutige Weise beleben. Auch für weitere Titel ist noch Material da, so ein bewegliches Signal, ein Stationsvorsteher, der die Abfahrtskelle hebt, eine tollkühne Brücke, stimmungsvolle Landschaftshintergründe usw.

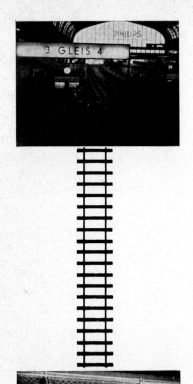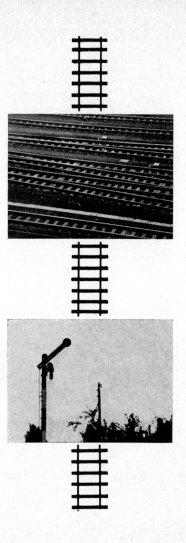

Abb. 439—447: Nun könnte es sein, daß Sie im Abteil zwar eine Foto-, aber keine Filmkamera bei sich haben, da erstere möglicherweise handlicher ist als die nicht ganz leichte Filmkamera. Wir möchten Ihnen nun einen Tip geben, wie Sie auch dann das Thema Eisenbahnfahrt in ihrem Urlaubsfilm abhandeln können. Zunächst machen Sie auf der Reise eine Anzahl Fotoaufnahmen, etwa · in der Art, wie sie auf diesen beiden Seiten demonstriert werden. Ferner benötigen Sie die Abbildung eines Gleises, wie ebenfalls bildlich dargestellt. Dieses kann von einer

Brücke aufgenommen oder aber auch gezeichnet sein. Aus Fotos und Gleis kleben Sie sich nun ein Tableau zusammen, das Sie dann einfach auf den Boden legen und mit der Kamera abschwenken. Damit das Tableau nicht zu lang und der Schwenk zu umständlich wird, drehen Sie gelegentlich auf dem heimatlichen Bahnhof ein paar reale Filmszenen, die Sie an den „Bruchstellen" zwischen die Schwenkaufnahmen setzen. Der Effekt ist recht originell, bei sorgfältiger Arbeit sogar origineller, als wenn Sie alles mit der Filmkamera aufgenommen hätten. Wir haben das ausprobiert.

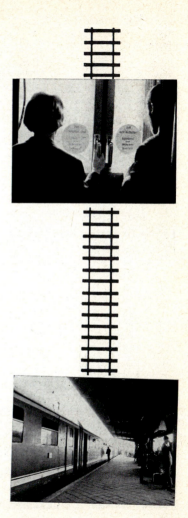

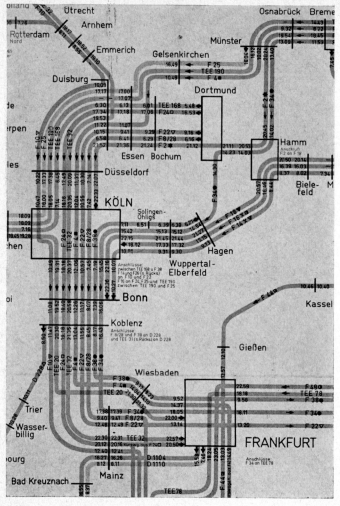

Abb. 448: Was Sie hier sehen, ist ein Ausschnitt aus einem Taschenfahrplan der deutschen Fernschnellzüge. Er lag den großen Kursbüchern bei. Diese Art Fahrpläne grafisch darzustellen, kann uns für die Tricktitelgestaltung in unserem Eisenbahnfilm ebenfalls von Nutzen sein. Vor allem dann, wenn wir zwei- oder gar dreimal umsteigen müssen.

Diese ganze Prozedur können wir zeigen, indem wir die Linie unseres Zuges aus den anderen Linien herausheben und an den Umsteigeorten auf eine andere Linie mit der Heraushebung übergehen.

Wenn man dann den Trick mit Zuggeräuschen unterlegt, rollt die ganze lange Bahnfahrt in einer einzigen Szene von vielleicht zehn oder 15 Sekunden Spieldauer an unseren Zuschauern vorüber.

Wir filmen im Flugzeug

Was darf man - was darf man nicht?

Jeder von uns hat schon einmal bei Luftaufnahmen den Vermerk gelesen: freigegeben durch Innenministerium usw. usw.

Wenn er ein tieferes Interesse an Fotoaufnahmen und Filmaufnahmen hat, wird er sich dabei gesagt haben, daß es gefährlich sein dürfte, Aufnahmen aus der Luft zu machen, und daß man mindestens eine Bescheinigung von allerhöchster Stelle haben muß, wenn man sich nicht plötzlich im Kittchen wiederfinden will.

Eine Reihe von Anfragen, die wir im Laufe der Jahre von unseren Lesern bekommen haben, beweisen die große Unsicherheit, die hier herrscht. Wir haben uns daher, um für unsere Leser endlich einmal Klarheit zu schaffen, an den Herrn Minister für Wirtschaft und Verkehr in Niedersachsen gewandt und geben hier eine Zusammenfassung der uns freundlicherweise zu diesem Thema übermittelten Angaben:

Foto- und Filmaufnahmen aus Linien-Flugzeugen des normalen Flugverkehrs sind in Deutschland ohne Genehmigung zulässig. Man braucht also bei uns für solche Aufnahmen keine Freigabe durch eine Behörde zu beantragen. Näheres darüber steht übrigens — falls man sich dafür interessieren sollte — in § 27 Abs. 2 des Luftverkehrsgesetzes i. d. F. vom 1. 10. 1959 (BGBl. I S. 9). Will ein Amateur Luftbildaufnahmen dagegen aus einem Privat- oder Sportflugzeug machen (also nicht aus einem Flugzeug, das im Linienverkehr fliegt), so muß er bei seinem zuständigen Verkehrsministerium eine Privaterlaubnis zu Herstellung von Luftbildern beantragen.

Der Antrag hierfür muß enthalten:

a) Name, Beruf, Staatsangehörigkeit und Wohnsitz des Antragstellers unter Beifügung einer Geburtsurkunde oder eines amtlichen Personalausweises, eines polizeilichen Führungszeugnisses und zweier amtlich beglaubigter Lichtbilder (Paßbild ohne Kopfbedeckung in der Größe 3,4 x 4 cm);

b) Bezeichnung der aufzunehmenden Objekte;
c) Versicherung, daß die Aufnahmen ausschließlich für den privaten Gebrauch des Antragstellers bestimmt sind.

Wenn die aufzunehmenden Objekte nicht in einem Luftsperrgebiet liegen, wird der Amateur alsdann seine Erlaubnis gegen Entrichtung einer mäßigen Gebühr erhalten.

Zum Luftbildflug darf aber nicht auf einem beliebigen Flugplatz gestartet werden, sondern nur auf einem Flughafen oder auf einem für Luftbildflüge besonders zugelassenen Landeplatz. In Niedersachsen z. B. sind alle Landeplätze für die Abfertigung zum Luftbildflug zugelassen.

Zur Abfertigung ist bei der örtlichen Luftaufsichtsstelle die Erlaubnis vorzulegen. Außerdem ist eine Erklärung über das mitgeführte Fotomaterial mitzugeben. Bei der Landung erfolgt dann eine entsprechende Kontrolle.

Eine Freigabe der von dem Amateur auf Grund der Privaterlaubnis angefertigten Luftbilder ist nur dann nötig, wenn diese in den Verkehr gebracht werden sollen. Wenn der Amateur die Bilder also nur in sein Album einkleben oder nur im Familienkreis zeigen will, kann er das ohne besondere Erlaubnis tun. Will er dagegen die Bilder Fremden, insbesondere einem größeren Kreise, zugänglich machen, etwa seinen Schmalfilm im Klub vorführen, so muß er dessen Freigabe wiederum bei seinem heimatlichen Verkehrsministerium beantragen. Auch hierbei wird er kaum Schwierigkeiten haben.

Für den Amateur, der eins der üblichen Linienflugzeuge benutzt, ist die Situation eindeutig und klar. Er darf Aufnahmen in der Luft machen, und zwar sowohl im Flugzeug wie hinunter auf die Erde.

In den letzten Jahren hat nun aber auch der private Flugverkehr erheblich zugenommen. Manche Firmen unterhalten bereits einen kleinen Flugzeugpark, und wer Gelegenheit hat, mit einem solchen Flugzeug zu fliegen und dabei Aufnahmen machen möchte, der muß vorher die Genehmigung einholen und, wie wir eben gehört haben, gegebenenfalls seinen Film für eine öffentliche Vorführung freigeben lassen.

Natürlich bedeutet die Erlaubnis, daß man filmen darf, nicht, daß man nun mit seiner Kamera überall herumlaufen darf. Der Verkehr und die Sicherheit dürfen durch unsere Aufnahmen nicht gestört werden.

Das gilt auch für Aufnahmen, die wir etwa auf dem Flugplatz machen wollen.

Es ist leicht einzusehen, daß man da mit seiner Kamera nicht einfach herumlaufen kann, womöglich in einen Düsenstrahl gerät und auf diese Weise von seinem Filmvorhaben in sehr endgültiger Weise abgebracht wird. Wir kommen auf diese Fragen später noch zu sprechen.

Der Flugplatz

Eine Totale vom Flugplatz mit seinem Verkehr und Betrieb aufzunehmen ist keine große Sache; das kann man oft schon vom Restaurant aus, wenn der Flugplatz nicht sogar eine Aussichtsterrasse hat.

Hier können wir also die Aufnahmen drehen, die das Gesamtmilieu zeigt. Aber damit wollen wir es ja nicht genug sein lassen. Wir möchten Aufnahmen bringen, die ins Detail gehen und die uns auch etwas vom Leben und Treiben auf dem Flugplatz in größerer Bildauffassung zeigen.

Bei manchen großen Flugplätzen ist auch dies verhältnismäßig einfach, denn man kann für geringes Entgelt an einer Rundfahrt teilnehmen, die an allen wichtigen Punkten vorbeiführt und bei der wir reichlich Gelegenheit haben, uns das für unsere Kamera auszusuchen, was uns am Herzen liegt.

Man kann aber auch den direkten Weg gehen, an die Verwaltung des Flughafens schreiben, und sie bitten, uns Aufnahmen auf dem Gelände des Flughafens zu gestatten.

Wir verraten kein Geheimnis, wenn wir sagen, daß man diese Erlaubnis auf einem kleinen Flugplatz leichter und schneller erhält als auf einem großen Flugplatz. Auf einem großen ist der Verkehr so umfangreich und spielt sich oft in so rasantem Tempo ab, daß sich damit auch die Gefahrenquellen für den Laien erhöhen, der sich in diesen temperamentvollen Gefilden mit seiner Filmkamera herumtummelt. Wir dürfen auch nicht vergessen, daß wir vom Filmen sehr in Anspruch genommen sind und daher sehr oft gar nicht sehen, was um uns herum geschieht und das kann, wir erwähnten es bereits, böse Folgen haben.

Aus diesem Grunde wird die Flughafen-Gesellschaft, wenn sie uns die Erlaubnis gibt, Aufnahmen machen zu dürfen, sicher einen Angestellten stellen, der ein wachsames Auge auf uns hat.

Es ist eine Selbstverständlichkeit, daß man sich in solchen Fällen mit seinen Aufnahmen recht beeilt und nicht etwa denkt, die wenigen Szenen, die man drehen möchte, könnten sich über den halben Tag erstrecken. Gefälligkeit sollte man immer durch besondere Rücksichtnahme und Anpassung an die betriebsnotwendigen Gegebenheiten honorieren, dann fährt man am allerbesten und bekommt auch gern die Unterstützung, die man gern haben möchte. Zum Abschluß dieses Kapitels möchten wir Ihnen nun noch einige Tips für die Aufnahmen geben:

1. Totale vom Flughafen: Die meisten Flughäfen haben recht imposante Gebäude und einen entsprechend regen Verkehr. Hier können wir also bereits eine hübsche kleine Episode drehen, die unsere Zuschauer in das Thema einführt.

2. Fahrgastabfertigung: Auch an den Schaltern, wo die Fahrgäste ihre Buchungen vornehmen lassen, können wir Aufnahmen machen. Es ist meist ausreichend hell, so daß wir ohne Kunstlichtquellen drehen können. Wenn wir mit Familienangehörigen fliegen, haben wir hier die Möglichkeit, ein paar Großaufnahmen von ihnen in unseren Film zu bringen.

3. Restaurant oder Terrasse: Die meisten Flughäfen sind ebenfalls mit gutbesuchten Restaurants ausgerüstet und diese liegen häufig so, daß man von den Tischen am Fenster einen Blick auf das Rollfeld hat. Das ist natürlich eine Möglichkeit, die wir uns für unsere Aufnahmen nicht entgehen lassen werden.

4. Betrieb auf dem Flugplatz: Damit wir Zeit genug haben, uns nach geeigneten Motiven umzusehen, werden wir nicht im letzten Augenblick auf den Flugplatz kommen. Üblicherweise muß man eine halbe Stunde vor Abgang des Flugzeuges erscheinen, bei Überseeflügen auch eine Stunde vorher, aber diese Zeit ist mit Gepäckabfertigung und Flugzeugbuchung usw. schnell herum. Damit wir nicht gehetzt werden, werden wir sicher noch eine oder besser zwei Stunden dazugeben; dann haben wir genug Zeit, uns umzusehen.

Vorher haben wir natürlich den Gesamtflugplan studiert, damit wir auch wissen, wann ein Flugzeug abgeht und wohin es fliegt. Ob es der gleiche Typ ist, den wir benutzen, wie es mit den Licht- und Schattenverhältnissen steht (damit uns die Sonne im letzen Augenblick nicht einen Streich spielt) usw. Wenn wir Glück haben, werden wir vielleicht einen Mechaniker bei der Arbeit sehen oder das Flugzeug wird aufgetankt, und das gibt dann besonders schöne Bilder. Wir bringen hiervon einige Bildbeispiele, die zeigen, wie effektvoll solche Aufnahmen sind.

5. Einsteigen: Da wir bei unserer Luftreise sehr darum bemüht sein werden, einen guten Platz zu erhalten, haben wir kaum Zeit, das Einsteigen zu filmen. Schon aus diesem Grunde ist es wichtig, daß man

rechtzeitig auf dem Flugplatz ist. Dann kann man diese ganze Einsteigeprozedur bei einem anderen Flugzeug vorwegdrehen oder man dreht wenigstens den Milieu-Rahmen mit Flugzeug und den Stewardessen, die sich um die Fahrgäste bemühen, und nimmt seine Angehörigen an einer ruhigen Ecke des Flugplatzes so auf, als gingen sie zum Flugzeug. Durch geschickte Montage bringen wir es dann ohne weiteres dahin, daß der Zuschauer das Gefühl hat, unsere Leute besteigen das Flugzeug.

Solche Situationen sind letzten Endes auch eine Aufgabe des Filmschnitts.

Durch eine geschickte Abwechslung der verschiedenen Einstellungen können wir es dahin bringen, daß der Zuschauer keine Gelegenheit und Zeit findet, uns zu genau auf die Finger zu sehen, so daß er nicht kontrollieren kann, ob auch alles tatsächlich so aufgenommen wurde, wie es auf der Leinwand den Anschein hat.

Wir besteigen das Flugzeug

Die Plätze im Flugzeug, abgesehen von den großen Überseestrecken, sind nicht numeriert, sondern jeder sucht sich den Platz aus, den er gern haben möchte ... und der noch frei ist.

Schmalfilmer sind nun rechte Egoisten, wenn es darum geht, einen guten Platz zu ergattern. Man kann das ja verstehen; schließlich möchte man möglichst ungehindert seine Aufnahmen machen. Aber seien wir ehrlich: manchmal sind wir Filmleute doch eine wahre Plage für die Mitreisenden, und wir sollten uns daher immer bemühen, möglichst nett und freundlich aufzutreten, da wir ja fast immer auf Unterstützung und Hilfsbereitschaft unserer Reisegenossen angewiesen sind, sei es auch nur, damit sie uns für einen Augenblick einen besonders guten Platz einräumen usw.

Trotzdem werden wir natürlich versuchen, im Flugzeug einen möglichst günstigen Platz zu ergattern, d. h. einen Platz, bei dem uns die Aussicht nicht von den Tragflächen verdeckt wird. Wir können hinter den Tragflächen sitzen oder davor. Sitzen wir aber genau daneben, ist es nichts mit Aufnahmen, die etwas von dem überflogenen Land zeigen sollen. Fliegen wir in einem Propeller-Flugzeug, ist es vielleicht günstiger, den Platz v o r den Tragflächen zu wählen, weil man dann den Motor mit dem laufenden Propeller (besonders beim Start) aufnehmen kann.

Damit man nun freie Wahl bei den Plätzen hat, sollte man Folgendes beachten: Gehen die Fluggäste zu Fuß zum Flugzeug, stelle man sich so rechtzeitig an, daß man als einer der ersten das Flugzeug betreten kann.

Wird man dagegen mit einem Bus zum Flugzeug gefahren, so steigt man als letzter in den Bus ein; denn in diesem Falle werden die Letzten die Ersten sein, nämlich beim Aussteigen und man ist dann wieder der Erste, der das Flugzeug besteigt.

Wenn man keine Ahnung hat, wie das Flugzeug, mit dem man fliegen wird, gebaut ist, ob also dort, wo man gerne sitzen möchte, auch wirklich noch Plätze sind usw., so sollte man zu dem Flugbüro gehen, das für die Luftfahrtgesellschaft zuständig ist, sich einen Plan des Flugzeuges zeigen lassen, damit man an Hand dieses Planes schon vorher weiß, wie man sich beim Besteigen zweckmäßigerweise verhält.

Wenn man sich einen Plan der Sitzanordnung in einem Flugzeug zeichnet, kann man diesen auch als Vorlage für ein Trick-Intermezzo in seinem Luftreisefilm benutzen.

Wir haben darüber ausführlich im Kapitel „Seereise" an Hand eines Kabinenplans gesprochen. Sicher wird nicht jeder Luftreisende so viel Filmbegeisterung aufbringen, um sich an ein solches Trickvorhaben zu machen, tut er es aber doch, bekommt er eine sehr hübsche Unterbrechung der realen Aufnahmen.

Wichtig kann das sein, wenn man von der Flugreise selbst überhaupt keine Aufnahmen hat, so daß man das Flugerlebnis nur im Trick darstellen kann. Was mit Tricks alles möglich ist, wird im weiteren Verlauf dieses Kapitels noch geschildert werden.

Hat man nur eine Fotokamera bei sich, dann kann man sich zur Not auch mit dem Trick helfen, den wir im Eisenbahnkapitel auf den Seiten 250 und 251 geschildert haben. An Stelle der Eisenbahnschienen verwendet man dann zweckmäßigerweise eine einfache schwarze Linie und ein kleines Flugzeugmodell.

Wir filmen während des Fluges

Es sind drei Motivgruppen, die sich unserer Kamera während des Fluges darbieten:

Die Landschaft / Das Exterieur der Maschine und schließlich das Interieur.

Was Landschaftsaufnahmen anbetrifft, so sollte man damit nicht übertreiben; wenn man nicht das Glück hat, über eine imposante Landschaft zu fliegen, wie etwa die Alpen.

Von den üblichen Landschaftsszenerien genügen zwei oder drei Einstellungen; denn die Details werden sehr klein abgebildet und das mosaikartige Bild der Landschaft ist mit wenigen Aufnahmen genau so gut erfaßt, wie mit vielen Aufnahmen.

Vielleicht ist der Himmel leicht bewölkt, so daß sich klare Partien und Wolkenpartien abwechseln. Da das Flugzeug wahrscheinlich über den Wolken fliegen wird, beleben die weißen Tupfen, die bedächtig dahinziehen, das Bild ungemein, und man wird Mühe haben, sich von dem Anblick loszureißen und der Kamera Ruhe zu geben.

Weil aus der großen Höhe, in der die Flugzeuge heute fliegen, das Flugzeug gleichsam über der Landschaft still zu stehen scheint, brauchen wir keine Rücksicht auf das Filmtempo zu nehmen.

Das kommt uns sehr gut zu passe; denn ein Flugzeug vibriert ja und man tut daher gut daran, seine Aufnahmen nicht im 16er-Gang, sondern wenigstens im 24er-Gang zu drehen, um diese Erschütterungen etwas zu eliminieren. Sonst bekommt man möglicherweise eine Unschärfe ins Bild und wundert sich nachher, warum die Aufnahmen nicht so gestochen scharf sind, wie man das gewohnt ist.

Man sollte sich beim Filmen auch nicht anlehnen, etwa gegen das Fenster stützen, weil man dann die Erschütterungen des Flugzeuges auf seinen Arm und damit auf die Kamera überträgt. Eine gewisse lockere Haltung ist in solchen Fällen immer noch das Beste und — wie gesagt — eine Erhöhung der Aufnahmegeschwindigkeit.

Nun wären wir keine Vollblut-Filmamateure, wenn es uns nicht in den Fingern kitzeln würde, mit unserer Kamera auch einmal in das Allerheiligste des Flugzeugs vorzudringen, in die Kanzel oder (wie die

Fachleute sagen) das Cockpit. Wie steht es nun damit?

Um etwas Wichtiges vorweg zu sagen: So einfach wie früher nicht mehr. Die Flugzeugentführungen haben die Besatzungen gegen Eindringlinge in ihr Geheiligtes mißtrauisch gemacht. Aber versuchen kann man es immerhin. Doch dann natürlich nicht ausgerechnet kurz nach dem Start resp. kurz vor der Landung. Dann haben nämlich die Leute im Cockpit alle Hände voll zu tun. Es geht höchstens mitten im Flug, also auf freier, problemloser Strecke. Das würde bedeuten, daß es auf den sehr kurzen innerdeutschen Strecken nicht klappen dürfte.

Was nun?

Kein Grund zur Verzweiflung. Zunächst einmal gibt es käufliche Filme von etwa fünfzehn Metern Länge, die eine kleine Zusammenstellung von Aufnahmen solcher Situationen enthalten, die dem Filmamateur nicht leicht zugänglich sind. Darunter auch Szenen aus dem Cockpit. Es gibt die Filme sogar für verschiedene Flugzeugtypen.

Außerdem kann man sich bei etwas raffiniertem Filmschnitt auch mit Fotos helfen, wie sie etwa in den Abb. 476 und 477 beigegeben sind. Notfalls kann man eine der großen Luftfahrtgesellschaften um Überlassung entsprechender Fotos bitten. Wenn man die Szenen nicht zu lang hält und mit zwischengeschnittenen Szenen aus dem Flugzeug auf die Landschaft unterbricht, wird der Zuschauer kaum merken, daß ihm hier Fotos vorgesetzt werden.

Titel und 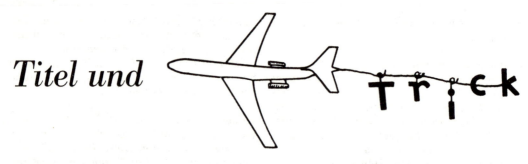 trick

Vielleicht werden uns unser Luftabenteuer und die schönen Aufnahmen, die wir dabei gedreht haben, nicht ruhen lassen, und wir werden uns bemühen, den Film nun noch mit Tricks usw. auszubauen.

In diesem Fall können uns die Flugmodelle helfen, die man in jedem Spielzeuggeschäft kaufen kann.

Es gibt praktisch alle Typen, so daß man also auch das Modell erwischen wird, mit dem man geflogen ist und das man vielleicht schon real von außen auf dem Flugplatz gefilmt hat. Nur eine Aufnahme von dem Flugzeug in der Luft fehlt noch.

Das ist kein sehr großes Problem, dazu braucht man außer dem erwähnten Modell nur noch einen Wolkenhintergrund, der sich leicht durch eine Fotoaufnahme beschaffen läßt, und dann kann es schon losgehen.

Man muß das Flugzeug so vor dem Wolkenbild aufbauen, daß es keinen Schatten auf die Wolken wirft. Außerdem darf man es während des Fluges nicht zu sehr schwanken lassen, es darf aber andererseits auch nicht zu ruhig fliegen. Eine ganz leichte Schaukelbewegung und ein gelegentliches Absacken um einige Millimeter, dürften gerade das Richtige sein.

Damit unsere Aufnahme noch etwas echter wird, kann man von der Seite her Rauch gegen das Modell blasen, so daß der Zuschauer den Eindruck hat, das Flugzeug fliegt durch Wolkenfetzen.

Man muß allerdings beim Rauchblasen darauf achten, daß der Rauch aus dem Mund nicht in einem Strahl herauskommt. Er muß sich, wenn er in unser Bild eintritt, schon so weit aufgelöst haben, daß das Strahlartige verlorengegangen ist.

Sollten die Modelle, die man kaufen kann, zu klein sein, kann man sich vielleicht im Büro der Fluggesellschaft ein großes Modell leihen. Diese Modelle gibt es überall als

Schaustücke, und wenn man beim Abholen am Sonnabendmittag glaubhaft versichert, daß man es am Montag früh wieder zurückgibt, wird die reizende Dame im Flugbüro sicher bereit sein, sich so lange von dem Schaustück zu trennen.

Auch für die Titelgestaltung kann man solche Modelle verwenden; darüber hinaus aber noch Zeichnungen und Bilder aus den Prospekten.

Die Reiseprospekte der Fluggesellschaften sind teilweise sehr farbenfreudig und auch von ausgezeichneter Grafik, so daß man also in dieser Beziehung sicher keinen Mangel leiden wird.

Sehr dienlich für die Dramaturgie unseres Films können uns auch die blauen Taschen sein, die die Fluggesellschaften für größere Flüge zur Verfügung stellen, und die man auch in den einschlägigen Geschäften kaufen kann.

Mit einer solchen Tasche als Leitobjekt kann man nämlich die verschiedenen Einzelszenen unserer Flugepisode sehr geschickt und ohne großen Aufwand miteinander verbinden.

Beispiel:
Die Lufthansa-Tasche steht zu Hause auf einem Tisch und eine Dame, die zwischen einem Schrank und der Tasche hin und her geht, packt sie. Dann nimmt sie die Tasche und geht so auf die Kamera zu, daß die Tasche das ganze Bild füllt ...

... Die Lufthansatasche füllt wieder das ganze Bild. Die Dame geht aber jetzt in das Bild hinein, so daß man sieht, wie sie gerade im Flugzeug zu ihrem Platz geht und die Tasche auf dem Boden abstellt.

Hier haben wir durch zwei Szenen, die mit den identischen Großaufnahmen der Tasche verbunden sind, die ganze Vorbereitung des Fluges übersprungen, und trotzdem weiß unser Zuschauer, was wir ihm zeigen wollten.

Eine solche Methode werden wir etwa wählen, wenn wir keine Möglichkeit haben, die Episode des Starts auszuspinnen, vielleicht weil wir beim besten Willen nicht früher auf dem Flugplatz erscheinen können, als es die Bestimmungen vorschreiben.

Auch für Titel und einige Tricks kann uns eine solche Tasche von Nutzen sein, und wir sollten daher sehr sorgfältig überlegen, ob wir uns nicht eine beschaffen, damit wir einen roten Faden durch die Szenen haben (der in diesem Falle allerdings ein blauer oder auch andersfarbiger — je nach Fluggesellschaft — Faden sein würde).

Wir vertonen unseren Luftreisefilm

Wenn man zu den Tonfilmamateuren gehört, möchte man natürlich im Tonkommentar des Films über die Luftreise auch ein wenig fachsimpeln. Der Mensch ist von Natur aus neugierig, und die Zuschauer in unserem Heimkino sind es ganz besonders.

Damit man sich hierfür das notwendige Wissen verschaffen kann, wollen wir zwei Bücher erwähnen, die für diesen Zweck sehr geeignet sind. Es handelt sich in beiden Fällen um preiswerte Taschenbücher.

Das eine Buch stammt von Leo Schneider und Maurice U. Ames und heißt „So fliegst Du heute — und morgen" (Otto Maier-Verlag, Ravensburg). Es ist in den Ravensburger Taschenbüchern erschienen, die für die Jugend bestimmt sind. Das bedeutet schon, daß hier alles wirklich allgemein verständlich erklärt ist. So wird man auch in seinem Filmkommentar dem laienhaften Zuschauer alles mit wenigen Worten erklären können.

Das zweite Büchlein ist im Baken-Verlag, Hamburg, erschienen. Es heißt „Atlantikflug" und stammt von Rudolf Braunburg. Rudolf Braunburg ist ein Pilot, so daß wir also sicher sind, hier von einem kompetenten Fachmann beraten zu werden.

Und als dritte Quelle zur Information blieben noch die bereits erwähnte Abteilung der Lufthansa. Man hat uns dort versichert, daß man alle Fragen, die von den Passagieren herangetragen werden, gewissenhaft beantwortet, so daß man also auch hier einen guten Mitarbeiter für seine Filmpläne gewinnen kann.

Abb. 455: Die meisten Flughäfen wirken auch als Totale recht dekorativ.

Abb. 456: Druckbetankung an der Unterseite der rechten Tragfläche einer Boeing 727 — Europa Jet. Tankleistung pro Minute bis 2270 Liter. Gesamtinhalt des Tanks 27 245 Liter. Solche Angaben, wie wir sie an dieser Stelle bringen, können unseren Filmkommentar viel interessanter machen. (Foto: Lufthansa)

Abb. 457: Eine kleine Stehleiter genügt hier nicht mehr. Wenn der Mechaniker am Seitenleitwerk einer Boeing 707 zu tun hat, muß er schon ein Spezialfahrzeug mit einer Hebebühne zu Hilfe nehmen. Immerhin ragt das Leitwerk fast 13 Meter in die Luft. (Foto: Lufthansa)

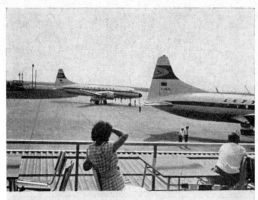

Abb. 460: Der Stationsmechaniker überprüft das Anlassen der Triebwerke. Durch eine Sprechanlage steht er mit der Cockpit-Crew in Verbindung. (Foto: Lufthansa)

Abb. 458—459: Ähnliche Aufnahmen kann man bequem vom Flughafengebäude aus machen. Hier geschah es in Frankfurt.

Abb. 461—464: Diese vier Aufnahmen wurden nicht auf einem Flug, sondern später gesondert aufgenommen.

Abb. 465—468: Interessante und dekorative Bilder vom Flugbetrieb auf einem Flughafen kann man aber auch von seinem Flugzeugplatz aus aufnehmen, wie diese vier Bilder zeigen, die auf dem Flughafen Frankfurt entstanden. Auf sehr belebten Flugplätzen müssen die Flugzeuge meist warten, bevor sie die Starterlaubnis bekommen und manchmal „drängeln" sich mehrere Flugzeuge eng zusammen. Dann hat man viel Zeit, um einige kühne Schüsse an den Mann zu bringen.

Abb. 469—471: Macht man Aufnahmen während des Fluges — und ist die Landschaft nicht ganz außergewöhnlich imposant, sollte man sich immer bemühen, ein Flugzeugdetail mit ins Bild zu bekommen. Ein winzig kleines Stück vom Flügel genügt meist schon. Wenn man seine Aufnahmen kurz vor oder kurz nach dem Start macht, und wenn man einen einigermaßen günstigen Platz hat, erwischt man vielleicht auch etwas vom Fahrgestell.

Abb. 472—475: **Selbst** wenn man keine Sicht hat, da eine dicke Wolkendecke den Blick auf die Erde verwehrt, gelingen oft gute Aufnahmen. Hinzu kommt noch, daß der Himmel in den Flughöhen oft einen recht farbenprächtigen Anblick bietet.

Abb. 476: Chefpilot Rudolf Mayr in der Führerkanzel einer B 707.

Abb. 477: So sieht die technische Apparatur aus der Nähe aus. Das sind zwei der Fotos, wie sie die Lufthansa gern zur Verfügung stellt, wenn man sein Publikum etwas tiefer in die Geheimnisse der Fliegerei eindringen lassen will. (Beide Fotos: Lufthansa)

Abb. 478: Flugzeugmodell auf den Teppich gelegt und mit Buchstaben garniert, schon ist ein Titel für unseren Luftreise-Film fertig.

der Fall, muß man ringsherum die Parallaxe berücksichtigen und störende Details (wie etwa das Standbein des Modells) durch entsprechende Drapierungen unsichtbar machen. Im übrigen muß man aber ein gewisses Maß an Tollkühnheit besitzen und auch mal etwas riskieren. Selbst auf die Gefahr hin, daß ein Meter Film verloren geht. Meist kann man an solchen verpfuschten Aufnahmen aber so viel lernen, daß es beim nächsten Mal bestens klappt.

Abb. 479—481: Diese drei Abbildungen zeigen, was man mit einem Flugzeugmodell, etwas Zubehör und viel Liebe zuwege bringen kann. Der Hintergrund ist eine Foto-Vergrößerung 18 mal 24 cm mit einer schottischen Küstenszenerie. Wir zeigen zunächst einmal, wie das Flugzeug vor dem Hintergrund aufgebaut wurde. Einige Bierdeckel mußten erstens für die rechte Höhe sorgen, zweitens konnten sie — da sie bewußt etwas wacklig angelegt waren — die notwendige Vibration erzeugen. Ein weiteres Bild zeigt die gesamte Anlage in Totalansicht und die Dame des Hauses, die sich (mittels einer Zigarette) als Wolkenmacherin betätigt. Wichtig bei solchen Aufnahmen ist natürlich, daß man sich genau auf den Bildausschnitt verlassen kann, also eine Kamera mit Reflexsucher hat. Ist das nicht

Abb. 481: So sah der Trick, dessen Entstehung wir in den Abb. 479 und 480 schilderten, aus, als er fertig war.

Vierter Teil

Unsere Filmausrüstung auf Reisen

1. Das Filmmaterial

Daß man mitten in einer Filmarbeit nicht das Filmmaterial wechseln soll, weiß nachgerade jeder Filmamateur.

Tut man es doch, so hat man nachher Ärger. Beim Schwarz-Weiß-Film hat das eine Material einen mehr bräunlichen Ton, das andere einen etwas bläulichen, und wenn man später die Szenen durcheinander schneiden muß, stört das doch sehr.

Beim Farbfilm differieren die Farben der verschiedenen Filmfabrikate sowieso oft recht erheblich. Das eine Filmmaterial bringt weiche, samtige Farben, das andere kräftigere — um nicht zu sagen bunte — usw.

Muß man einmal auf Reisen notgedrungen mit dem Filmfabrikat wechseln, weil man den benötigten Film nicht im Urlaubsort bekommt, so sollte man (auch wenn man dem Handlungsablauf damit etwas Gewalt antut) die verschiedenen Filme wenigstens nicht durcheinander schneiden und sie, wenn es irgend geht, durch einen Titel voneinander trennen. Ein solcher Titel verwischt manchen Gegensatz in Bildton oder Farbe.

Grundsätzlich sollte man es sich aber zum Prinzip machen, so viel Filmmaterial mit auf die Reise zu nehmen, wie man zu verdrehen gedenkt, möglichst noch eine oder zwei Spulen mehr. Vielleicht kann man mit seinem Händler ein Abkommen schließen, daß er die nicht benötigten (und natürlich sehr sorgfältig aufbewahrten) Filme nach Ende der Reise wieder zurücknimmt und den Betrag gutschreibt.

Besonders wichtig ist der gemeinsame Kauf des Filmmaterials beim Farbfilm. Trotz aller Sorgfalt bei der Filmherstellung differieren die Emulsionen etwas in der Farbwiedergabe. Wir müssen hier also nicht nur darauf achten, daß wir bei allen Spulen das gleiche Fabrikat erhalten, wir müssen auch auf die Emulsionsnummer sehen.

Sorgen Sie dafür, daß alle Filme die gleiche Emulsionsnummer haben und geben Sie, nach Beendigung der Reise, auch alle Filme zur gleichen Zeit zur Umkehrung.

Der Drang, möglichst schnell möglichst viel vom neuen Urlaubsfilm zu sehen, verführt manche Amateure dazu, jeden abgedrehten Film sofort aus dem Urlaub an die Umkehranstalt einzusenden. Kommt man dann aus dem Urlaub zurück, stecken zumindest die ersten Filmrollen bereits im Briefkasten.

So sehr man diese Neugierde verstehen kann, man sollte sie dennoch zügeln. Lassen Sie alle Filme gemeinsam umkehren, ist die Sicherheit, daß alle die gleiche Deckung und die gleiche Farbnuancierung haben, größer.

Vielleicht reisen Sie per Auto. Und noch dazu im Hochsommer in südliche Gefilde. Der Kofferraum Ihres Wagens ist dann ganz gewiß nicht der geeignete Platz für Ihre belichteten und unbelichteten Filme.

Dort drinnen herrscht manchmal eine geradezu tropische Hitze, und die tut den Filmen ganz gewiß nicht gut. Denken Sie auch bitte nicht, daß der Film diese Strapaze ja nur ein paar Tage durchstehen muß. Wenn Sie Pech haben, genügen auch schon ein paar Tage, um die Farben auf Ihrem Film zu verändern oder ihn gar wegen der Bruthitze schrumpfen zu lassen. Der Verfasser kannte einen Amateur, dem waren die Filme im Kofferraum (das Auto stand ganze Tage im Freien, oft in der prallen Sonne) so stark geschrumpft, daß sie nicht einmal mehr einwandfrei durch die Kamera liefen.

Sorgen Sie also bitte dafür, daß Ihr Filmmaterial nicht länger als unbedingt notwendig Sonnenbestrahlung und Stauungshitze ausgesetzt ist.

Wollen Sie den logischen Ablauf der Reise bei der Filmgestaltung beibehalten, das heißt also, die Spulen in der gleichen Reihenfolge in den Film bringen, wie sie aufgenommen worden sind, dann können Sie sich die Klebearbeit wesentlich vereinfachen, wenn Sie an den Anfang jeder Spule eine Numerierung mitaufnehmen. Dazu braucht Ihre Reisebegleitung nur so viele Finger hochzuhalten, wie der Reihenfolge entsprechen. Hiervon nehmen Sie dann ein paar Bildchen auf, und wenn Sie später den Film zum Schnitt abrollen, sehen Sie auf einen Blick, an welcher Stelle die Spule im Ablauf der Handlung zu erscheinen hat.

Das ist aber zum Teil bereits eine Frage des Filmschnitts, und darauf kommen wir noch in einem späteren Kapitel zu sprechen.

Legen Sie auch in jede Filmschachtel oder Filmbüchse sofort nach Beendigung der Aufnahmen einen Zettel mit Ihrer Anschrift (Zettel können Sie bereits zu Hause vorbereiten und in die Brieftasche tun). Sollte Ihnen unterwegs doch einmal ein Film verloren gehen, haben Sie wenigstens eine kleine Hoffnung, daß er sich wieder bei Ihnen einfindet.

Wenn Sie in solchen Fällen noch sicherer gehen wollen, schreiben Sie sich auf einen Zettel stichwortartig den Hauptinhalt der einzelnen Spulen — etwa: Strandaufnahmen in Cuxhaven-Duhnen mit Burgen und

Prieltaufe, Fahrt mit Pferdefuhrwerk nach Neuwerk und Szenen rund um den Leuchtturm der Insel. Dann können Sie, wenn eine Ihrer Spulen wirklich einmal nicht zurückkommt, bei der Umkehranstalt genau angeben, welchen Film Sie vermissen.

Ohne eine möglichst genaue Inhaltsangabe ist es für die Umkehranstalt nicht möglich, festzustellen, ob der Film unter den nicht identifizierbaren liegt.

Dies nur als kleine Randbemerkung. Wir wollen nicht hoffen, daß Ihnen ein solches Mißgeschick zustößt.

Eine andere Gefahr ist viel größer: Die Gefahr der Verschmutzung des Bildkanals der Kamera. Auf einer längeren Reise ist die Filmkamera größeren Gefahren ausgesetzt als bei ihrem Einsatz auf kurzen Spaziergängen oder daheim innerhalb der häuslichen vier Wände.

Sorgen Sie also bitte immer dafür, daß die Kamera stets sehr sauber gehalten wird, und reinigen Sie vor allen Dingen den Bildkanal vor jeder neuen Spule.

Und damit sind wir bereits beim Thema „Filmkamera", auf das wir jetzt noch etwas ausführlicher eingehen wollen.

2. Filmkamera und Zubehör

Zwei Problemen sehen wir uns auf Reisen mit unserer Filmausrüstung gegenüber: Wir müssen sie so unterbringen, daß sie einerseits vor den Fährnissen des Unterwegs gut geschützt ist, ohne daß sie — andererseits — durch ihre „Verpackung" die flüssige und schnelle Filmarbeit behindert.

Mit der „nackten" Filmkamera herumzulaufen, empfiehlt sich im allgemeinen nicht. Der Staub der Straßen tut der Optik nicht gut, und wie leicht hat man mit der an einem Halteriemen vom Gelenk baumelnden Filmkamera irgendwo gegengeschlagen. Am besten ist der Apparat in einer Bereitschaftstasche aufgehoben, wenn sie wirklich eine B e r e i t s c h a f t s tasche ist, d. h., wenn man stets schnell schußfertig ist. Besonders wichtig ist das bei Kameras mit hervorstehender Variooptik oder mit Teleoptik. An diesen Objektiven bleibt die Klappe der Bereitschaftstasche leicht hängen und man muß erst zerren, damit man beides voneinander bekommt.

Der Frage der schnellen Schußbereitschaft sollte man daher gerade auf Reisen ebenfalls eine gehörige Aufmerksamkeit schenken.

Ansonsten tut man seine ganze Ausrüstung am besten in eine Universaltasche, die in mehrere Fächer unterteilt ist, damit nichts durcheinander gerät und uns die Arbeit erschwert.

Auch sonst ist eine Universaltasche sehr wichtig. Reist man im Auto, wird man klugerweise die Filmausrüstung nicht unbeaufsichtigt im Wagen zurücklassen. Die vielen Diebstahlsanzeigen verraten uns, daß Film- und Fotoausrüstungen beliebte Objekte der Langfinger sind. Auch wenn man im Zug in den Speisewagen geht, wird man seine Universaltasche mitnehmen.

Besondere Aufmerksamkeit erfordern Aufnahmen im Schneegestöber, bei Regen und am Strand.

Feuchtigkeit, die sich in den ersten beiden Fällen auf unserer Optik niederschlägt, macht unsere Aufnahmen unscharf. Wie wir bereits an anderer Stelle erwähnten, sollten wir daher ein Filter vor die Optik setzen, das sich — falls es Wassertröpfchen abbekommen hat — leicht mit einem Leinen- oder Wildlederläppchen wieder sauber reiben läßt.

Am Strand gilt es besonders vorsichtig zu sein. Der feine Sand benimmt sich gegen Film- und Fotoamateure besonders gemein. Er dringt, obwohl man es kaum für möglich halten wird, sogar in die festverschlossene Filmkamera ein und verschrammt uns die Filme.

Daher: Niemals die Kamera auf Sand oder eine sandige Bank etc. legen. Legt man sie auf ein Badetuch oder dergleichen, decke man sie sorgfältig zu, wenn sie eine Weile nicht für Aufnahmen benötigt wird. Filmeinlegen oder Filmumlegen grundsätzlich nicht am Strand. Tun wir es doch, können wir ziemlich sicher sein, daß uns ein Windhauch, den wir vielleicht gar nicht einmal spüren, Sand ins Gehäuse bläst, und dann ist das Malheur da. Gehen Sie also, wenn Sie die Kamera öffnen müssen, in eine Hotelhalle oder einen Laden. Vielleicht zu der netten Dame, bei der Sie täglich Ihre Zeitung kaufen. Sie haben dann gleich, während Sie an der Kamera herummanipulieren, eine anregende Unterhaltung.

Und was nimmt man sonst noch mit auf die Reise?

Ein Stativ wäre gewiß sehr zweckmäßig. Es belastet allerdings noch zusätzlich. Wenn Sie motorisiert sind, ist die Belastung sicher nicht allzu schlimm. Allerdings muß man die Kamera zu jeder Aufnahme aufschrauben und nach jeder Aufnahme wieder abschrauben, und das ist nicht jedermanns Sache. Vielleicht muß man auch erst noch den Handgriff abschrauben, bevor man sich dem Stativ zuwenden kann. Uns scheint, hier müßte sich die Industrie noch etwas einfallen lassen, damit die Verbindung zwischen Kamera und Stativ weniger umständlich wird.

Nun wird mancher Leser denken, man könnte doch auch mit der Kamera + Stativ herumlaufen, letzteres über die Schulter gelegt. Aber würden Sie so längere Zeit herumlaufen? Und dann ist die Kamera ja auch wieder den Gefahren der atmosphärischen und körperlichen Umwelt ausgesetzt.

Manchmal hilft ein Bruststativ oder ein Tischstativ. Auch ein Autostativ, das sich mit seinen Saugnäpfen fast überall befestigen läßt (siehe Seite 142), könnte von Nutzen sein.

Einen Belichtungsmesser brauchen wir nur, wenn unsere Kamera nicht schon einen eingebauten hat. Auf jeden Fall ist er — in welcher Form auch immer — unentbehrlich. Von den vielen, vielen Schmalfilmern, die der Verfasser kennenlernte oder mit denen er zu tun hatte, sind es sicher — im Zeitraum von fast 50 Jahren — nicht mehr als drei oder vier gewesen, die ohne Belichtungsmesser auskamen und kaum Ausschuß produzierten.

Amateure ohne Belichtungsmesser gab es natürlich mehr, aber die hatten so viel Ausschuß aufzuweisen (den sie allerdings meist nicht herausschnitten), daß sie sich dafür bequem den teuersten hätten kaufen können.

Lege- oder Haftbuchstaben nehmen nicht sehr viel Platz weg. In einen flachen Beutel von Briefumschlaggröße gehen eine ganze Menge hinein. Haben Sie schon einmal welche mit auf Reisen genommen? Nein? Sollten Sie probehalber aber einmal tun, besonders, wen Sie Ihren ganzen Urlaub an einem Ort verbringen und daher etwas Zeit haben.

Es macht viel Spaß, sich raffinierte Hintergründe zu suchen und die Filmtitel gleich an Ort und Stelle mitaufzunehmen.

Zu Hause brauchen Sie sich dann nur noch mit dem Filmschnitt zu befassen. Wenn Sie nicht alle aufgenommenen Szenen völlig neu ordnen wollen oder müssen, können Sie am Sonntagabend schon Ihren fertigen Film vorführen, falls Sie etwas Zeit am Sonnabend für die Schneidearbeit erübrigen können.

Diese Methode hat zudem noch den großen Vorteil, daß man die Fertigstellung des Films nicht immer weiter hinausschiebt.

Auch den Filmamateuren geht die Bequemlichkeit und das Phlegma oft über alles, und so bleibt der Film manchmal monatelang liegen, bis man sich entschließt, nun doch Titel anfertigen zu lassen und ihn fertig zu machen.

Bringt man die Titel gleich mit, ist die Gefahr gebannt. Wahrscheinlich werden die Titel irgendwo mitten im Film sitzen, wo sie ganz und gar nicht hingehören, und man muß schon ein harter Geselle sein, um das hinzunehmen, ohne sich bei jeder Vorführung von neuem darüber zu ärgern. Auf diese Weise erpreßt man sich selbst.

Quarz-Jod-Lampe: Wenn Sie mit dem Auto reisen, also mit dem Gepäck nicht allzusehr geizen müssen, sollten Sie ernsthaft überlegen, ob Sie nicht auch noch eine Leuchte mit auf Reisen nehmen (vielleicht sogar eine Batterieleuchte). Dann erschließen Sie sich für Ihren Reisefilm eine große Anzahl neuer Motive.

3. Wir überschreiten die Grenze

Irgendwann sollen ja — zumindest in Europa — die Zollschranken fallen. Im Augenblick ist es aber noch nicht überall so weit, und so müssen wir manchmal wohl oder übel damit rechnen, daß sich ein Zollbeamter für unsere Film- (und evtl. Foto-) Ausrüstung interessiert.

Wenn man nur eine Schmalfilmkamera bei sich hat und vielleicht zwei oder drei Filme, ist es noch nicht weiter aufregend ... auch für den Zoll nicht. Man weiß dort sehr gut, daß es heutzutage viele Ferienreisende gibt, die gewohnt sind, ihre Erlebnisse im Film festzuhalten.

Ganz anders aber sieht die Sache aus, wenn man ein ganzes Ausrüstungsarsenal bei sich hat, vielleicht: 1 Filmkamera (mit Reserveobjektiven), 1 Batterie-Tonbandgerät für authentische Tonaufnahmen zur Untermalung des Reisefilms, 1 Fotokamera geladen mit Schwarz-Weiß-Film fürs Fotoalbum, noch 1 Fotokamera geladen mit Farbfilm für den Dia-Projektor, 1 Leuchte, 10 Stück Super-8-Farbfilme, 5 Stück Kleinbild-Farbfilme, 10 Stück Kleinbild-Schwarz-Weiß-Filme usw. usw.

Wenn man das vor dem Zoll auspacken muß, ist es ein ganz schönes Häufchen. Es sieht fast wie beim Fotohändler aus.

Daß dann unter Umständen der Zollbeamte mißtrauisch wird, ist kein Wunder. Da baut der kluge Mann, der mit einer großen Ausrüstung reist, am besten gleich vor.

Man geht zum Zollamt seines Heimatortes und beantragt einen sogenannten Nämlichkeitsschein. Auf dem werden alle Artikel, die man ins Ausland mitzunehmen gedenkt, verzeichnet.

Diesen Schein legt man beim Grenzübertritt vor, und dann ist genau festgelegt, was man mit aus Deutschland hinausgenommen hat. Kehrt man am Ende des Urlaubs wieder zurück, legt man den Schein abermals vor, und alles ist in Ordnung.

Ganz besonders wichtig ist eine solche zollamtliche Bescheinigung, wenn Sie eine neue ausländische Kamera besitzen und damit in das Land reisen, aus dem die Kamera stammt. Da kann es Ihnen dann ganz leicht passieren, daß der Zollbeamte annimmt, Sie hätten die Kamera erst im Ausland gekauft und wollen sie zollfrei nach Deutschland einschleusen.

Es würde allerdings auch genügen, wenn Sie in einem solchen Fall die Rechnung Ihres Fotohändlers mitnehmen würden.

Damit sich die Nämlichkeit der wieder nach Deutschland einzuführenden mit den aus Deutschland ausgeführten Apparate nachweisen läßt, geben Sie bitte auch die Nummer des Kameragehäuses sowie die Nummer der Objektive an. Dann kann Ihnen gar nichts passieren.

Aber ein solcher Pessimismus ist nur nötig, wenn Sie — wie eingangs dieses Kapitels beschrieben — eine umfängliche Ausrüstung mit sich führen. Bei e i n e m Apparat wird auch der mißtrauischste Zollbeamte nicht unruhig werden.

Fünfter Teil

Der Filmschnitt des Reisefilms

1. Wie bekommt man Ordnung in seine Reiseaufnahmen?

Es gibt Schmalfilmer, die machen es sich mit ihren Reisefilmen sehr bequem. Sie kleben die einzelnen Spulen einfach aneinander, und manche Amateure gehen so großzügig bei der Montage vor, daß sie selbst grob störende Patzer wie völlige Unschärfen, Verwacklungen etc. im Film belassen.

Niemand wird behaupten wollen, daß man auf diese Weise einen Reisefilm schaffen kann, der die Zuschauer begeistern wird.

Natürlich kann es in Ausnahmefällen vorkommen, daß man eine Szene mit technischen Mängeln im Film lassen muß, weil man hier gerade den interessantesten Augenblick eines Ereignisses festgehalten hat. Aber das muß wirklich ein erwähnenswerter Ausnahmefall sein.

In allen anderen Fällen schneide man alles weg, was die Bildqualität in irgendeiner Weise nach der negativen Seite hin beeinflussen könnte.

Dies also zunächst einmal vorweg zu unserem Thema. Nun wollen wir annehmen, daß der Leser doch etwas höhere Ansprüche an seine Reisefilme stellt. Was kann er tun, um diese gehobene Qualität zu erreichen?

Dazu wollen wir erst einmal die drei Arten des Reisefilms unterscheiden, nämlich:

1. den chronologischen Reisefilm, der alle Geschehnisse in der Reihenfolge der Aufnahme bringt, und der daher am leichtesten zu schneiden ist;
2. den thematischen Reisefilm, bei dem der gesamte Inhalt nach verschiedenen Gesichtspunkten geordnet ist. Er macht wesentlich mehr Arbeit, gestattet dafür aber auch eine stärkere Herausarbeitung mancher Episoden;
3. den dramaturgischen Reisefilm, der neben den Urlaubserlebnissen auch noch eine fortlaufende Handlung bietet, sei es auch nur in Art einer Rahmenhandlung, die die Ferienberichte gewissermaßen umspannt. Mit dieser Art der Gestaltung kann man die größten Erfolge erzielen. Man muß aber auch fleißig an Planung, Bildgestaltung und Montage arbeiten. Aus der Hand schütteln sich solche Filme nicht.

Wenn man der Leidenschaft des Filmens schon längere Zeit frönt, wird man sich wahrscheinlich schon mit allen drei Gestaltungsmöglichkeiten beschäftigt haben, und das ist gut so; denn auf diese Weise bekommt man schon von der Gestaltung her eine gewisse Abwechslung in sein Reisefilmprogramm.

A. Der chronologische Reisefilm

Hier hat man — wir erwähnten es bereits — die wenigste Arbeit mit dem Filmschnitt. Praktisch hat man nichts anderes zu tun, als alle Verblitzungen und Stanzlöcher am Anfang und Ende jeder Spule fortzuschneiden und dann die einzelnen kleinen Rollen in der Reihenfolge der Entstehung aneinanderzuhängen.

Aber mit einem solchen Film wird man nur zufrieden sein, wenn man wirklich keine großen Ansprüche an seine Kamerawerke stellt. Es wird sich nämlich fast immer zeigen, daß doch noch einige Schönheitskorrekturen durchzuführen wären.

Vielleicht — und das ist bei Stegreif-Reisefilmen sehr oft der Fall — fehlt es bei manchen Passagen an Großaufnahmen. Vielleicht hat man sogar eine Anzahl Großaufnahmen, aber die hocken an irgendeiner Stelle des Films alle beieinander und fehlen hier und da völlig.

Der erfahrene Filmer — und der noch unerfahrene sollte von ihm profitieren — geht nunmehr sofort beherzt ans Werk, spaltet die Ansammlung von Großaufnahmen auf und setzt einen Teil um, nachdem er sich überzeugt hat, ob sie an die auserwählte Stelle auch passen.

Die Darsteller müssen die gleiche Kleidung in beiden Szenenfolgen tragen, die Lichtverhältnisse (Sonne oder trüber Tag) müssen miteinander harmonieren usw.

Hoffen wir, daß es keine Schwierigkeiten gibt, und wir unseren Film auf diese einfache Weise verbessern können.

Ist das nicht möglich, könnten wir vielleicht einige Großaufnahmen oder sogar einige komplette Handlungskomplexe nachdrehen. Das ist aber ein Kapitel für sich, und wir kommen bald darauf noch ausführlicher zu sprechen.

Wenn es für die Abwechslung der Schauplätze von Vorteil ist, sollte man nicht zu ängstlich an der zeitlichen und örtlichen Reihenfolge der Ereignisse hängen. Natürlich wird man eine Sehenswürdigkeit, die man in Mannheim gefilmt hat, nicht aus Abwechslungsgründen nach Karlsruhe verlegen. Es wäre peinlich, wenn uns unsere Zuschauer auf solchen Schwindel kommen würden.

Aber wenn unsere Leutchen auf einer neutralen Bank in einem neutralen Mannheimer Park gesessen haben, so dürfte es kaum ein Malheur geben, wenn wir diese Bank mit den Darstellern in einen Park nach Karlsruhe verpflanzen, falls die Szenen an dieser Stelle besser zur Wirkung kommen würden.

B. Der thematische Reisefilm

Unter dieser Schlagzeile wollen wir Reisefilme verstehen, bei denen wir uns bemüht haben, verschiedene Themen zu einheitlichen Berichten zusammenzufassen.

Es geht uns in solchen Filmen nicht darum, den chronologischen Ablauf einer Reise zu schildern, sondern zu verschiedenen Geschehnissen, die uns aufzeichnungswürdig erschienen, einen persönlichen Standpunkt zu gewinnen.

Wir können mit einem Beispiel aus der Praxis dienen: Ein Amateur hat einmal einen Film über Holland gedreht, den er unter drei Gesichtspunkte stellte: „Windmühlen, Kanäle, Tulpen". Alle drei Themen sind typisch holländisch; und sie reichten daher dem Filmamateur völlig aus, einen überzeugenden Bericht von diesem romantischen Land zu geben.

Er trug alle Aufnahmen, die er in seinem Urlaub gemacht hatte, unter diesen drei Gesichtspunkten zusammen, ohne Rücksicht darauf, an welchen Stellen des Landes sie gemacht worden waren.

Nicht die Landschaft war der Leitfaden, nach dem er sich orientierte, sondern seine drei Themen.

Nun wird man vielleicht denken, daß Holland für ein solches Vorhaben ein besonders erfolgversprechender Boden ist.

Das trifft aber wohl doch nicht zu. Bei Deutschland könnte man zwischen vielen Einzelthemen wählen: See- und Strandleben / Mittelgebirge / Autobahnen / Bayerischer Baustil / Niederdeutscher Baustil / Hochgebirge / Wasserschlösser und Burgen / Rhein—Weser—Elbe usw.

In der Schweiz gäbe es Almen / Seen / Hochgebirgspartien / Bergbahnen usw.

Dies alles sind nur ein paar allgemeine Themen. Wer spezielle Interessen hat, sich etwa für folkloristische Trachten interessiert (besonders reizvolles Farbfilmthema), wird noch viele andere Möglichkeiten finden, den Inhalt seiner Reisefilme thematisch zusammenzufassen.

C. Der dramaturgische Reisefilm

Dies ist nun die wirkungsvollste Möglichkeit, einen Reisefilm zu gestalten. Vor allen Dingen, wenn man Filme drehen möchte, die nicht nur im engen Kreis der Familie ihren wohlwollenden Anklang finden, sondern die auch ein größeres Publikum zu fesseln vermögen.

Den dramaturgischen Reisefilm (also den Reisefilm, der zumindest Rudimente einer Spielhandlung enthält) wird man kaum ohne gründliche Vorausplanung, meist sogar kaum ohne ein genau ausgearbeitetes Drehbuch aufnehmen können.

Damit wir nicht mißverstanden werden: Nicht jeder Reisefilm dieser Art muß eine weitgesponnene und sich nach dramatischen Gesichtspunkten entwickelnde Handlung haben. Die Dramaturgie kann durchaus auch in der geschickten, möglichst zusammenhängenden Gestaltung von Reportageereignissen bestehen.

Wer etwa darangeht, in seine Autoreise einen Pannenkomplex, wie wir ihn auf den Seiten 131—132 in Worten und 146—147 optisch geschildert haben, einzubauen, der hat bereits ein Stück dramaturgischen Reisefilms geschaffen; denn er nimmt die Dinge nicht so, wie sie sich ihm darbieten, sondern er stellt Ereignisfragmente nach einem eigenen Entwurf in einer individuellen Gestaltung zusammen.

Das ist ein schöpferisches Moment, das seinem Film eine sehr persönliche Note gibt. Und wie wir es an der Pannenepisode geschildert haben, können wir es bei zahlreichen anderen Gelegenheiten halten.

Wir können die Ermittlung der Reiseziele einem Gesellschaftsspiel überlassen, wie es der Verfasser einmal in einem Reisefilm getan und in dem Truhe-Bändchen „Der rote Faden im Reisefilm" geschildert hat. Überhaupt ist dieses Taschenbuch (Fachverlag Schiele & Schön, 1 Berlin 61) eine wesentliche Ergänzung zu den in diesem Abschnitt gestreiften Problemen.

Ein auf diese Weise gestalteter Reisefilm wird nicht nur — wie wir bereits erwähnten — einem erweiterten Publikum besser zusagen als ein Stegreiffilm, er wird auch dem Filmautor eine besondere Art von Befriedigung gewähren, wie das jedes Werk tut, das unseren Geist, unsere Unternehmungslust und unseren Gestaltungswillen in stärkerem Maße beschäftigt hat.

2. Was schneidet man heraus?

Viele Filmamateure sind wie überzärtliche Mütter: Sie heißen alle Unarten ihres Sprößlings gut.

In nicht mehr zählbaren Fällen ist es dem Verfasser nicht möglich gewesen, Amateure, die ihm ihre Reisefilme zur Begutachtung einsandten, dazu zu bewegen, auch nur die allerkrassesten Schnitzer und Fehler herauszuschneiden. Dabei handelte es sich in den meisten Fällen ganz eindeutig um Szenen, die für das Verständnis der Filmereignisse nicht die geringste Bedeutung hatten, deren Fehlen also vom Filminhalt her gar nicht auffallen konnte.

Ich bin dabei fest davon überzeugt, daß die gleichen Leute entsetzt wären, wenn man von ihnen fordern würde, sie sollten einen Brief, der mit einem großen, störenden Tintenklecks „geziert" ist, getrost abschicken. Aber beim Film... was macht da schon ein großer, greller Lichtklecks, der in allen Farben schattiert?

Nachdem Sie sich nun die Mühe gemacht haben, die vielen Probleme und Überlegungen, die wir gemeinsam in diesem Buch durchgenommen haben, durchzuackern, sollten Sie doch wirklich die Nutzanwendung ziehen und nur noch Reisefilme drehen, die zumindest vom Technischen her, keinerlei Wünsche mehr offen lassen.

Nun zu der Frage: Was schneiden wir heraus?

Zu schnelle Schwenks und zu ferne Fernsichten mit winzigen Details haben nur einen Effekt: sie stören, weil nichts Rechtes zu erkennen ist. Also weg damit.

Außerdem aber nehmen wir alle Überbelichtungen weg; denn sie sind kein ästhetischer Anblick.

Bei den Unterbelichtungen — wenn sie nicht zu kräftig sind — kann man etwas großzügiger sein. Manchmal!

Vor allem geht das oft bei Schwarz/weiß-Filmen. Hier kann man Unterbelichtungen zu Dämmerungsaufnahmen zusammenstellen und gemeinsam am Ende des Films oder eines abgeschlossenen Filmteils unterbringen.

Beim Farbfilm ist das nur dann möglich, wenn die Farbstiche — meist wird es sich um einen rötlichen handeln — nicht zu auffallend sind. Das muß man schon selbst, von Fall zu Fall, entscheiden.

Ferner schneide man — wenn es auch schwerfällt — alle überflüssigen Längen heraus. Sie ermüden nur unnütz und lähmen das Interesse unserer Zuschauer. Man muß solche Szenen — wenn sie nur sonst gut gelungen sind — ja nicht wegwerfen. Man kann sie vielleicht später als Zwischenschnitte verwenden (darauf kommen wir noch zu sprechen) oder aus ihnen später einmal einen Extrafilm sozusagen als Streifzug durch unsere Reisen oder unser Leben zusammenstellen.

Auch Wiederholungen sollte man herausnehmen. Wir haben darüber schon gesprochen, als wir uns über das Thema „Möwen" (Seite 166—167, 177) unterhielten. Solche Szenen kann man meist in späteren Filmen ohne weiteres sehr gut verwenden.

Hat man sehr viele Wiederholungen, kann man sie als Schlußapotheose in einer Wirbelmontage zusammenfassen. Vielleicht als Einschiebsel in unsere Rückreise mit Bahn oder Auto.

Man sieht, daß Szenen, die herausgeschnitten werden sollten, nicht immer verloren sind. Es wird von unserer Raffinesse abhängen, eine Verwertung zu finden, die auch unseren Zuschauern zusagt.

3. Wie überbrückt man Lücken?

Wenn man seine Reise-Filmausbeute zusammenstellt, wird man öfter feststellen, daß irgendwo der Anschluß in den Filmereignissen nicht gewahrt ist. Je logischer man bei seiner Schnitt-Dramaturgie arbeitet, um so öfter wird man in diese unbehagliche Situation kommen.

Beispiele: Sie haben zwei Spaziergänge durch Großstadtstraßen, die unmittelbar aufeinander folgen, aber leider in verschiedenen Städten aufgenommen worden sind. Nun könnte man diese beiden Komplexe durch einen Ortszwischentitel trennen, da man aber sonst völlig ohne Untertitel auskommt, möchte man hier auch keinen Titel hinsetzen.

Hier helfen uns sogenannte Zwischenschnitte. Das sind Filmszenen, die mit dem augenblicklichen Filmgeschehen nichts zu tun haben, dieses also unterbrechen.

In unserem Falle könnten wir als Zwischenschnitte einige Blumengroßaufnahmen setzen (vielleicht mit Insekten-Ganz-Großaufnahmen). Diese könnten aus einem ganz anderen Film stammen und mit unserem Urlaubserlebnis nicht das Geringste zu tun haben.

Ein anderes Beispiel: Wir haben zwei Szenen. Szene 1: Wir betreten ein Restaurant. Szene 2: Wir verlassen das Restaurant. Es ist wohl klar, daß wir diese beiden Szenen nicht unmittelbar aufeinander folgen lassen können. Unser Publikum würde ja denken, wir haben gleich wieder das Weite gesucht.

Die Zeit, die wir mit unserer Mahlzeit im Restaurant verbrachten, überbrücken wir also ebenfalls mit einigen Zwischenschnitten. Vielleicht haben wir ein paar Einstellungen, in denen ein junges Mädchen im Park die Spatzen füttert. Die würden wunderbar hierherpassen.

Aber es können auch Szenen sein, die keine so witzige Spitze haben. Der Betrieb an einem Zeitungskiosk etwa. Oder das Leben an einer Umsteige-Haltestelle. Oder aber eine Speisekarte usw.

Da man solche Zwischenschnitte zur Trennung verschiedener Episoden öfter braucht, bauen kluge Amateure vor, indem sie bewußt Szenen aufnehmen, die entweder an der vorgesehenen Stelle im Film bleiben können oder aber geeignet sind, als Zwischenschnitte Verwendung zu finden.

Natürlich muß man darauf achten, daß der Zwischenschnitt wenigstens ungefähr thematisch paßt.

Wenn man bei einer Seereise zwei Tage voneinander trennen will, darf man als Zwischenschnitt natürlich kein Marterl aus den Bayerischen Alpen nehmen. Aber das ist ja wohl selbstverständlich.

Es gibt einige Motivgruppen, die sich besonders gut für Zwischenschnitte eignen, und wenn wir noch kein Archiv dieser Art haben oder wenn wir uns noch nicht mit diesem Problem beschäftigten, dann sollten wir zunächst einmal hier Ausschau halten.

Solche Motivgruppen sind: Allgemeine Stadtszenerien (Abb. 487—490) / Stimmungsvolle Landschaftsszenerien mit Lichteffekten (Abb. 491—493) / Denkmäler (Abb. 494 bis 496) / Pflanzen, Blumen und Insekten (Abb. 497—500) / Winterszenerien — falls thematisch in den Film passend (Abb. 501 bis 506) / Landschaftsszenerien in plakathafter Auffassung (Abb. 507—510) / Detailszenerien verschiedener Art, wie Tätigkeit einer Person (Abb. 511 und 513), oder Stadtszenerien (Abb. 512) oder aus Räumen (Abb. 514), plakathafte Szenen von Verkehrsmittel (Abb. 515 und 516) usw.

Durch Aneinanderreihung verschiedener aufeinander abgestimmter Szenen kann man auf wenigen Filmmetern, um nicht zu sagen Filmzentimetern, beträchtliche Sprünge von einem Handlungsort zum anderen oder über längere Zeiträume hinweg machen. Wir zeigen auch einen solchen Übergang — vom Sommer zum Winter — in einem dreiteiligen Bildbeispiel (Abb. 517—519).

4. Fehlendes dreht man nach

Manchmal allerdings will es auch mit den Zwischenschnitten gar nicht klappen. Man kann noch so eifrig suchen... man findet absolut nichts, was sich für die notwendige Handlungs- oder Ortsüberbrückung eignen würde.

Auch in diesem Falle ist kein Grund zur Verzweiflung: Wir drehen das, was uns fehlt, einfach nach.

Manchmal ist das wirklich kein großes Problem, sondern eine Sache, die uns viel Spaß machen wird.

Nehmen wir mal unsere beiden Szenen vom Restaurant. Da können wir bei irgendeiner heimatlichen Gaststätte die ausgehängte Speisekarte aufnehmen und schon haben wir, was uns fehlt (siehe Abb. 523).

Nun wird man vielleicht feststellen, daß die eine Szene „Speisekarte" immer noch zu wenig ist. Unsere Darsteller kommen immer noch zu schnell wieder aus dem Restaurant heraus. Es sieht gar nicht nach vornehmer Gaststätte, sondern mehr nach einem Schnellimbiß aus.

Also drehen wir weiter: In irgendeiner Ecke unserer Wohnung bauen wir uns (mit Reklamebiergläsern und Kerzen) eine Lokalecke auf und filmen unsere Leutchen beim Essen. Vielleicht hängen wir noch ein paar Szenen dran, wie Vater den Reiseführer studiert... dann haben wir ihn auch gleich im Film und noch dazu in Großaufnahmen. Er kommt ja sowieso nur ganz selten in Filmen vor, weil er hinter der Kamera steht.

Wenn wir erst einmal angefangen haben, werden wir gar kein Ende mit unserem Einschiebsel finden, und wir werden bremsen müssen, damit diese Episode — die ja nur ein kleines Ereignis am Rande sein sollte — unseren Film nicht in ein ganz falsches Fahrwasser bringt.

Zwei Möglichkeiten zum Thema „Restaurant" stellen wir in den Abbildungen 520 bis 523 vor.

Wir haben noch andere Bildbeispiele für nachgedrehte Szenen, und zwar die Abbildungen 524—531. Die dort gegebenen Erläuterungen bringen weitere Tips für diese interessante und oft unentbehrliche Möglichkeit, sich aus dramaturgischen Sackgassen geschickt herauszuwinden.

Etwas Wichtiges müssen wir aber noch sagen:

Wir können beim Nachdrehen nicht einfach drauflos kurbeln, sonst kommen uns die Zuschauer sehr bald auf die Sprünge und merken, daß wir gemogelt haben.

1. Drehen wir unseren Darsteller in Großaufnahme nach und soll diese Szene zwischen Personenszenen gesetzt werden, dann ist unbedingt darauf zu achten, daß in beiden Fällen die Kleidung identisch ist.

Ja, nicht nur die Kleidung, sondern auch anderes. Der Herr des Hauses hat die Urlaubstage dazu benutzt, sich einen unternehmenden Bart stehen zu lassen. Diesen Bart muß er selbstverständlich auch in der Großaufnahme tragen. So schwer es ihn vielleicht auch ankommt, er muß ihn wohl oder übel noch einmal wachsen lassen, wenn ihm sein Friseur nicht einen künstlichen Bart ankleben kann. Bei Damen wäre auch auf die Frisur zu achten. Man sieht also, mit Personenaufnahmen gibt es manchmal Schwierigkeiten. Diese kann man evtl. umgehen, indem man nicht nur die Großaufnahme nachdreht, sondern die ganze Episode, also einschließlich der Halbnaheinstellungen usw., soweit unsere Angehörigen darauf vorkommen. In diesem Fall dreht man den Spieß gewissermaßen um, indem man die Original-Schauplatzaufnahmen aus unserem Urlaub als Zwischenschnitte in die nachgedrehte Episode einfügt. Bei unserem Restaurant-Beispiel könnte das sehr leicht der Fall sein. Der Außenaufnahme des Restaurants fügt man eine Handlungsfolge an, die zu Hause in unserem Wohnzimmer entstand.

2. Stammszene und Nachgedrehtes müssen in Licht und allgemeiner Stimmung so genau wie möglich übereinstimmen. Ist das nicht möglich, etwa weil die Jahreszeit, bis wir zum Nachdrehen kommen, zu weit vorgeschritten ist, so müssen wir den Ausschnitt der nachgedrehten Szene so eng wählen, daß von der Wetterstimmung oder der Richtung des Lichteinfalls möglich wenig zu erkennen ist.

Hier sind auch schon dem Berufsfilm unangenehme Pannen passiert. Beispiel: Ein junges Pärchen kommt die Straße entlang auf die Kamera zu. Beide sind noch ziemlich weit entfernt. Man sieht aber deutlich, daß auf seinem Gesicht Sonne liegt, während ihr Gesicht von seinem Schatten verdunkelt wird. Sie durchschreiten ein kleines Tor (ohne die Bewegungsrichtung zu ändern) und kommen in einen Park. Wechsel zur Großaufnahme im Gehen mit fahrender Kamera. Aber jetzt liegt ihr Gesicht in der Sonne und seine Gesicht wird von ihrem Kopf beschattet. Es ist leicht einzusehen, wie es zu dieser Panne gekommen ist. Die Regisseure suchen sich ihre Außenschauplätze so zusammen, daß sie möglichst wirkungsvoll sind. Die Kleinstadt, in der die erste Szene spielte, hatte viele Fachwerkhäuser und war überaus romantisch. Für die Filmhandlung also genau das Richtige. Leider hatte sie keinen Park mit einem Gutshaus, das auch noch eine Rolle spielte. So beschaffte man sich den Park an anderer Stelle. Als es nun daran ging, die zweite Szene (die Parkszene) zu drehen, merkte der Regisseur, daß ihm der Schatten des Mannes das mehr oder weniger liebreizende Gesicht der Darstellerin „zerklüftete". Kurz entschlossen drehte er die Lichtverhältnisse um und vertraute darauf, daß das Publikum nichts merken würde. In den meisten Fällen ging es auch gut, manche stolperten aber doch darüber.

3. Man darf zwischen Stammszene und Nachgedrehtem nicht das Filmmaterial wechseln; denn dann unterstreichen wir noch die Unterschiede zwischen beiden Szenen.

Aber das ist etwas, was wir ja sowieso nicht tun wollten, wie wir uns schon früher einig waren, weil ein Wechsel des Filmfabrikats mitten im Film auf alle Fälle beträchtlich stört.

✶

Wir haben einige Bildbeispiele zum Thema „Nachdrehen" zusammengestellt, und zwar zu unserem mehrfach erwähnten Sujet „Restaurant (Abb. 520—523), neutraler Hintergrund (Abb. 524 und 525), sehr eng aufgefaßte Nachdrehszenerie (Abb. 526 und 527), thematisch möglichst angenäherte Schauplätze in Stammszene und nachgedrehter Einstellung (Abb. 528—531).

Natürlich können wir hier zu diesem umfangreichen Thema nur einige wenige Beispiele bringen, da uns der Platz fehlt, alle damit zusammenhängenden Fragen ausführlich zu besprechen. Was auf diesem Gebiet aber möglich ist, das soll uns ein Fall erzählen, über den wir in dem Buch „Schmalfilme mit allen Schikanen" unter der Überschrift „Schauplätze fertig bezogen" berichteten.

Der Filmamateur Hubert Zeppernik wohnt nicht nur in einer bescheidenen Kleinstadt, er ist auch noch beinbehindert und kann daher nicht viel umherreisen. Er hat also mit anderen Amateuren Kontakt gesucht (für die er — da er grafisch begabt ist — die Titel zeichnet) und diese drehen für ihn Schauplatzaufnahmen an ihren Wohnorten oder auf Reisen.

Er gibt genau an, wie die Schauplatzszenen gestaltet sein müssen; denn er hat sich selbstverständlich vorher schon eine Filmhandlung, die zu diesen Plätzen paßt, ausgedacht.

Hat er die Szenen erhalten, sieht er sie sich genau an und sucht nun in seiner Heimatstadt ein Aufnahmegelände, das gut zu den vorweg gedrehten Szenerien paßt.

Niemand hat bisher gemerkt, daß seine Filme zwei Kameramänner und für die wichtigsten Szenerien auch zwei Aufnahmeorte haben. Im Gegenteil, die Filme sind so gut geworden, daß einige seiner Schauplatzlieferanten sich die mit ihrer Unterstützung entstandenen Filme doubeln ließen, um sie ihrem eigenen Archiv einzufügen.

Sicher ist das ein extremer Ausnahmefall, der aber doch recht gut zeigt, daß man wirklich nicht verzweifeln muß, wenn man nach Rückkehr aus dem Urlaub feststellen muß, daß der Reisefilm nicht komplett geworden ist.

```
DETMOLD
=========
                Wochenmarkt
Blumen-Großaufnahmen
einfügen vom Wochenmarkt
in Witten Spule 5/2. Hä.

Spule  2 / 2. Hälfte
```

```
PADERBORN
=========

                Paderquellen
   Anschließend die
   Wasserreportage von
   Spule 5/2. Hälfte

Spule  3 / 2. Hälfte
```

```
BERLEBECK
=========

           Mittagessen   im
              "Hirschsprung"
Postkartenschreiben ein-
fügen           Spule 4/1. Hä.

Spule  3 / 1. Hälfte
```

```
SOEST / DÜMMERSEE
=================
           Komplex kommt zum Schluß
              Abstimmung
Zwischenschneiden Boots-
fahrt Steinhuder Meer
              Spule 1/2. Hä.

Spule  3/ 2. Hälfte
Spule  4/ 1. Hälfte
```

Abb. 483—486: Den Filmschnitt des Reisefilms kann man wesentlich vereinfachen, wenn man sich zunächst einmal eine Anzahl Zettel mit den einzelnen Schauplätzen schreibt. Wir haben uns hier vier ausgewählt, die zur Demonstration genügen dürften. Alle Zettel tut man in separate Schachteln, in denen man die dazu gehörenden Filmszenen sammelt. Man kann dann bei jeder Szene bestimmen, ob sie an ihrem Platz bleibt oder besser zu einem anderen Schauplatz — also in eine andere Schachtel — getan wird. Außerdem kann man — durch einfaches Vertauschen der Schachteln — die Reihenfolge der Schauplätze für die endgültige Montage jederzeit ändern. Auf diese Weise macht man sich mit dem Filmschnitt verhältnismäßig wenig Arbeit.

Abb. 487: Dieser Zwischenschnitt könnte uns einleitend die Möglichkeit geben, einen Bericht darüber einzufügen, wie es in der Stadt, die wir schildern, früher ausgesehen hat (Hildesheim).

Abb. 488: Totalansichten eines Stadtteils sind gut als Zwischenschnitte für Städtefilme geeignet. Da in ihnen viel geschieht, sind sie auch sehr gut brauchbar, wenn wir durch den Zwischenschnitt einen längeren Zeitraum überbrücken müssen. Etwa den Einkauf in einem Geschäft (Stuttgart: Links der Hauptbahnhof).

Abb. 489: Auch Uhren sind vielseitig brauchbare Zwischenschnitte (Flughafen Hannover).

Abb. 490: Schließlich können uns auch noch Architekturstudien für unsere Zwecke gute Dienste leisten (Berlin: Hilton-Hotel).

Sonne und Wolken sind sehr gut für Zwischenschnitte brauchbar, natürlich nur, wenn sie stimmungsmäßig an die entsprechende Filmstelle passen. Gießt es in unserer Stammhandlung in Strömen, kann man als Zwischenschnitt kein Bild verwenden, in dem die Sonne nur so vom Himmel lacht. Aber das ist eine Selbstverständlichkeit. Es trifft mehr oder weniger auf alle Bildbeispiele zu, die wir hier und auf den folgenden Seiten abdrucken. Ein bißchen Mühe muß man sich schon geben, wenn man seine Filme verbessern möchte, indem man Löcher und unmotivierte Sprünge mit Hilfe der Zwischenschnitte zustopft. Dafür tauscht man dann einen Film ein, an dem es vom Standpunkt der Filmhandlung nicht mehr sehr viel zu kritisieren gibt, wenn man sorgfältig und mit Nachdenklichkeit gearbeitet hat.

Abb. 491: Starke Vordergrundbetonung gibt unserem Bild nicht nur erhöhte Plastik, sondern auch — wenn der Vordergrund möglichst dunkel wird und sich dadurch die Lichtstrahlen der Sonne kräftiger abheben — mehr Saft und Kraft (Rückfahrt von Helgoland nach Bremerhaven).

Abb. 492: Ist die Gesamtatmosphäre dunstig, kann man getrost in die Sonne hineinfilmen.

Abb. 493: Hier gibt es Überstrahlungen, weil die Sonne durch das Blättergewirr nur wenig verdeckt wird, aber wenn sich die Überstrahlungen in so mäßigen Grenzen halten, wie auf unserem Bild, macht das nichts.

Denkmäler (und Springbrunnen) sind für den Schmalfilmer, der auf die Zwischenschnitt-Jagd geht, absolut unentbehrlich. Sie passen praktisch in alle Stadtszenerien hinein und trennen auch Episoden, die nicht zu eng aneinanderhängen sollen, recht gut. Aus diesem Grunde eignen sie sich nicht nur als Zwischenschnitte, sondern auch als „Zwischenabsatz" in der Filmhandlung. Sie sind dann so etwas wie ein Gedankenstrich oder der weiße Raum am Ende eines Kapitels bevor das neue Kapitel beginnt. Durch Abblendung und Aufblendung der ersten Szene des neuen Schauplatzes kann man die trennende Eigenschaft dieser Motive noch erhöhen.

Abb. 494: Wenn man ein Denkmal nur im Ausschnitt zeigt, kann man es vielleicht sogar örtlich verpflanzen. (Dies stammt übrigens aus Paris.)

Abb. 495: Denkmäler und Skulpturen (dies zum Beispiel ist eine) können auch in das Straßenbild miteinbezogen werden. Dann müssen sie aber im Film an ihrem richtigen Platz bleiben. Wenn Sie diese Szene, die so viel Lokales zeigt, in die Kassel-Episode verpflanzen, müssen Sie damit rechnen, daß ein Zuschauer sagt: „Aber das ist ja Göttingen, vor dem Rathaus." Und dann stehen Sie da mit angelegten Ohren und traurigem Gesicht.

Abb. 496: Auch bei diesem kleinen Denkmal aus Hannover werden Sie keine Ortssprünge machen können. Dafür ist es den Leuten, die in diesem Raum zu Hause sind, zu bekannt. Aber als Zwischenschnitt in einen Schaufensterbummel ist es recht brauchbar.

Auch diese Motive sind für Zwischenschnitte sehr gut geeignet, weil sie universellen Charakter tragen. Blumen, wie wir sie hier im Bilde zeigen (Abb. 497), passen in viele Episoden sowohl städtischen wie ländlichen Charakters. Das gleiche trifft zu für den sonnendurchleuchteten Zweig (Abb. 498), die Blüte mit dem Schmetterling (Abb. 499) und die hängenden Zweige (Abb. 500). Wer sich ein Archiv von Zwischenschnitten für die Zukunft anlegen möchte, der könnte vielleicht mit solchen Aufnahmen anfangen. Nimmt er dann noch die Denkmäler und Springbrunnen hinzu, ist er für sehr viele Fälle schon sehr gut gerüstet.

Im Winter hat man es mit Zwischenschnitten besonders leicht, weil der Schnee manches für einen bestimmten Gestaltungszweck vielleicht ‚Stilwidrige' verdeckt. Die Szenen, die wir hier in Bildern zeigen, passen sowohl in Kleinstädte wie in ausgesprochen landschaftliche Szenerien. Will man von den Szenen etwas für einen Großstadtfilm verwenden, dann sollte man einfach einen engeren Bildausschnitt, der weniger von der Umgebung auf den Film bringt, wählen. Manche Szenen — und damit kommen wir auf ein weiteres Thema — könnte man auch von einem Foto oder einem Dia für den Film reproduzieren lassen, wie etwa die Eiszapfen (Abb. 501) und das Häuschen mit der großen Schneehaube (Abb. 506). Aber auch eine Landschaftsstimmung wie unten links (Abb. 504) könnte man aus seiner Fotoarbeit übernehmen. Da Zwischenschnitte oft auch recht kurz sein können, würde es nicht einmal auffallen, wenn wir in unsere Szenenfolge unbelebte Fotos zwischenmogeln, vorausgesetzt, daß dies nicht zu häufig der Fall ist.

Abb. 507 (unten): Haben wir bei einer Landschaftsschilderung zu viele Totale hintereinander, dann sollten wir uns unbedingt nach einem großfigürlichen oder vordergrundbetonten Zwischenschnitt umsehen, den wir von einer anderen Filmstelle an die großfigürlich arme verpflanzen.

Abb. 508—510 (rechts): Besonders wirkungsvoll sind Zwischenschnitte mit viel Stimmung, wie etwa die Baumwipfel mit den dazwischen entlangziehenden Wolken oder von detailarmer, plakathafter Aussagekraft, wie die beiden Bilder vom Schindeldach mit dem darüberlugenden Kirchturm und der (aus einem Auto aufgenommenen) Autobahnbrücke. Solche Szenen fügen sich besonders gut dem Film ein, weil sie allein schon vom Bildgestalterischen her wirken. Wir kommen auf dieses Thema auf der nächsten Seite gleich noch einmal zu sprechen.

Hier haben wir eine Folge von sechs Zwischenschnitten, die fast alle eine ausgesprochen plakative Wirkung haben. Wir unterhielten uns ja eben schon über dieses Thema. Bitte glauben Sie uns, daß motivarme Szenen meist nicht sehr viel Filmhandlung enthalten, also mehr Beiwerk sind. Dieses Beiwerk aber ist nicht etwa überflüssig, im Gegenteil, es gibt dem Film ein besonderes, bildmäßiges Gewicht. Es kann dem Film einen Ruhepunkt geben, wie etwa die Frauenhand mit dem Buch (Abb. 511) oder der Mann, der seinen Paris-Bummel auf einem Stuhl unterbrochen hat (Abb. 513), es muß aber nicht unbedingt ein Ruhepunkt sein. Auch eine detailarme Szene kann Temperament und Leben enthalten. Ein Beispiel ist das Schattenbild unseres Flugzeugs (Abb. 515). Ein neuer Tag in unserem Reise-Filmbericht könnte etwa mit dem Fensterriegel (Abb. 514) beginnen, den eine Hand öffnet und mit der gleichen Szene, in der eine Hand den Riegel schließt, auch wieder enden. Hier hätte man dann also einen Zwischenschnitt, der, in der Mitte geteilt, die Schilderung eines ganzen Urlaubstages umschließt. Auch solche Szene könnte man übrigens nachdrehen, wenn man sich ein bißchen geschickt anstellt, sich also etwas hinhockt, damit nicht eine Hausfassade, sondern der neutrale Himmel das Bild nach hinten abschließt.

Nun kann man mit Zwischenschnitten nicht nur Episoden unterbrechen, um vergangene Zeit mit dieser Unterbrechung zu umschreiben; man kann auch mehr oder weniger große Zeitsprünge (selbstverständlich auch Ortssprünge) machen. Zu diesem Gestaltungsmittel wird man immer greifen, wenn man ein langdauerndes Ereignis auf wenige Augenblicke zusammendrücken muß, um nicht zu viel Film zu verbrauchen. Die Gründe hierfür müssen nicht immer finanzieller Art sein. Oft ist eine solche Komprimierung auch nötig, um die Filmhandlung nicht in Nebensächlichkeiten abgleiten und damit langweilig werden zu lassen. Wenn Sie etwa zeigen wollen, wie der Hausherr loszieht, um Reiseprospekte zu holen, die er dann — von der Gattin am Fenster erwartet — schon von weitem hochschwenkt, dann ist es keineswegs nötig, dieses ganze Unternehmen Punkt für Punkt (Abschied / Weg zum Bus / Fahrt mit dem Bus / Weg zum Reisebüro / Verhandlung im Reisebüro und dann die ganze Sache wieder rückwärts noch einmal) zu schildern. Hier hilft ebenfalls der Zwischenschnitt.

Abb. 517—519: Zur Demonstration haben wir uns einen sehr großen Zeitsprung ausgesucht. Nehmen wir an, es geht darum, in unserem Film einen Sommerurlaub und einen Winterurlaub, die beide an den gleichen Ort führten, so kurz und schmerzlos wie möglich zu verbinden. Unsere drei Bilder, die im Film unmittelbar aufeinanderfolgen, zeigen, wie man es machen könnte. Alle drei Szenen sind vom gleichen Standpunkt aus aufgenommen worden, nämlich vom Balkon der Wohnung des Verfassers. Insgesamt würde die dreiteilige Szenenfolge vielleicht 12 bis 15 Sekunden spielen und in diesem Zeitraum wäre für unsere Zuschauer ein halbes Jahr oder mehr vorübergerollt. Eine beachtliche Leistung unseres Zwischenschnittes.

Abb. 520—523: Das wären also zwei Möglichkeiten, den Restaurants-Komplex, den wir bereits mehrfach erwähnten, weiter auszubauen. Nehmen wir an, wir besäßen von dem Restaurant, dessen Besuch wir schildern möchten, nur das Schild und eine Szene der Tür, durch die unsere Angehörigen hineingehen und dann wieder herauskommen. Um nun unser Verweilen und unsere Mahlzeit zu schildern, könnten wir als nächste eine Speisekarte bringen (irgendeine, evtl. sogar eine selbstgemachte), dann unseren Tisch auf den ein weißbeärmelter Arm die Getränke stellt. Dann vielleicht eine Szene die Mama lesend zeigt (Abb. 511), darauf eine Ansichtskarte, die auf dem Tisch liegt, dann wie das Essen aufgetragen wird, wie gegessen wird (alles Zuhause in einer Zimmerecke nachgedreht), dann wieder die Postkarte, die nun umgedreht und beschrieben wird, dann der weiße Arm mit der Rechnung. Wenn wir nun unsere Szene vom Verlassen des Restaurants dranhängen, wird niemand mehr den Eindruck haben, wir hätten nur einen Schnellimbiß zu uns genommen.

Muß man Szenen nachdrehen, kann man sich die Arbeit erleichtern, wenn man einiges beachtet. Diesen Tips sollen nun die letzten Bilder unseres Buches „So hat Ihr Reisefilm Erfolg" gewidmet sein. Wir möchten Ihnen damit eine noch viel zu wenig benutzte Gelegenheit, Ihre Filme abzurunden und auszubauen, besonders empfehlen und ans Herz legen. Wichtig wäre auch noch, darauf hinzuweisen, daß man diese Überarbeitung der Filme nicht nur bei den in Zukunft zu drehenden Reisefilmen vornehmen kann, sondern auch bei den alten Filmen, die vielleicht noch manchen kleinen Schönheitsfehler haben, der auf diese Weise beseitigt werden könnte.

Abb. 524—525 (links): Zwei Möglichkeiten Szenen nachzudrehen: Erstens, indem man die Handlung vor einen möglichst neutralen Hinter- oder Untergrund bringt. Das obere Bild hat als Untergrund ein etwas ramponiertes Plattenpflaster. Dieses paßt, das wird man nicht bestreiten, genau so gut in eine Großstadt wie eine Kleinstadt, in ein Dorf wie eine Vorstadt, nach Japan wie nach Kleinasien. Man hat also mit einer solchen nachgedrehten Szene gar keine Schwierigkeiten. Das untere Bild hat ebenfalls einen neutralen Hintergrund, nämlich eine dunkelgraue Wand und diese wurde — Sie werden es vielleicht kaum glauben — im Keller aufgenommen.

Die rechten Bilder (Abb. 526—527) zeigen eine zweite Möglichkeit, nämlich den Bildrahmen bei der nachgedrehten Szene (unten) so eng aufzufassen, daß außer dem Motiv nichts zu erkennen ist. Das obere Bild stammt von der Brüsseler Weltausstellung, das untere aus Bad Gandersheim. Trotzdem passen beide Bilder gut zusammen, weil sich das zweite Bild nicht lokalisieren läßt.

Abb. 528—529: Das linke Bild stammt aus Basel (Dreiländereck), das rechte aus Bad Arnis an der Schlei. Der Zuschauer wird kaum merken, daß hier die Szenerie doch etwas unterschiedlich ist. Er wird einfach Wasser sehen und beide Wasser miteinander identifizieren. Im übrigen könnte man das rechte Bild noch etwas enger im Ausschnitt halten, um die Landschaft noch mehr zurückzudrängen.

Abb. 530—531: Hier haben wir zwei nächtliche Szenerien. Die Kinoaufnahme wurde in Braunschweig gemacht, die Personenaufnahme dagegen in Hannover. Trotzdem passen beide Aufnahmen gut zueinander. Bei Nachtaufnahme hat man es oft besonders leicht, die nachzudrehenden Szenen den Stammszenen anzupassen, weil der Mantel der Nacht manche Details, die unseren Trick verraten könnten, zudeckt. Nur Lichtreklamen können zum Verräter werden, aber die kann man ja — durch Großaufnahmen — umgehen.

Sechster Teil

Wegweiser durch dieses Buch

Schlagwortregister

Die mageren Ziffern weisen auf die Textseiten, die fetten Ziffern auf die Bildseiten hin.

A

Abwässerrohre als Blickfang für Straßenszenen	**99**
Abwechslung im Reisefilm besonders wichtig	88
Aktuelles im Reisefilm fördert das Interesse	116
Akustische Untermalung in Einzelgänger-Filmen	109—110
Angehörige siehe auch Darsteller	
— als Darsteller	40—41, **49— 53**
— in immer neuen Szenerien filmen	**50**
Architekturen	**34—36,** 37—39, **54,** 82, 84, 187
— als Zwischenschnitte in Passanten-Aufnahmen	**54**
— Belebung durch Großaufnahmen von Passanten oder Straßenhändlern	38, 39
— diagonale Linienführung	84
— in kurze Einzelszenen aufteilen	187
— können Leitmotiv abgeben	**35**
— machen uns die meisten Sorgen	**34—36,** 37—39
— ohne Leben	38, 39
— sind gefährlich, da leblos	37
— und Himmel	80— 81
— Verkantete Kamera	82
— Wolkenkratzer	82
Auto	121—132, **133—156,** 157—162
— Ahnengalerie der Wagen könnte interessant sein	122
— als Episoden-Darsteller	122
— Autostativ verhilft zu ruhigen Aufnahmen	128, **142—143,** 159
— Autotür als Aufblendung	**148**

Auto, Autowäsche als Einleitungsszene	161
— bei Fahraufnahmen Auto anschneiden	126, 127
— Brücke gibt guten Standpunkt für Autoaufnahmen	127, **140**
— effektvolle Aufnahmen	**148**, 158
— Fahraufnahmen	125—126, 128—130, **142—143, 150,** 159—160
— Fahraufnahmen kann man vortäuschen	**150,** 159—160
— Fahraufnahmen mit gemäßigter Zeitlupe	126
— Fahraufnahmen, Tempo nicht übersteigern	125—126
— fast schon Familienmitglied	121
— freihändig filmen während der Fahrt ist unbefriedigend	126
— Großverbraucher Auto-Revue	158
— Kabinenroller	**107**
— kühne Perspektiven	**148**
— Landkartentrick	**149**
— Landstraßen-Szenen	125—127, **138—141**
— Mann am Steuer	**150—151,** 159—160
— Nebelaufnahmen sind sehr wirkungsvoll	**139**
— Old-Timer als Trickobjekt	**134, 149, 154**
— Pannen bei Regen	**146, 147**
— Pannen dürfen nicht fehlen	131—132, **146—147,** 157
— Pannen können gestellt werden	132
— Picknick, Gelegenheit zu vielen Großaufnahmen	130
— Picknick ist reizvoll	129—130, **144—145**
— Prospekt als Filmanfang	123
— Radkappen-Spiegelung	**148, 158**
— Scheibenwischer soll ins Bild	**153**
— Straßenkurven	86
— Straßenschilder als Titel	**156**
— Straßenszene wird durch weiße Striche der Straßenmitte belebt	**138**
— Tankstelle bringt viele Großaufnahmen	123, **134—137**
— Titel in Straßendecke einbelichtet	**156**
— Titel können einbelichtet werden	**155—156,** 161
— Titel mit Kapitelzeichnungen dieses Buches	162
— Titel mit Straßenschildern	**156**
— Trickaufnahmen mit Trickbogen „Die Autofahrt"	162
— Überholen gibt gute Fahrbilder	126
— verhältnismäßig selten in Amateurfilmen	121—122

Auto, vertonen	132, **146**
— Vordergrundbetonung ist bei Landschaftsaufnahmen wichtig	127
— Wagenwäsche als Filmthema	123
— Windschutzscheibe bringt manchmal Ärger	**152**
— wir suchen ein neues	123
Autobus-Aufnahmen	**62, 63,** 75, 114

B

Bahnhofsaufnahmen, Titel im Eisenbahnfilm	236
Baugerüste müssen nicht störend sein	**103**
Bedeckter Himmel ist für Farbfilm oft besser als Sonne	24
Belichtung auf Vordergrund oder Hintergrund?	37
Belichtungsspielraum s. a. Kodak-Instamatic-Foto-Kamera	
— beim Schwarz-Weiß-Film sehr beträchtlich	22
Bildbegrenzung durch Türen, Torbögen, Durchblicke etc.	18, 19
Bildgeschichten sind besser als Einzelszenen	42, 43
Bildgestaltung abwechslungsreich und ungewöhnlich	18—21, **25— 29**
— mit Licht und Schatten	22—24, **30— 33**
Bildkanal stets sauber halten	281
Bildumrahmung kann das Bildformat ändern	18
Blickwinkel aus ungewöhnlicher Richtung macht Szene interessanter	19, **26**
Blumen als Zwischenschnitte	**305**
Bootswerft als Filmthema	**99**
Briefkasten als Farbfilm-Motiv	**104,** 109
Bücher, „Atlantikflug"	264
— „Der rote Faden im Reisefilm"	209
— „Schmalfilme mit allen Schikanen"	299
— „So fliegst du heute — und morgen"	264
— „Städtefilme — interessant und amüsant"	**107**
— Trickbogen „Autofahrt"	162
— Trickbogen „Eisenbahnfahrt"	**248—249**
— „Was weißt du von der Waterkant"	**204**
— „Wir filmen auf nächtlichen Straßen"	**66,** 77
Bullaugen	85

C

Café-Vorgärten als Filmschauplatz	**49**
Chronologischer Reisefilm	289, 290

D

Darsteller s. a. Angehörige	
— als Vordergrundbetonung	19
— Angehörige wiederholen sich leicht	40
— auf Treppen	**53**
— kombiniert mit Schauplatz-Milieu	**51**
— möglichst nicht von hinten aufnehmen	**68**
— nicht vor der Kamera aufbauen	40
— und Spiegelungen	**67**
Denkmäler als Zwischenschnitte	**304**
Details darf man nicht vernachlässigen	96, **104—105,** 109—110
Diagonale bei Architekturen	84
— geben oft gute Plastik	83
— in der Bildgestaltung	83— 84
— und verkantete Kamera	83, 84
Dramaturgie des Reisefilms	13— 88
Dramaturgisch gestalteter Reisefilm	289, 291—292
Droschkenfahrt als Einzelgänger-Thema	91—92, 97— 98
Durchblicke	18, 19, 20, **25, 27,** 84, 85
— als Bildbegrenzung	18, 19, 25
— haben räumliche Tiefe	20, **27**

E

Einzelgänger-Filme	89—96, **97—108,** 109—116
— akustische Untermalung	109—110
— brauchen Passanten zur Belebung ihrer Filme	42
— der Glücksfall	**105—106,** 111—113
— Droschkenfahrt	91—92, 97— 98
— Passanten sind sehr wichtig	91
— Tele ist wichtig	94— 95
Einzelszenen nicht gut im Reisefilm	114
Eisenbahn	205—216, **217—228,** 229—240, **241—252**
— Abteil zu Hause aufgebaut	209
— als Kurz-Episode	**62,** 75
— Angehörige als Darsteller	212, **222—223**
— Aufnahmen durch Fensterscheibe	48, **59,** 78
— aus fahrendem Zug auf die Strecke	**227,** 233

Eisenbahn, Aushängefahrplan 208
— Bahnhof als Filmschauplatz .... 207—209, **219—221**
— Bahnhof selten Handlungsschauplatz im Reisefilm 207
— Bahnhofsszenen erst nach Urlaubsende drehen 208
— Bahnsteigende gut für Spielszenen 208
— Bahnsteigsperre 208
— Bahnübergang als Filmthema 119, 127, **141**
— Barwagen **226**
— Begleiter zum Aufpassen 206
— Büfettwagen **226**
— D-Zug-Gang als Schauplatz **28**
— Dampflokomotiven sterben aus **97, 221**
— Darsteller .... 212—213, **222—223**
— der rote Faden im Reisefilm 209
— Details dürfen wir nicht übersehen 214, **224**
— Details verhelfen uns zu Großaufnahmen 214
— Dorfbahnhof **221**
— Effekte .... 212, 215—216, **225—227**
— Eisenbahntechnisches Decor 211
— Fahraufnahmen mit verkanteter Kamera 216
— Fahrkarten als Filmtitel **61**
— Fahrkartenschalter 208
— Fotokamera ersetzt Filmkamera .... **250—251**
— Gleisgewirr mit vielen Weichen 209, **220**
— Hinauslehnen bei Streckenaufnahmen ist gefährlich **227**
— indirekt dargestellt durch Plakate, Fahrkarten, Fahrplan-Aushänge 119
— Kleinbahnhöfe sind sehr romantisch 230
— kurze Szenen beschleunigen Filmtempo 213
— lange Szenen drosseln Filmtempo 213
— Lokomotivführer im Schienenbus 230
— Pressestelle für Sondergenehmigungen 206
— Reisegefährten 222
— Reiseroute als Trick .... 232, 237—239
— Richtungsschilder 209
— Schattenbild auf Bahndammböschung 119
— Schienenbus, Retter in vielen Nöten .... **228**, 229—230
— spielt auch mit .... 205—216, **217—228**, 229—240, **241—252**

Eisenbahn, Stativ darf man auf Bahnsteigen nicht verwenden	208
— Streckenaufnahmen	210—211, **220—221**
— Streckenaufnahmen möglichst in Kurven	**220**
— symbolisch dargestellt	119
— Taschenfahrplan für Fernschnellzüge als Trickvorlage	**252**
— Titel wie Sand am Meer	236—240, **244—247**
— Totale kann sehr stimmungsvoll sein	**218**
— Totale sind sehr häufig	212
— Tunnel	210—211, **220**
— verkantete Kamera bei Fahraufnahmen	216
— Vertonung	234—235
— Vertonung: Bei den Schienenstößen müssen wir mogeln	234
— Vogelfluglinie	231—233, **241—243**
— Vogelfluglinie, Titel	**244, 247**
— Wagen mit Erfrischungen	209
— Was darf man?	205—206
— Weichenlaternen	209
— Wirbelmontage um Thema „fahren" zu schildern	75
— Zeitungsstand	208
— Zugfenster sollte mit im Bild sein	227
— Zugpersonal als Darsteller	**28, 223**
— Zwischenschnitte	**224, 242**
— Zwischenschnitte sind sehr wichtig	**224**

F

Fahnen s. Flaggen	
Fahraufnahmen s. Auto, Eisenbahn	
Fahrkarten als Titel im Eisenbahnfilm	236, **245**
Fahrzeuge nicht quer zur Aufnahmerichtung aufnehmen	83
Farbfilm, bedeckter Himmel ist oft besser als Sonne	24
— bringt besonders schöne Wasserspiegelungen	**67**
— Himmelsblau kann andere Bildfarben erschlagen	24
— Regen gibt gute Aufnahmen	24
Fehlendes kann man nachdrehen	297—300, **310—312**
Fenster als Bildbegrenzung	18
Fensterscheiben	48, **59, 60,** 73, 78
— behindern Aufnahmen selten	48, **59, 60**

Fernsichten mit Naheinstellungen abwechseln lassen	41, **51**
— ohne Vordergrund sehen verloren aus	19
— verlangen Vordergrundbetonung	41, **50**
Film- und Foto-Amateure als Aufnahmeobjekte	110
Filmausrüstung auf Reisen	279—286
Filmbüchse sofort mit Adresse versehen	281
Filmkamera, Bildkanal sauber halten	281
— gehört in Bereitschafts- oder Universaltasche	282
— stets schußbereit	282
— vor Sand schützen	283
Filmmaterial auf Reisen	279—281
— das bereits belichtet ist, kennzeichnen	280
— en bloc einkaufen	279
— möglichst mit gleicher Emulsionsnummer	279
— nicht wechseln während der Reise	279
— vor Hitze während der Reise schützen	280
Filmschnitt	289—300, **301—312**
— chronologisch gestaltet	289, 290
— dramaturgisch gestaltet	289, 291—292
— Längen herausschneiden	294
— Ordnung bei den Reiseaufnahmen	289—292
— Stanzlöcher herausschneiden	293
— Überbelichtungen herausschneiden	293
— Unterbelichtungen sind manchmal zu retten	24, 293—294
— Verblitzungen herausschneiden	293
— Wiederholungen herausschneiden	294
— Zettel-Manuskript	**301**
Fix-Focus-Objektive erleichtern die Schnappschuß-Einstellung	43
Flaggen	81, 82
Flugplatz siehe Luftreise	
Fontänen siehe auch Wasser und Springbrunnen	
— als Filmthema	93, **100—101**
— gut geeignet für gemäßigte Zeitlupe	93
Fotokamera ersetzt Filmkamera bei Eisenbahnreisen	**250—251**

G

Garage und Tankstelle	123—124, **134—137**
Gebogene Linien in der Bildgestaltung	84—86
Gegenlicht + Wasser + Vordergrundblätter	93, **101**
Gegenlichtaufnahmen am Wasser sind sehr duftig	93
Geschehnisse muß man filmen	17
Gesellschaftsfahrten sind fertige Drehbücher	**61—64**, 74—76, 114
Gestaltung vom Formalen her	79—87
Goldene Mitte ist nicht immer die „Goldene Mitte"	21, **29**
Grenzübertritt bringt Zollformalitäten	285, 286

H

Haftbuchstaben mit auf die Reise nehmen	189, 190, **196,** 284
Handlungslöcher werden durch Verkehrsmittel-Aufnahmen überbrückt	120
Himmel hoch oder tief?	80
— möglichst kontrastreich im Schwarz-Weiß-Film	23, **32, 33**
— und Architektur	80—81
Himmelsblau erschlägt leicht die anderen Farben im Farbfilm	24
Hintergrund erfordert unsere Aufmerksamkeit	18
— oder Vordergrund richtig belichten?	37
— sehr hell, erfordert Blenden-Korrektur	**70, 71**
— wenn zu unruhig, durch Unschärfe zurückdrängen	43
Holstentor in Lübeck	**36,** 37, 38, 41
Horizont kann gelegentlich höher oder tiefer liegen	19, 20, 21
Humor findet man oft in Kinderszenen	**58**
— kann man aus Plakaten beziehen	**57**
— kann nicht schaden	44—46, **56—58**
— wirkt im Film oft stärker als in Wirklichkeit	45—46, **58**

K

Kabinenroller als Vordergrund-Schauplatz für Straßenszenen	**107**
Kamera siehe Filmkamera	
Kinder sind zu jedem Unfug bereit	**58**
— und ihr Milieu	**49**
Kodak-Instamatic-Fotokamera wertet den Belichtungs-Spielraum der Filme nutzvoll aus	22
Kursbuchseiten im Eisenbahnfilm als Titel	236, **247**

L

Läden geben oft gute Vordergrund-Betonung für Straßentotale	**36,** 37
Längen im Reisefilm herausschneiden	294
Landkartentrick	**149,** 232, 237—239
Landschaft und Darsteller	**51**
Landstraßen-Szenen	125—127, **138—141**
Legebuchstaben mit auf Reise nehmen	284
Leitmotiv	**35,** 38, 39
— Architekturen	**35**
— Eiffelturm für Paris-Film	39
— hilft manchmal bei Filmgestaltung, vor allem von Reportagen	**35**
Licht und Schatten gestalten das Bild	22—24, **30—33**
Lichtgegensätze, wenn zu stark, möglichst vermeiden	78
Lichthoffreiheit der Filme ermöglicht Kontrast	23
Lücken kann man überbrücken	295—296, **302—310**
Luftreise	253—264, **265—276**
— Aufnahmen während des Fluges	260—261, **270—273**
— Besteigen des Flugzeuges	258—259, **268—269**
— Einsteigen	256, **268**
— Fahrgastabfertigung	256
— Filmschnitt kann uns viel helfen	257
— Flugplatz als Filmschauplatz	255—257, **265—267**
— Flugplatz, Rundfahrt bringt Aufnahmegelegenheiten	255
— Flugplatz, Totale	256
— Flugplatz vom Sitzplatz im Flugzeug aus	**269**
— Flugzeug im Flug von außen	260, **274—275**
— Flugzeug, Innenaufnahmen	260—261, **272—273**
— Fotokamera und keine Filmkamera	259
— günstiger Platz im Flugzeug ist wichtig	258
— Handtasche als Filmobjekt	263
— Landschaftsaufnahmen	260, **270**
— Modellaufnahmen	262—263, **274—275**
— Plan der Sitzanordnung als Trickschauplatz	259
— Privatflugzeug	253—254
— Reiseprospekte als Titelvorlagen	263
— Restaurant im Flughafen	256

Luftreise, Terrasse im Flughafen	256
— Titelgestaltung	262—263, **274—275**
— Trickaufnahmen	262—263, **274—275**
— Vertonung	264
— Was ist erlaubt und was verboten?	253—254
— Wolkenaufnahmen	260, **271**

M

Markisen als Bildbegrenzung in Straßenszenen	18, 19, **26, 36**, 37
Marterl als Vordergrundbetonung	19
Mensch ist senkrecht, Filmbild ist waagerecht	81
Mövenaufnahmen siehe unter Seefahrt	
Mut muß man haben	**65—72**, 77—78

N

Nachdrehen, allgemeine Bildstimmung beachten	298
— bei Darstellern auf Garderobe achten	298
— enger Bildausschnitt	**311**
— gleiches Filmmaterial benutzen wie bei Hauptszenen	299
— immer neutraler Hintergrund	311
— von fehlenden Szenen	297—300, **310—312**
Nachkriegsaufnahmen mit Vorkriegsbildern kombiniert	116
Nachtaufnahmen	**65—66**, 77—78
— Wir filmen auf nächtlichen Straßen	77
Nebelaufnahmen	78, **139**

O

Objektiv muß stets sauber sein	73
Ordnung bei den Reiseaufnahmen	289—292

P

Paris, Eiffelturm als Stadtsymbol	39
Parkanlagen als Filmschauplatz	**49**
Passanten siehe auch Angehörige und Darsteller	
— beleben Architektur	**54**
— Einzelgänger-Filme	91
— machen Architektur erträglich	42, **54**
— müssen möglichst unbefangen sein	**55**

Passanten, schüchtern darf man nicht sein	42
— sind besonders wichtig für filmende Einzelgänger	42
— sind kostenlose Statisten	42—43, **53—55**
Personen-Aufnahmen mit Staffage	41, **52**
Pferdefuhrwerke sterben aus	**97**
Pflasterspiegelungen bei Regen	47—48, **59**
Plätze als Einzelgänger-Themen	94—95, **102—103**
Plakate als Filmtitel	**61,** 236, **246—247**
— als Mittelpunkt humorvoller Episoden	**57**
Plastik durch vorgetäuschte räumliche Tiefe	19, 20, **28**
Prospekte als Filmtitel	**61,** 236, **246—247**

Q

Quarz-Jod-Lampe erschließt auf Reisen neue Motive	284
Quer-Rechteck des Filmbildes beschert uns manchmal Sorgen beim Bildaufbau	79

R

Räumliche Tiefe kann man vortäuschen	19, 20, **28**
Reflexe bei Regen	47—48, **59**
— besonders schön im Farbfilm	**67**
Regenaufnahmen	24, 47—48, **59,** 73, **282—283**
— ist für Farbfilm oft besser als Sonne	24
— legt unsere Kamera nicht lahm	47—48, **59,** 73
— Objektiv sauber halten	73
— und helle Pflaster-Reflexe	**59**
Regenschirme als Bilddekor	48, **59**
Regie des Reisefilms	86—87
Reisefilm, chronologisch gestaltet	289, 290
— dramaturgisch gestaltet	289, 291—292
— thematisch gestaltet	289, 291
Reiseroute als Trick	232, 237—239
— mit möglichst wenig Details	232, 237—239
Reportage, Szenenfolge gut für Vertonung	187—188
Restaurant als Filmschauplatz	**49,** 295, 297, **310**
Richtungsschilder als Titel im Eisenbahnfilm	236, **244**
Roter Faden ist sehr wichtig	**107—108,** 114—116

S

Sand ist gefährlich für die Kamera	283
Schachspiel, überdimensional in Stuttgart	**105—106**
Schatten und Licht gestalten das Bild	22—24, **30—33**
Schaufenster als Filmschauplatz	**49**
— mit Anzeigen kombiniert	115
— Scheiben behindern Aufnahmen selten	48
Schauplatz, Details und Angehörige als Darsteller	**49**
— in die Aufnahme einbeziehen	40
Schnappschuß-Einstellung ist wichtig für schnelle Schußbereitschaft	43
Schnappschuß-Kamera wäre schön	112
Schneeaufnahmen	282—283
Schnitt siehe Filmschnitt	
Seefahrt	163—168, **169—180**, 181—192, **193—204**
— auf hoher See	165—167, **170—177**
— Begrüßung	202
— Besatzung als Darsteller	168, **178**, 181
— Besatzung bringt uns viele Großaufnahmen	**179**
— Doppelbelichtung von Filmszenen mit Bildern und Prospekten	**203**
— Effektaufnahmen als Hintergrund für Titelvorspann	184
— Effektaufnahmen sind oft möglich	184, **194—196**
— Fernsichten sind gefährlich	**197**
— Feuchtigkeitsschleier schaden Optik und Bildqualität	**171**
— Filter verwenden, um Optik vor Spritzer zu schützen	**171**
— Flagge wird gedippt	168, **179**
— Flußfahrt	**200**
— Flußfahrt bringt gute Außenbordmotive	185—186, **200**
— Frachtschiff oder Passagierschiff	163—164
— Hafenbetrieb	187—188, **198—199**
— Haftbuchstaben mitnehmen	189, 190, **196**, 284
— Horizont muß waagerecht liegen	**174—175**

Seefahrt, Kabinenplan für Tricks	190—192
— Küsten nicht als hauchdünnen Strich	185, **197**
— Laden und Löschen	**195, 198**—**199**
— Land in Sicht	185—186, **197**
— Lokalkolorit ist sehr wichtig	181
— Lotse kommt an Bord	185, **197**
— Meer als Motiv manchmal etwas dürftig	**173**
— Meer möglichst mit Schiffsaufbauten im Vordergrund aufnehmen	**173**
— Möven	166—167, **177**
— Passagiere	**68, 70, 180,** 182—183, **193**
— Passagierschiff oder Frachtschiff?	163—164
— Plastische Aufnahmen durch Taue und Masten	**196**
— Regen gibt stimmungsvolle Aufnahmen	184, **194**—**195**
— Reisebekanntschaften sollten im Film nicht fehlen	182—183
— Schiff, nicht Horizont muß schief liegen	**174**—**175**
— Seegang	165—166, **171**—**172, 174**—**175**
— Sturm	165—166, **171**—**172, 174**—**175**
— Shuffle-Board-Spiel ein beliebtes Filmthema	180
— Symbolik	**169**
— technische Einrichtungen des Schiffes als Lokalkolorit	**179**
— Titel einbelichten	189—190
— Titel-Gestaltung	189—192, **201**—**204**
— Titel-Gestaltung durch Zeichnungen unserer Kapitelüberschriften	**204**
— Titel, Haftbuchstaben mit auf die Reise nehmen	**201**
— Titel kann man zu Hause nachdrehen	190
— Titel, Schiff und Meer sind herrliche Kulissen	**201**
— Titel, Vorlagen aus Prospekten	190
— Ufermotive sind reizvoll, besonders für Landratten	**200**
— Vertonung mit Kommentar	187—188
— „Was weißt du von der Waterkant?" — Ein lehrreiches Buch	**204**
— Wiederholung können uns leicht unterlaufen	167
Sehenswürdigkeiten: eine S. gründlich ist besser als alle S. flüchtig	39
— müssen nicht in unseren Reisefilm	113
— nicht immer wirkungsvoll, da leblos	37
Seilschwebebahn, Aufnahme durch Fensterscheiben	48, **60**
Senkrechte Linien in der Bildgestaltung	81—82
Skispuren	85

Skulpturen	44—45, **56**, 109, **304**
— als Zwischenschnitte	**304**
— haben oft Humor	44—45, **56**
Sonne, in die S. hineingefilmt	**303**
— mitten im Bild	22, **31**
— muß nicht unbedingt scheinen	47
Spiegelungen	**67, 69**
— besonders schön im Farbfilm	**67**
— kann man mit Personen-Szenen kombinieren	**67**
Spielplätze als Filmschauplatz	**49**
Spieluhr als Motiv für Tonaufnahmen	110
Springbrunnen siehe auch Fontänen	
—	**49, 101, 304**
— als Filmschauplatz	**49**
— als Zwischenschnitte	**304**
„Städtefilme — interessant und amüsant"	**107**
Stanzlöcher muß man herausschneiden	293
Stativ wäre auf Reisen recht vorteilhaft	283
Strandaufnahmen	282—283
Straßenbahn	**97, 107—108**, 114
— stirbt aus	**97**
Straßenhändler	**55**, 95
— als Staffage bei Sehenswürdigkeiten	**55**
Straßenkurven und Autoaufnahmen	86
Straßenmaler	**70**
Straßenmusikant	**68**
Staffage für Personenaufnahmen	41, **52**
Stanzlöcher herausschneiden	293
Stegreifaufnahmen haben manchmal Nachteile	16
— mit Angehörigen gefährlich, da immer das gleiche gefilmt wird	40
Straßenschilder als Titel	**156**
Straßenszenen s. a. Passanten, Sehenswürdigkeiten	
— Abwässerrohre als Blickfang	**99**
— Kinoplakate	113
— Läden geben oft gute Vordergrundbetonung für Totale	**36, 37**

Schmalfilm

Die richtige Zeitschrift für Filmamateure

Drehen Sie Filme, um die man Sie bewundern und beneiden wird. In der Zeitschrift "Schmalfilm" finden Sie die entscheidenden neuen Anregungen, Tips und Ratschläge.

Fordern Sie unverbindlich ein kostenloses Probeheft vom Verlag des "Schmalfilm", 1 Berlin 61, Markgrafenstr. 11

20 Jahre

Studio für Film- und Tonaufnahmen
Großlabor für Magnettonspur
Kopieranstalt

Bei Berola ist Ihr Film in besten Händen!

Wir betiteln
bespuren
vertonen
kopieren   Ihre Filme.

Neuheit!

DIE GOLDENE-SUPER-MAGNETTONSPUR
0,9 mm Tonband auf Super 8 Film ges. gesch.

EIN BEROLA-QUALITÄTSPRODUKT

Berola-Film · Postfach 1109 · 8550 Forchheim · Tel. 0 91 91/28 02

Bitte Gratisprospekt „R" anfordern

Straßenszenen, Markisen als Bildbegrenzung 18, 19, **26**, **36**, 37
— Nachtaufnahmen .... **65—66**, 77—78
— Pferdefuhrwerke sterben aus **97**
— Pflasterspiegelungen bei Regen .... 47—48, **59**
— Regenschirme als Bilddekor 48, **59**
— Plätze .... 94—95, **102—103**
— Sehenswürdigkeiten 37, 39, 113
— Schaufenster 48, 49, 115
— „Städtefilme" — interessant und amüsant **107**
— Straßenbahn .... 97, **107—108**, 114
— Straßenhändler **55**, 95
— Straßenkurven und Autoaufnahmen 86
— Straßenmaler 70
— Straßenmusikant **68**
— Straßenschilder als Titel **156**
— Straßenverkehr belebt Sehenswürdigkeiten **36**, 38
— Tankstellen .... 123, **134—137**
— Torbogen 18, **25**, 84
— Treppen **51**
— Vitrinen 112
— Wochenmärkte 95
— Ziehleute 112
Straßenszenerien verändern sich **103**
Straßenverkehr belebt Sehenswürdigkeiten **36**, 38
Szenen, die man herausschneiden sollte .... 293—294
— dürfen nicht gestellt wirken 40
— mit Inhalt sind im Reisefilm wichtig .... 16—17
Szenerie in die Aufnahme einbeziehen 40

T

Tankstelle, Groß- und Ganzgroß-Aufnahmen .... 123, **134—137**
— und Garage .... 123—124, **134—137**
Taschenkartei guter Bild-Einstellungen **105**
Thematischer Reisefilm 289, 291
Tiefenschärfen-Tabellen erleichtern die Bildgestaltung 43
Titel siehe Auto, Eisenbahn, Luftreise, Seefahrt
— Haftbuchstaben mit auf Reise nehmen 189, 190, **196**, 284

Die Taschenbücher
zum Fernsehkursus von Jan Thilo Haux und Max Rendez

Band 1
Taschenbuch für Filmamateure

Über 100 Seiten Umfang,
mit vielen (teilweise vierfarbigen) Abbildungen,
Tabellen und Ratschlägen;
praktisches Taschenbuchformat,
farbiger Leinenkarton-Einband, DM 11,—

Band 2
Titel, Tricks und Filmeffekte

Alles über Tricks, Titelvorschläge und Effekte,
mit vielen (teilweise farbigen) Abbildungen,
Tabellen und Ratschlägen;
praktisches Taschenbuchformat,
farbiger Leinenkarton-Einband, DM 11,—

Band 3
Taschenbuch der Filmvertonung

Das neue Vertonungs-Taschenbuch
mit den vielen wertvollen Tips.

Über 100 Seiten Umfang, mehr als 50 Abbildungen
und viele informative Tabellen; praktisches
Taschenbuchformat, Leinenkarton-Einband, DM 11,—

Fachverlag Schiele und Schön GmbH · Markgrafenstr. 11 · 1000 Berlin 61

Titelvorlagen findet man bei Plakaten, Prospekten, Anzeigen, Fahrkarten	**61**
— Westermanns Umrißkarten	237—240
— Zeitungs-Anzeigen, Handzettel, Programme, Teilnehmerkarten	75
Ton siehe auch Vertonen	
— im Einzelgängerfilm	109—110
— Vertonung siehe Auto, Eisenbahn, Luftreise, Seefahrt	
Tonuntermalung mit Spieluhr	110
Torbogen	18, **25,** 84
— als Bildbegrenzung	18, **25**
Treppen sind gute Handlungs-Schauplätze	**51**
Trickbogen „Die Autofahrt"	162
Trickbogen „Die Eisenbahnfahrt"	236, **248—249**
Türen als Bildbegrenzung	18
Typischstes des Reiseziels im Film nicht vergessen	48, **58**

U

Überbelichtungen muß man herausschneiden	293
— sind fast immer verloren	24
Überstrahlungen	**303**
Umrahmung, schwarze, des Leinwandbildes ändert Bildformat	18
Unschärfe kann gelegentlich auch im Bild-Vordergrund liegen	20
Unterbelichtungen lassen sich manchmal retten	24, 293—294
Unterwegs mit Auto, Eisenbahn, Schiff und Flugzeug	117—276

V

Varieté-Aufnahmen müssen möglichst abwechslungsreich sein	**63, 64,** 75
— nicht ohne Erlaubnis	76
Verblitzungen muß man herausschneiden	293
Vergnügungsstätten als Filmschauplatz	**49**
Verkantete Kamera, Architekturen	82
Verkantete Kamera und diagonale Linien	83, 84
Verkehrsmittel im Reisefilm	119—120
— überbrücken Handlungslöcher	120
Vertonen siehe auch Ton	
— Einzelgänger-Filme	109—110
Vlissingen als Beispiel einer Stadt-Reportage	**34—35,** 38
Vorder- oder Hintergrund richtig belichten?	37

Das große Standardwerk des Amateurfilms

3. neubearbeitete Auflage, 448 Seiten, 487 Abbildungen,

Leinenband mit Schutzumschlag, DM 38,—

Dieses Buch enthält alles, was für Schmalfilmer wichtig zu wissen ist: Es gibt praktisch kein Thema, zu dem Sie hier nicht wesentliche neue Anregungen, Tips und Tricks für bessere Filme erfahren. Das neue „Schmalfilme mit allen Schikanen" — damit Ihre Filme noch sehenswerter werden.

Fachverlag Schiele und Schön GmbH · Markgrafenstr. 11 · 1000 Berlin 61

Vordergrundbelebung durch Regenschirme in Schlechtwetter-Filmen	48, **59**
Vordergrundbetonung	19, **27**, **303**
— bei Fernsichten	19, 41, **50**
— ist wichtig	19, **27**
Vordergrundblätter + Wasser + Gegenlicht	93, **101**

W

Waagerechte Linien in der Filmgestaltung	78—81
Wasser siehe auch Fontänen	
— besonders geeignet für Gegenlicht-Aufnahmen	93
— ein sehr beliebtes Filmthema wegen seiner Ruhelosigkeit	93
— + Gegenlicht + Vordergrundblätter sind besonders glückliche Kombinationen	93, **101**
— Spiegelungen	81
— Spiegelungen besonders schön im Farbfilm	**67**
Westermann-Umrißkarten als Titelvorlagen	237—240
Wiederholungen im Reisefilm vermeiden	88, 294
Windschutzscheiben bringen manchmal Ärger	**152**
Winterszenerien als Zwischenschnitte	**306**
Wirbelmontage zum Thema „fahren"	75
Witz wirkt im Film oft stärker als in Wirklichkeit	45—46, **58**
Wochenmärkte	95
Wolkenkratzer und verkantete Kamera	82
Wolkenstimmungen, betonte, geben Pseudo-Abendszenerien	24, **33**
— möglichst dunkel	23, **32**, **33**

Z

Zäune geben Szenerien Tiefe	40, **50**
Zebra-Streifen, Filmthema	95
Zeitsprung von Sommer auf Winter	**309**
Zeitungsanzeigen als Filmtitel	**61**
Zufall beim Reisefilm läßt sich bändigen	15—17
Zweige als Vordergrundbetonung	19
— als Zwischenschnitte	**305**
Zwischenschnitte	**51**, 296, **302—310**

Zwischenschnitte, besonders gut geeignete Motive	296, 302—310
— brauchen Stimmung	307
— detailarm sehr wirkungsvoll	307, 308
— landschaftlicher Art in Personen-Aufnahmen	51
— manchmal kann man ein Foto verwenden	306
— in Passantenaufnahmen	54
— plakathafte Gestaltung besonders wirkungsvoll	307, 308
— Zeitsprung	309
Zollformalitäten an der Grenze	285—286